Emma Lord

When you get the Chance

Weitere Titel der Autorin:

Tweet Cute – Herz über Kopf

Emma Lord

When you get the Chance

Mein Herz voller Träume

Übersetzung aus dem amerikanischen Englisch von
Cherokee Moon Agnew

one

Dieser Titel ist auch als E-Book erschienen

Die Bastei Lübbe AG verfolgt eine nachhaltige Buchproduktion. Wir verwenden Papiere aus nachhaltiger Forstwirtschaft und verzichten darauf, Bücher einzeln in Folie zu verpacken. Wir stellen unsere Bücher in Deutschland und Europa (EU) her und arbeiten mit den Druckereien kontinuierlich an einer positiven Ökobilanz.

MIX
Papier aus verantwortungsvollen Quellen
FSC® C014496

Titel der amerikanischen Originalausgabe:
»When you get the Chance«

Lektorat: Kristin Overmeyer
Umschlaggestaltung: ZERO Werbeagentur, München
Einband-/Umschlagmotiv: Design: Kerri Resnick / Illustration: Mar Bertran
Satz: 3w+p GmbH, Rimpar (www.3wplus.de)
Gesetzt aus der Adobe Caslon
Druck und Einband: GGP Media GmbH, Pößneck

Printed in Germany
ISBN 978-3-414-0172-3

5 4 3 2 1

Sie finden uns im Internet unter one-verlag.de
Bitte beachten Sie auch luebbe.de

Kapitel 1

Ich komme gerade mal bis »Liebe Millie Price, wir freuen uns sehr, Ihnen mitzuteilen«, bevor mir ganz schwarz vor Augen wird. Als hätte man mir eins mit einer Regenbogenpeitsche übergezogen und mich in einen Fluss voller Glitzer gestoßen. Ich klatsche mein Handy auf den nächstgelegenen Tisch und springe auf.

»Es *passiert*«, keuche ich.

»Kann es vielleicht woanders passieren?«

Zu meiner Verteidigung muss ich gestehen, dass ich ganz vergessen habe, dass ich in der Bibliothek bin. Aber ganz ehrlich: Oliver Yang ist *immer* von meiner bloßen Existenz genervt, ganz egal, in welchem Raum der Schule ich mich aufhalte – und wahrscheinlich auch in jeder anderen Dimension.

Natürlich schenkt er mir auch jetzt wieder seinen patentierten finsteren Bühnenmeister-Blick, den er perfektioniert hat, seit wir im ersten Highschooljahr angefangen haben, uns auf die Nerven zu gehen. Am Anfang war er noch viel übertriebener. Mit zusammengezogenen Brauen, zusammengepressten Lippen und Augen, als wollte er, dass ich in Flammen aufgehe. Doch nach drei Jahren ist daraus ein eher teilnahmsloser, mürrischer Blick geworden, entweder weil er für das volle Paket einfach zu cool ist, oder weil wir uns einfach zu oft auf die Nerven gehen.

Ich nehme das Notenblatt vom Kopierer und husche

hinüber zu seinem Tisch. Ich sprühe förmlich vor einer Energie, der nicht einmal er und sein nervtötendes schönes Gesicht etwas anhaben können.

»Die Prüfungen sind vorbei«, sage ich und ramme den Zeigefinger in sein aufgeschlagenes Physikbuch.

Er zieht es näher zu sich, sodass ich nicht mehr drankomme. »Ich muss diese Prüfung noch nachholen. Ich hatte keine Zeit wegen des Vorsprechens.«

Normalerweise würdigt er mich nicht so vieler Worte, aber in seinem Blick liegt etwas Warnendes – eine Erinnerung daran, dass er bei der Castingentscheidung hilft und es in meinem eigenen Interesse liegt, seine Nerven nicht noch weiter zu strapazieren. Aber *meine* Nerven strapaziert er auch seit drei Jahren, und es ist meine letzte Chance, ihm noch ein paar Seitenhiebe zu verpassen, jetzt, da meine Zukunft am Theater nicht mehr in seinen Händen liegt. Die meisten Entscheidungen unserer Schauspiellehrerin der letzten Jahre liegen wohl weniger daran, dass ich für die Rolle der »Passantin #7« wie gemacht bin, sondern vielmehr an der Tatsache, dass mich Oliver einfach nicht mag.

»Nun, ich bin durch mit den Prüfungen«, sage ich fröhlich und setze mich auf die Tischkante.

»Wow«, erwidert er trocken, ohne noch einmal aufzublicken.

»Und mit dieser Schule.«

»Schön wär's.«

Ich schmeiße meine Locken über die Schultern, und mir ist vollkommen bewusst, dass diese Geste genauso wirkungsvoll ist wie jeder bissige Kommentar. Aber Oliver sieht mich gar nicht an, schlägt stattdessen sein Physikbuch zu und stopft es in seinen Rucksack. Dann geht er, und ich rutsche vom Tisch.

»Willst du nicht mal wissen, *warum?*«

Oliver seufzt. »Ich glaube, du wirst es mir sowieso sagen, ganz egal, ob ich dich frage oder nicht.«

Ich presse die Lippen zusammen. Eigentlich sollte ich die tollen Neuigkeiten nicht zuerst Oliver erzählen, der stolz darauf ist, so tun zu können, als würde ich überhaupt nicht existieren. Aber ich bin gerade – wie es meine Tante Heather immer nennt – in Millie-Laune. Dann ist einfach alles so viel, dass ich fast platze, wenn ich es nicht mit irgendjemandem teile. Und leider ist heute der letzte Schultag – und Oliver der Einzige, der in greifbarer Nähe ist. Pech für ihn.

»Na schön. Dann sage ich es dir halt nicht«, beschließe ich.

Oliver steuert auf den Ausgang des Schulgebäudes zu. »Zu schade«, erwidert er ausdruckslos.

Ich folge ihm nach draußen zum Bürgersteig, wo er die Straße überquert, um in den Wissenschaftsflügel der Schule zu gelangen. Um eines klarzustellen: Es ist nicht so, als *wollte* ich ihn nicht loswerden, aber Oliver auf die Nerven zu gehen ist nun mal eines meiner liebsten Hobbys. Und wenn ich ihn heute tatsächlich das letzte Mal sehe, will ich einen bleibenden Eindruck hinterlassen. Ich will, dass er mich in fünf Jahren am Broadway sieht und sich genau daran erinnert, was ich zu ihm gesagt habe, bevor meine großen hüpfenden Locken und Heathers alte Mom-Jeans in Richtung West Village davongegangen und für immer aus seinem Leben verschwunden sind. Ich will, dass er sich daran erinnert, wie ich …

»*Millie!*«

Olivers Hand legt sich um meinen Ellbogen und zieht mich zurück, als in dem Moment ein Taxi an mir vorbeirast – und zwar so nahe, dass ich so laut aufschreie, dass es für eine waschechte New Yorkerin extrem peinlich ist. Was aber noch viel peinlicher ist, ist die Tatsache, dass ich plötzlich an Oliver klebe. Und was noch viel schlimmer ist: Als ich die Augen öffne, muss ich feststellen, dass sich mein Gesicht voll gegen seinen Hals drückt.

Gleichzeitig machen wir einen Schritt rückwärts, und sein Gesicht ist so rot, wie sich meines anfühlt.

»Was zur Hölle hast du dir nur gedacht?«, fragt er fordernd.

Mein Gehirn ist zu sehr damit beschäftigt, die Stärke seines Bizeps und den Duft seines Shampoos zu löschen, um eine anständige Antwort zustande zu bringen.

»Danke«, murmle ich und verschränke die Arme vor der Brust, damit er nicht merkt, dass ich zittere.

Kurz steht er einfach da und verlagert das Gewicht von einem Fuß auf den anderen. »Na schön«, gibt er irgendwann nach. »Warum rastet Eure Majestät denn so aus?«

Und mit einem Mal ist all meine Panik ob meiner Sterblichkeit – und die Tatsache, dass ich ihm ausdrücklich verboten habe, mich »Eure Majestät« oder sonst irgendwas zu nennen – komplett vergessen. »Ich wurde am Madison Musical Theater Precollege angenommen«, rufe ich so laut, dass ich einen Taubenschwarm aufschrecke. »Ein Teilstipendium. Ich fange nächstes Semester an. Dann kann ich dort meinen Highschoolabschluss machen und gleichzeitig schon Leistungspunkte fürs College sammeln.«

Ich erwarte nicht, dass er mir gratuliert oder so. Das höchste der Gefühle war bisher, als ich ihn in der zehnten Klasse zu unserer Lehrerin habe sagen hören: »Ich schätze, sie ist die Einzige, die das hohe G schafft.« Aber ein bisschen mehr als einen schief gelegten Kopf und ein »Hm« hätte ich schon erwartet.

»Hm?«, wiederhole ich. »Haben dir die Prüfungen auch noch die letzten Gehirnzellen geraubt?«

»Nein«, erwidert er trocken. »Dafür hat schon die glitzernde Discohose gesorgt, die du beim Vorsingen von *Super Trouper* getragen hast.«

»Ich wollte nur sichergehen«, verteidige ich mich. »Entweder Donna oder nichts.«

»Wir werden *Mamma Mia* aber nicht machen«, erinnert er mich zum ungefähr achtzehnten Mal in diesem Monat und seufzt.

Oliver darf nicht verraten, was die Schule für den Herbst proben wird, aber ich habe meine Quellen. Mrs Cooke summt in den Fluren viel zu oft *Money, Money, Money,* als dass es nur die Konsequenz daraus sein könnte, dass Lehrer an staatlichen Schulen unterbezahlt sind. Außerdem wird *Mamma Mia* nächste Woche zum letzten Mal am Broadway aufgeführt, was bedeutet, dass die Rechte dann endlich wieder freigegeben werden – drei lange Jahre, nachdem Oliver meine Träume, *Mamma Mia* aufzuführen, zerstört hat.

Im ersten Schuljahr verloren wir in allerletzter Sekunde die Rechte an dem Stück, das wir eigentlich machen wollten. Da ich, was Musik und umgeschlagene Overalls angeht, einen exzellenten Geschmack habe, war es meine Pflicht, für Ersatz zu sorgen, also schlug ich *Mamma Mia* vor. Mehr als die Hälfte der Theater-AG war an Bord, doch bevor ich auch nur einmal »Voulez-Vous« sagen konnte, hatte Oliver Mrs Cooke davon überzeugt, dass wir nicht »die Mittel« hätten und lieber noch ein Jahr warten sollten.

Und dann wurde natürlich die Wiederaufnahme am Broadway angekündigt, und all unsere Hoffnungen, endlich die Rechte zu bekommen, wurden zerstört. Ab da hatte ich es endgültig satt, dass mir Oliver ständig in die Quere kommt und meine Pläne durchkreuzt.

»Du bist nur sauer, weil du jemandem beibringen musst, wie er während *The Winner Takes It All* den Scheinwerfer auf mich richtet.«

»So sicher bist du dir also, dass du die Hauptrolle bekommst?«

Ich hebe eine Augenbraue. Auch wenn er ständig gegen mich intrigiert, wissen wir beide nur zu genau, dass ich für die Hauptrolle durchaus infrage komme. Ja, manchmal ist mein Ego ganz schön aufgeblasen, aber ich bin nun mal die beste Sängerin, die diese Schule hat.

Oder hatte, schätze ich. Denn ich bin raus.

»Ich muss mir gar nicht sicher sein. Ich schaffe drei Oktaven.« Ich ziehe die Nase kraus. »Nicht dass das jetzt noch eine Rolle spielen würde.«

Oliver schüttelt den Kopf und stößt laut die Luft aus. Es könnte auch ein Kichern sein. Oder auch nicht.

»Was ist denn so lustig?«

Vor dem Gebäude bleibt er stehen und mustert mich von oben bis unten – meine Jeans, die Springerstiefel mit den Blümchen, mein Crop-Top, dessen Saum ich selbst abgeschnitten habe. Die perfekt gezupften Augenbrauen, die roten Gloss-Lippen, die Locken, die ich sorgfältig mit dem Lockenstab kreiert habe. Ich weiß, dass ich gut aussehe, denn mit gutem Aussehen kenne ich mich aus. Die Wohnung verlasse ich nur, wenn ich aussehe wie ein Rockstar, denn wenn ich eines schon früh gelernt habe, dann, dass in New York alles anders ist also anderswo. Da ist diese niemals endende Hoffnung, dieses ständige Vibrieren in der Luft, als könnte jederzeit alles passieren. Als könnte das Schicksal direkt um die Ecke auf einen warten. Und ich will verdammt sein, wenn ich die gleichen langweiligen schwarzen Leggings und weißen Sneaker trage wie alle anderen, wenn ich meinem begegne.

Doch Oliver scheint dieses Gefühl der Schicksalhaftigkeit nicht zu interessieren, während er mich mustert, denn alles, was ich sehe, als er mir in die Augen blickt, ist ein kleines Grinsen.

»Ich denke nur daran, was die Theater-AG alles zustande bringen wird, sobald Ruhe und Frieden herrschen.«

»Uff«, sage ich und werfe die Hände in die Luft. Er war ab Tag eins ein hoffnungsloser Fall. »Auf Nimmerwiedersehen, Oliver.«

Er scheint zwar nicht überzeugt, erwidert jedoch: »Hoffentlich.«

Ich lasse ihm das letzte Wort, denn ich bin heute großzügig. Schließlich wurde meine Zukunft gerade in Stein gemeißelt, während er noch ein ganzes Jahr lang hier festhängt, Requisiten einsammeln muss und die Bühnenhelfer dabei erwischt, wie sie backstage Gras rauchen. Währenddessen werde ich Kontakte zu Broadwaystars knüpfen und Dinge lernen, die ich im Leben tatsächlich brauche, und nicht so unnötige Sachen wie Algebra und sonstigen Mathekram.

Er verschwindet im Gebäude, und ich wende mich keine halbe Sekunde später zum Gehen. Es ist zwar nicht die schlauste Idee, in der brütenden Junihitze mit Asphalt, der so heiß ist, dass ein Instagram-Influencer seinen ganzen Brunch-Teller darauf brutzeln könnte, zu rennen, doch ich kann nicht anders. Die Millie-Laune hat mich inzwischen voll im Griff. Ich sprinte die vier Blocks zu meinem Apartment, nehme die Treppen zum fünften Stock immer zwei Stufen auf einmal und halte nur inne, um an Teddys Tür zu klopfen, der auf der anderen Seite des Flurs lebt.

»Was ist?«

Da er auf eine schicke Privatschule geht, hatte er die ganze letzte Woche schon Ferien. Wahrscheinlich liegt er auf seinem Sofa und stopft sich die x-te Schüssel Reese's Puffs mit Eiskaffee rein. Mit so einem Verhalten kommt auch nur das Kind von zwei vielbeschäftigten, preisgekrönten Gehirnchirurgen durch.

»Es passiert!«, rufe ich durch den Türspalt.

Ich höre, wie sich Teddy von dem absurd großen Sofa hochwuchtet. »Was passiert?«

»Es!«, rufe ich und gehe zu meiner eigenen Wohnungstür. Ich schiebe einen Stiefel darunter und drücke den Knauf hoch, um sie zu öffnen, ohne sie tatsächlich aufschließen zu müssen – eine Angewohnheit, die meine Tante und meinen Dad in den Wahnsinn treibt. Aber ich habe keine Zeit für Schlüssel. Ich lasse die Tür für Teddy offen und brause durch den Flur, den mein Dad als »Millies Hall of Fame« bezeichnet. Die Farbe an den Wänden ändert sich ständig, je nachdem, in welcher Stimmung meine Tante gerade ist, aber alles andere ist gleich geblieben: über die gesamte Wand Fotos von mir, von meiner Kindheit bis jetzt. Von der pummeligen Baby-Millie über die moppelige Kleinkind-Millie bis hin zur Teenager-Millie auf der Bühne, nur unterbrochen von den 0,2 Sekunden während der Pubertät, als ich zu schüchtern war.

Im Moment sind die Wände in einem charmanten Türkis gestrichen, bei dem ich mich am liebsten übergeben würde. Es ist nicht so, als wüsste ich es nicht zu schätzen, dass mein Dad so begeistert ist von meinen Mätzchen. Es ist nur so, dass ich mir fest vorgenommen habe, alle sechs Monate mein Image zu verändern, um keinen größeren Feind zu haben als mein altes Ich. Jedes davon erinnert mich an die schlechtere Version meiner selbst, die ich nicht länger bin.

»Dad Dad Dad Dad!«, rufe ich.

Jeder andere Elternteil würde denken, es brennt, so wie ich die Tür aufgestoßen habe und durch den Flur stürme, doch mein Vater blickt nur mit seinem typischen sanftmütigen Lächeln von seinem Laptop auf.

»Wie war dein letzter Schultag?«, fragt er und schiebt seine Brille hoch, die ihm ständig von der Nase rutscht.

Man sollte meinen, dass Cooper Price wenigstens ein bisschen cool wäre, schließlich habe ich den jüngsten Dad von allen, aber meine Coolness muss ich eindeutig von meiner mysteriösen Mutter geerbt haben. Mit seinen siebenunddreißig Jahren ist mein Dad das Abbild eines typischen Vaters. Typischer geht's kaum. Mit einem Kleiderschrank voller Sweatjacken und Kakihosen, einem IT-Job, den er Tante Heather und mir zwar schon tausendmal erklärt hat, wir aber immer noch nicht verstehen, was er eigentlich macht, und einem Buch übers Golfen, das aus irgendeinem Grund in unserem Badezimmer lebt, obwohl ich ihn noch nie habe spielen sehen.

»Der *allerletzte* Schultag!«, kreische ich. »Sieh mal.«

Mit zusammengekniffenen Augen blickt mein Dad auf das Smartphone, das ich ihm gerade förmlich ins Gesicht geworfen habe. »Was ist das?«, fragt er. »Hast du eine Rolle im Schulstück bekommen?«

»Nein, viel besser.« Ich drücke ihm das Smartphone in die Hand, springe auf die Rückenlehne des Sofas und trommle ungeduldig mit den Füßen dagegen. »Lies es, lies es, lies es.«

In dem Moment kommt Teddy hereingeschlendert, sein Haar ein einziges Chaos, die Jogginghose viel zu weit für seine schlaksige, übergroße Gestalt. Da er eine Schuluniform tragen muss, rebelliert er in den Sommerferien und verwandelt sich in eine Vollzeit-Muppet-Figur.

»Was ist los?«, fragt er, und seine raue Stimme verrät, dass wir wahrscheinlich die ersten Lebewesen außerhalb seiner heiß geliebten Geocaching-App sind, mit denen er sich heute unterhält.

Ich packe ihn an den Schultern und rüttle ihn, damit er endlich richtig wach wird. »Madison. Pre. College.«

Teddy reißt die Augen auf. »Oh«, sagt er. Sein Atem riecht verdächtig nach Erdnussbutter, Schokolade und Kaffee.

»Oh«, kommt eine Sekunde später das Echo von meinem Dad.

Das ist zwar schon besser als Olivers »Hm«, aber es reicht mir noch nicht.

»Und?«, frage ich und lasse Teddy so abrupt los, dass er

gegen das Sofa taumelt, obwohl er ganze zwanzig Zentimeter größer ist als ich.

»Mills …«, setzt mein Dad an.

Dann öffnet sich knarzend die Schlafzimmertür meiner Tante. Zuerst erscheint Heathers Messy-Bun, gefolgt vom Rest. Blinzelnd begutachtet sie den Tumult. »Was ist hier los?«, fragt sie, in der Hand eine Tasse Tee, obwohl es draußen eine Million Grad heiß ist. Aber immerhin arbeitet sie Spätschicht, für sie ist es also gerade Morgen.

»Ich wurde an der Madison angenommen!«, quietsche ich.

Ihre Augenbrauen hüpfen hoch in ihren Pony. »Ohne Scheiß?«

»Ja!«

»Du wusstest davon?«, fragt mein Dad und wendet sich ihr zu.

»Ich wusste nicht, dass sie sich beworben hat. Ich weiß nur, was die Madison ist«, erwidert Heather und watschelt in ihren hässlichen alten Ugg-Slippern, die ich auch habe, zu uns herüber. »Die Schule ist in Los Angeles, richtig?«

»Japp. Dann gibt's den ganzen Tag nur noch Musicals. Gesang, Schauspiel, *Tanz* …«

Das letzte Wort betone ich ein wenig grimmig, denn trotz all meiner Anstrengungen bin ich im Tanzen nicht so gut. Meine Stimmbänder können zwar locker mit Megan Hiltys mithalten, und mit meinen schauspielerischen Fähigkeiten bringe ich die Leute zum Weinen, aber meine Füße wollen nicht so, wie ich will.

»Aber das ist auf der anderen Seite des Landes«, sagt mein Dad. »Und es wäre quasi wie … College. Das heißt, du müsstest dort leben.«

»Na ja, ja. Aber das ist schon okay. Ich brauche nur deine Erlaubnis«, erwidere ich und schnappe mir das Smartphone, um ihm die Homepage der Schule zu zeigen.

Doch dann setzt mein Dad einen Gesichtsausdruck auf, den ich zwar nur selten an ihm sehe, aber sofort erkenne: den Ausdruck, der verrät, dass ich mich zu weit aus dem Fenster gelehnt habe.

»Du gibst mir doch die Erlaubnis … oder?«

Mein Dad fährt sich durchs Haar und starrt auf seinen Laptop, als würde auf dem Bildschirm gleich etwas aufploppen, das ihm einen Ausweg aus dieser Situation bietet. Vielleicht sollte ich ihm ein wenig Zeit zum Nachdenken geben, aber Warten ist nicht meine Stärke.

»Ich wurde nicht einfach nur angenommen. Ich habe ein Teilstipendium bekommen«, füge ich hinzu. »Das heißt, es ist nicht mal teuer.«

»Es ist trotzdem noch eine Menge Geld.«

»Dann werde ich eben meine Stundenzahl im Milkshake Club erhöhen«, sage ich, meine Stimme fröhlicher als die einer Flugbegleiterin. »Oder ich suche mir einen Teilzeitjob.«

»Los Angeles?«

»Ich hätte dort Grandma und Grandpa«, dränge ich. Ich muss zugeben, dass das nicht unbedingt das beste Argument ist, schließlich haben sie ein Jahr vor meiner Geburt New York verlassen, um auf einer Farm in Oregon zu leben, aber immerhin liegt es an derselben Küste wie Los Angeles.

Doch mein Dad schüttelt den Kopf. »Es ist nicht nur das … Wir können nicht …«

Er wirkt hilflos. Als hätte ich ihn mit einem Boot ohne Paddel in den Hudson geschoben.

»Wir haben darüber gesprochen, dass du den Sommer über Tanzunterricht nimmst«, bietet er an.

Das ist ja, als wollte er mich dazu bringen, eine Murmel gegen einen Diamanten zu tauschen. Ich blicke zu Heather, in der Hoffnung, in ihr eine Verbündete zu finden, doch sie runzelt bereits die Stirn, wie sie es immer tut, bevor sie sich zur Schweiz erklärt.

»Du musst mich gehen lassen«, sage ich so ruhig wie nur möglich. »Diese Chance könnte mein ganzes Leben verändern. Das ist meine *Bestimmung.*«

Mir ist durchaus bewusst, dass ich gerade melodramatisch bin, aber es ist mir egal. Es fühlt sich *tatsächlich* an wie meine Bestimmung. Wofür waren die letzten siebzehn Jahre voller aggressiver Jazz-Hände, Nächte, in denen ich mir Raubkopien von Lea-Salonga-Videos reingezogen und vor aller Augen zum *Dear Evan Hansen*-Soundtrack geheult habe, wenn nicht *dafür?*

Letzten Endes spricht mein Dad mehr zum Fußboden als zu mir. Was Maßregelungen angeht, ist er nicht unbedingt der Beste. Aber das ist auch keine Situation, in der er mich maßregeln *müsste.*

»Ich hätte mir wirklich gewünscht, du hättest vorher mit mir darüber gesprochen«, sagt er. »Wann hast du dich überhaupt dort beworben?«

Vor ein paar Monaten, mit einer Menge Ausreden und klitzekleinen Lügen über Lerngruppen, die tatsächlich existiert haben oder vielleicht auch nicht. Die Wahrheit ist, dass ich schon vorher wusste, dass er nicht einverstanden sein würde. Aber ich dachte, wenn ich bereits eine

Zusage hätte – wenn er sehen würde, dass ich das Unmögliche geschafft habe und angenommen wurde –, wäre es bestimmt genug, um ihn umzustimmen.

»Ich wollte es nicht beschreien«, sage ich stattdessen.

Wie sich aber herausstellt, habe ich das bereits. Denn wenn das Schicksal tatsächlich direkt um die Ecke auf einen wartet, bin ich mit meinem gerade zusammengeprallt wie bei einem Autounfall.

»Es tut mir leid, Mills«, sagt mein Dad. »Aber meine Antwort lautet Nein.«

Kapitel 2

»Du musst auf meiner Seite sein«, jammere ich und drücke mich in Teddys Sofakissen, die so dick sind, dass sie einen nahezu verschlingen. Dann stelle ich Heathers Laptop auf meine Knie und starre fest entschlossen auf das Meer an offenen Tabs.

»Ich *bin* auf deiner Seite«, erwidert Teddy mit dem Mund voller Popcorn. »Ich kann auf deiner Seite und gleichzeitig am Handy sein.«

Ich stoße ihn mit der Schulter an und werfe einen Blick auf den offenen Chat auf seinem Display. »Wer ist denn deine Freundin?«

Teddy verdreht die Augen. »Sie ist auch bei GeoTeen, aber sie ist nicht meine *Freundin.*«

Ich erwähne jetzt nicht, dass GeoTeen so klingt wie die jugendlichen Superhelden einer schlechten Achtziger-Zeichentrickserie. »Du hast ihr von deiner tief sitzenden Angst vor Tauben erzählt«, erinnere ich ihn.

»Das sind Dämonen mit Flügeln.«

»Und du hast ihr deinen zweiten Vornamen verraten …«

»Hätten meine Eltern bei ihrem ersten Date doch bloß nicht *Toy Story* gesehen …«

»Du hast ihr sogar gesagt, an welcher Kreuzung du wohnst. Das ist wie die New Yorker Version deiner Sozialversicherungsnummer. Ich finde, das macht sie zu deiner Freundin. Oder zumindest fast.«

Teddy verzieht sein Gesicht so sehr, dass es schon kein Ausdruck mehr ist, sondern eher Gesichtsgymnastik. »Wahrscheinlich würde sie nichts mit mir zu tun haben wollen, wenn wir uns persönlich begegnen würden. Wir lieben es einfach beide, in ganz Manhattan nutzlose Objekte zu finden und den Bahnmitarbeitern auf die Nerven zu gehen, weil wir an den Stationen herumlungern. Das ist ja wohl kaum eine Liebesbeziehung.«

Das kaufe ich ihm nicht ab, denn ich kenne Teddy besser als mich selbst – und das will etwas heißen, wenn man bedenkt, wie viele Stunden ich schon vorm Spiegel verbracht und für Auditions geübt habe. Wir sind die besten Freunde, seit ich sechs Monate und er zwei Tage alt war. Seit mein Dad ihn auf der anderen Seite des Flurs hat weinen hören und unbedingt Kontakt zu anderen frischgebackenen Eltern knüpfen wollte. (Anscheinend ist es eine ziemlich isolierende Erfahrung, wenn man als Student einfach ein Baby vor die Tür gestellt bekommt – und genau das ist meinem Dad passiert.) Seit Teddy und ich laufen können, gehen wir in unseren Wohnungen ein und aus, als würden wir in beiden leben. Keiner von uns hat blutsverwandte Geschwister, aber wir waren füreinander schon Bruder und Schwester, bevor wir überhaupt wussten, was diese Worte bedeuten.

»Vielleicht könnte sie ja deine Freundin werden, wenn eure Usernamen nicht anonym wären und ihr daraus nicht so ein Mysterium machen würdet.« Ich begutachte den ersten offenen Tab. »Ich könnte für Postmates Lebensmittel ausfahren.«

»Mit welchem Auto?«, fragt Teddy. »Und mit welchem Führerschein?«

Ich schließe den Tab. Nur noch siebenundzwanzig weitere. »Da ist eine Grundschule, die jemanden für den Sommer sucht.«

»Du würdest die Kinder alle in Musicals singende Monster verwandeln. Ihre Eltern müssen schon zwei *Frozen*-Soundtracks ertragen. Bitte erspare ihnen wenigstens *Wicked.*« Teddy legt sein Handy beiseite und begutachtet das Chaos auf Heathers Laptopbildschirm. »Glaubst du wirklich, Coop überlegt es sich noch mal anders, wenn du dir einen Sommerjob suchst? Auf mich wirkte das wie ein ziemlich eindeutiges Nein.«

»Vielleicht *jetzt* noch. Aber mit meinen Ersparnissen vom Milkshake Club, dem Teilstipendium und einem Teilzeitjob kann ich auf jeden Fall für das erste Semester aufkommen. Nein zu sagen wäre quasi illegal.«

»Ich glaube, so funktioniert Elternschaft nicht.« Teddy greift über meine Schulter und schließt den nächsten Tab mit dem Text »Lockere männliche Führungskraft sucht persönliche Assistentin«. Ich drehe den Kopf und funkle ihn böse an, doch dabei bewegt sich der Laptop, und plötzlich ploppen die Icons am unteren Bildschirmrand auf.

»Warum hast du so viele ungelesene E-Mails?«, fragt Teddy verwundert.

»Das sind nicht meine E-Mails, sondern die von Tante Heather«, sage ich und will die Icons wieder kleiner machen. Doch in dem Moment kommt eine weitere E-Mail. Die Großbuchstaben in der Betreffzeile brennen sich förmlich in meine Netzhaut: OMG ICH GLAUBE ICH

HABE DAS ALTE LJ DEINES KLEINEN BRUDERS GEFUNDEN ICH HEULE.

Die E-Mail ist von Heathers Ex-Freundin Jade, die gerade durch Europa reist und ihre Nase immer noch in die Angelegenheiten der Price-Familie zu stecken scheint. Ich mache mir eine gedankliche Notiz, dass ich nachher beim Abendessen einen passiv-aggressiven Kommentar ablassen muss, und öffne die E-Mail.

Ich bereue es beinahe umgehend.

»Sein Username war *middle-earthling83?*«, ruft Teddy. »So nerdig bin ja nicht mal ich.«

»Deine Apps sagen aber etwas anderes.«

»Klick drauf«, fordert Teddy.

»Ich kann nicht«, protestiere ich.

»Klick draaauuuf.«

»Du sagst immer, ich soll nicht so neugierig sein, dabei bist *du* der Naseweis.«

Und dann gehe ich natürlich auf die LiveJournal-Seite, denn das Universum würde mir so etwas nicht vor die Nase halten, wenn ich nicht genau das tun sollte.

Und da ist es: das Profil, das ganz eindeutig der zwanzigjährigen Version meines Mathe liebenden, *Herr der Ringe* verschlingenden, bucklig vor dem Computer sitzenden Dads gehört. Es fühlt sich fast so an, als hätte gerade der Cooper-Price-Geist der Vergangenheit das Zimmer betreten und uns beim Spionieren erwischt. Überall sind Bilder vom Auenland, und im Banner stehen alle möglichen Wörter, die für mich überhaupt keinen Sinn ergeben.

»Ähm, was soll das sein?«

Teddy tippt die Zeile in sein Handy ein. »Ist von einem *Linkin Park*-Song.«

»Cooper war ein Emo-Mathe-Nerd!«, keuche ich.

»Cooper hatte wohl multiple Persönlichkeiten«, bemerkt Teddy und legt sich halb auf meinen Schoß, um weiter durch die Seite zu scrollen. Wie ein ausgewachsener Labrador, der denkt, er wäre immer noch ein Welpe, und keinen Sinn für Diskretion hat.

Und es wird noch schlimmer. Ausschnitte von den *Herr der Ringe*-Filmen. Irgendeine Art Meme mit einem Zeichentrickhasen und den Worten »Interessiert mich nicht«. Playlists mit kitschigen Titeln wie »herbstliche Jams«. Es ist, als versuchte die Seite, eine Tumblr-Seite zu sein, bevor überhaupt jemand dem Wort »Ästhetik« eine Bedeutung beigemessen hat.

»Oh Gott, anscheinend stand er total auf eine gewisse Beth«, sagt Teddy. »Aber auch auf jemanden namens Fedotowsky? Moment mal. Sind das etwa tatsächlich Tagebucheinträge?«

»Nicht anklicken«, kreische ich und schlage ihm auf die Hand.

»Zu spät.«

Ich überfliege den ewig langen Post, der eine Art Gedicht über eine Freundin zu sein scheint, und plötzlich kriege ich so etwas wie ein schlechtes Gewissen. »Okay, okay«, sage ich und gehe zurück auf die Startseite.

»2003 tut einem ja in den Augen weh«, jammert Teddy.

Ich halte inne. »Warte mal. Hast du gerade 2003 gesagt?«

»Steht da zumindest. Fast alle sind von Oktober.«

»Ähm …«

Ich rechne kurz nach. Doch Teddy ist schneller. Er reißt die Augen auf.

»Könnte eine davon deine Mom sein?«

Ich reiße den Laptop an mich und starre mit finsterem Blick auf den Bildschirm. Ich bin ein Juli-Baby. Auch wenn es ekelhaft ist, darüber nachzudenken, wie ich ein Juli-Baby werden konnte, ist das hier der erste Hinweis, den ich in meinen sechzehn Lebensjahren bekommen habe.

»Heilige Scheiße.«

Und so beginnt das komplette und vollständige Ausweiden von Cooper Prices Privatleben. Ich scrolle herunter bis zum ersten Oktober-Eintrag, klicke ihn an und beginne, laut vorzulesen.

»›Ich habe keine Ahnung, warum ich das überhaupt schreibe. Niemand wird es jemals lesen‹, bla bla bla«, murmle ich vor mich hin und überspringe ein paar gähnend langweilige Abschnitte, bis es endlich interessant wird. »›Ich weiß, das klingt total kitschig, aber ich werde ihr das Mixtape geben und ihr meine Gefühle gestehen. Ich glaube, der richtige Zeitpunkt ist gekommen. Sie gehört zu meinen engsten Freunden, aber ich habe schon seit einer ganzen Weile das Gefühl, dass wir mehr sind‹«, lese ich vor.

»Nur, damit du's weißt. Solltest du dich je in mich verlieben, dann sag es mir bitte nicht mit einem Mixtape«, sagt Teddy mit vollem Mund. »Ich habe auch so schon genug von deinem Broadway-Quatsch.«

»Ist notiert«, erwidere ich. Mein Herz schlägt so wild, dass ich das Gefühl habe, es pocht durch das Sofa und in die Dielen des Fußbodens. Ich gehe zurück und sehe einen

Post über ein »Jams für Beth«-Mixtape, der ein paar Tage später geschrieben wurde. Darin befindet sich ein Link zu einer Seite, auf der man Dateien mit anderen teilen kann – beziehungsweise konnte, denn die Seite existiert gar nicht mehr. Die Playlist ist vollgestopft mit Liebesliedern – »Yellow« von Coldplay, »I Don't Wanna Miss a Thing«, von Aerosmith (vom *Armageddon*-Soundtrack, um genauer zu sein) und natürlich »Many Meetings« vom *Herr der Ringe*-Soundtrack. Und ganz unten steht geschrieben: »Aaalso … es hat ihr gefallen.«

Mir klappt die Kinnlade herunter. »Oh mein Gott.« Von dem angsteinflößenden »Aaalso« einmal abgesehen, lese ich gerade vielleicht zum ersten Mal in meinem ganzen Leben etwas über die Frau, von der ich fünfzig Prozent meiner Gene geerbt habe. »Oh mein *Gott.* Das ist meine Mom.«

»Nicht so schnell«, sagt Teddy, geht zurück und scrollt nach oben. »Der vom fünfundzwanzigsten Oktober scheint traurig zu sein.«

Es ist nur ein leerer Post, unter dem in winzigen Buchstaben »aktuelle Laune: Melancholie« geschrieben steht. Teddy überspringt ein paar trübselige Songtexte und scrollt zum Post vom achtundzwanzigsten Oktober mit dem Titel »!!«.

Wir überfliegen ihn und sind dabei so synchron, dass wir auf die gleichen Stellen genau gleich reagieren:

Fedotowsky und ich haben uns gestern Abend so betrunken. Ich weiß nicht mal, wie es passiert ist. Aber es ist passiert. Ich war wütend wegen Beth und sie wegen Roger, und plötzlich … uff. Ich meine, sie will nichts Festes. Für sie war es nur so eine Sache. Aber für mich hat es sich wie etwas Richtiges angefühlt. Zumindest so sehr, dass wir darüber reden sollten.

Mein Blick bleibt auch nach dem Lesen auf den Monitor gerichtet, bis ich Teddys Gewicht auf mir spüre.

»Nur so eine Sache«, wiederhole ich. »Dann bin ich vielleicht … ›die Sache‹.«

»Ja. Ich schätze schon«, sagt Teddy.

Sein Eifer ist verschwunden. Eine Schwere hat sich über den Raum gelegt. Als hätten wir einen glänzenden Sportwagen gefunden und Gas gegeben, bevor wir überhaupt wussten, wo wir langfahren sollen. Mir ist ein wenig flau im Magen, als ich wieder auf die Startseite gehe. Es ist nur noch ein Tagebucheintrag von diesem Zeitraum übrig, vom ersten November, mit dem Titel »Was zur Hölle ist nur los mit mir«.

Ich stecke schon viel zu tief drin, um ihn nicht anzuklicken. Trotzdem zögere ich kurz und atme tief durch, während der Eintrag lädt.

Ich habe so einen Kater. Ich bin so verwirrt. Farrah kam von irgendeinem Vorsprechen zurück, schleppte mich auf eine Halloween-Party, und dann bin ich neben ihr auf dem Fußboden aufgewacht. Nicht im Bett. Auf dem BODEN. Ich muss echt mein Leben auf die Reihe kriegen. Irgendwann werde ich Beth und ihrem »Ex« über den Weg laufen, und wenn das passiert, will ich nicht dastehen wie ein Idiot. Ich werde mich jetzt ausloggen und lernen. Keine Ablenkungen mehr. Kein Selbstmitleid mehr. Und ganz sicher kein Smirnoff Ice mehr.

Kurz folgt Schweigen, bevor Teddy von mir heruntergeht und auf seinem Handy herumtippt. Ich starre auf den Bildschirm, als wäre ich gerade hineingefallen und wüsste nicht, wie ich wieder herauskomme. Ich weiß nicht mal, ob ich das überhaupt wissen wollte. Eigentlich *sollte* ich es nicht wissen. Aber die Option, es nicht zu erfahren, war schon dahin, bevor ich wusste, dass ich die Wahl hatte.

»Hey«, sagt Teddy. »Falls es dich interessiert … Ich glaube, ich habe sie gefunden.«

Ich blinzle und drehe den Kopf zu ihm. »Was?«

Er ist auf Facebook. »Sie sind alle noch mit deinem Dad befreundet. Zumindest sind es Leute aus seinem Jahrgang an der NYU, die so heißen.«

Mein Blut rauscht mir in den Ohren. »Wie hast du …«

»Das ist wie beim Geocaching«, erklärt Teddy.

»Nein. Nein, das ist ganz offensichtlich wie bei *Mamma Mia*«, wird mir bewusst, und ich richte mich kerzengerade auf.

Normalerweise stöhnt Teddy immer bei meinen Theatervergleichen. Vor allem, wenn es dabei um ABBA geht, denn seine Mom ist so besessen von der Band, dass sie all ihre Alben auf Schallplatte hat. Doch diesmal erwidert er, ohne zu zögern: »*Millie Mia* besser gesagt. Hier …«

»Nein«, sage ich und schiebe sein Smartphone so schnell zurück, dass es uns beide überrascht. Ich starre es an, als könnte es jederzeit in Flammen aufgehen. »Ich … ich sollte nicht … Ich meine … Es fühlt sich einfach irgendwie … falsch an.«

Teddy zögert kurz, bevor er das Smartphone beiseitelegt. »Sicher?«

Nein, bin ich nicht. Es braucht mindestens drei Stunden melodramatischen Gesangs in meinem Zimmer und eine Schüssel von Teddys Reese's Puffs, bevor ich es weiß. Wenn überhaupt.

Ich muss mit irgendjemandem darüber reden. Aber es gibt niemanden. Mein Dad ist dem Thema schon immer ausgewichen, als wäre er dagegen allergisch. Und meine Tante sagt, mein Dad habe ihr nie verraten, wer meine Mom ist. Ich habe mich immer damit zufriedengegeben und nur selten darüber gesprochen. Nicht einmal mit Teddy. Darüber nachzudenken hatte immer einen bitteren Beigeschmack. Und darüber zu reden erst recht.

»Ja. Ich bin sicher.« Ich schließe die Seite und kehre zurück zu dem Berg an Jobangeboten. Doch plötzlich füge ich beinahe unbeabsichtigt hinzu: »Sie wollte mich nicht. Das wäre für uns beide nur Zeitverschwendung.«

Es ist nicht so, als hätte ich noch nie darüber nachgedacht. Ich kenne diesen Gedanken. Ich bin ihn schon mehr als einmal durchgegangen. Doch als sich Teddy nach hinten lehnt und die Facebook-App schließt, macht der Gedanke etwas, das er noch nie getan hat – er greift nach mir und zerrt an mir, und ich weiß nicht, wie ich ihn wieder loswerde.

Kapitel 3

Von dem LiveJournal-Tauchgang einmal abgesehen, weiß ich über meine Mom genau drei Dinge. Ich weiß, dass sie meinen Dad kannte, als er noch auf dem College war. Ich kann mich nicht daran erinnern, dass mir das jemand erzählt hätte, genau, wie ich mich nicht daran erinnere, dass mir überhaupt jemand von der Situation mit meiner Mom erzählt hätte. Ich bin einfach damit aufgewachsen. Das Zweite ist, dass sie meinem Dad vor meiner Geburt nichts von mir erzählt hat – bis sie mit dem Kinderwagen vor seiner Tür aufgetaucht ist. Zum Überleben hatte ich nur mein Kindchenschema und einen *sehr* überraschten einundzwanzigjährigen Cooper Price. (Zumindest erzählt es mein Dad so.)

Das Dritte, das ich weiß, ist Folgendes: Sie hat irgendetwas mit Theater zu tun.

Streicht das. Es gibt da noch eine vierte Sache, die aber irgendwie damit zusammenhängt. In der siebten Klasse hat sie mich *so was von* beschissen.

Denn es passierte Folgendes: Mein Dad – Gott beschütze sein überaus wohlmeinendes Vaterherz – machte ein Video von mir, als ich in der Mittelstufe Jo in *Little Women* spielte. Es war meine allererste Hauptrolle. Ich wurde mit Lob überschüttet und bekam einen Milchshake, der größer war als mein Kopf. Ich kann also mit Gewissheit sagen, dass ich die Aufmerksamkeit liebte. So sehr, dass ich mich an meine Schlafzimmertür setzte, nachdem mich mein Dad ins Bett gebracht hatte – nur für den Fall, dass er und meine Tante noch irgendetwas Nettes über mich sagen würden.

Und das taten sie. Wie der gierige Schwamm, der ich damals war (okay, immer noch bin) sog ich es in mich auf. Dann folgte diese Pause, und mein Dad sagte etwas zu Heather wie »Ich schätze, es liegt ihr im Blut«. Heather, immer die unterstützende große Schwester, erwiderte: »Du kannst kein bisschen singen.« Und dann sagte mein Dad: »Nein, aber ihre Mom …«

Ich konnte ihn zwar nicht sehen, doch ich spürte die vage Geste, die er gemacht haben musste, als er innehielt. Ich presste das Ohr so fest an die Tür, dass ich Gefahr lief hindurchzufallen.

»Sagen wir einfach, diese Theatersache war unausweichlich«, fuhr er schließlich fort. Das Seufzen am Satzende verriet mir, dass er eigentlich gar nichts hatte sagen wollen.

Wart ihr schon mal so abgelenkt von einem glänzenden Objekt, dass ihr nicht gemerkt habt, wie eine Lawine auf euch zugerollt ist? Denn genau das ist mir passiert, metaphorisch und auch emotional. Ich war so damit beschäftigt, diesen glänzenden Gesprächsfetzen zu verarbeiten, dass ich überhaupt nicht mitbekam, was danach folgte. Und zwar sagte mein Dad, dass er das Video von mir auf YouTube hochladen würde. Hätte ich das in dem Moment registriert, hätte ich es ihm verboten, denn schon mit zwölf hatte ich ganz präzise Pläne für mein Image auf Social Media – und diese beinhalteten kein Video von mir mit Zahnspange und Sport-BH, wie ich aus voller (aber damals noch winziger) Kehle sang. Aber Baby-Millie war so abgelenkt von dem Kommentar über ihre Mom, dass sie es geschehen ließ.

In 99,99 Prozent aller Fälle wäre das alles gewesen. Das Video hätte zwölf Klicks bekommen – einen von meinen Großeltern und elf von meinem Dad – und wäre in den Untiefen des Internets verschwunden, genau wie alle anderen Videos von irgendwelchen Schulaufführungen auch. Aber da ich unter irgendeinem seltsamen Stern geboren wurde, landete es zuerst auf einer Reddit-Seite, dann auf einer privaten Facebook-Seite von einer Gruppe Schauspielschüler und wurde danach von Sutton Foster aka Jo March der originalen Broadway-Besetzung getwittert. Das Video ging viral. Zumindest für meine Verhältnisse.

Und seither verfolgt es mich.

Bis dahin hatte ich hin und wieder Erfolg gehabt, wenn ich in der Stadt zu einem Vorsingen gegangen war. Ich hatte in respektablen Off-Broadway-Theatern Kinderrollen wie Baby June in *Gypsy* und einen Verlorenen Jungen in *Peter Pan* gespielt, und langsam begannen auch Broadway-Produktionen und Agenten Interesse zu zeigen. Aber »Little Jo« warf einen Schatten, den ich nicht abschütteln konnte. Über Wochen hinweg war ich bei jedem Vorsingen nur noch »Little Jo«. Man schmachtete mich an, machte mir Komplimente, wuschelte mir durchs Haar, aber ich konnte Erwachsene, die mich bevormunden wollten, erschnüffeln wie ein FBI-Hund. Ich sah mir das Video an und verstand: Ich war mutig, ich war niedlich – aber ich war auch *schlecht.* Keine Zwölfjährige sollte versuchen, die Noten von »Astonishing« herauszuhauen, und das merkte man. Der Song begann zwar stark, ließ dann aber auch stark nach. Es war so schrecklich, dass ich mich wundere, wie mein Dad das Video machen konnte, ohne sich die Ohren zuzuhalten.

Das alles war schon peinlich genug. Doch der allerpeinlichste Gedanke kam mir erst Wochen später. Was, wenn meine *Mom* tatsächlich am Theater war? Dann bestand durchaus die Möglichkeit, dass sie es auch gesehen hatte. Was bedeutete, dass der einzige Eindruck, den sie je von mir bekommen würde, der sein würde, über den sich das gesamte Internet gnadenlos lustig machte.

Im folgenden Jahr färbte ich mir das Haar kastanienbraun, und die erste Millie-Transformation begann. Die erste war nicht sonderlich gelungen. Ich hatte eine sechsmonatige Punk-Phase, direkt gefolgt von einer sechsmonatigen Hippie-Phase. Danach kamen die sportliche, die Fifties-Vintage- und die VSCO-Girl-Phase, gefolgt von meiner jetzigen Nineties-Grunge-Phase, die endet, sobald ich herausgefunden habe, was als Nächstes kommt. Ich sah in allen Phasen ganz gut aus, aber was noch viel wichtiger war, war die Tatsache, dass ich nicht länger »Little Jo« war.

Es war ein langer Weg bis hierher. Ich habe so viel geübt, dass mich niemand an meiner Schule stimmlich überbieten kann. Ich habe jeden Abend damit zugebracht, im Spiegel Monologe zu üben und mir Videos von den Größten der Großen anzusehen. Habe mich in jede überfüllte Ticketschlange gestellt, nicht nur, um die Broadwaystars zu sehen, sondern auch die Zweit- und Drittbesetzung. Ich habe die kleinsten Bewegungen aufgesaugt, jeden noch so winzigen Gesichtsausdruck, jeden stimmlichen Trick, um meine eigene Stimme zu finden. Habe mich nie ablenken lassen, wenn mein Dad mal wieder irgendetwas gefilmt hat, bei dem er vielleicht wieder auf die Idee kommen könnte, es im Internet hochzuladen. Ich habe mein Bestes getan, den Kommentar über meine Mom und alles andere, was damit zusammenhängt, aus meinen Gedanken zu verdrängen.

Doch das Wichtigste: Seither habe ich es vermieden, bei den größten Bühnen der Stadt vorzusingen. Ich muss noch ein wenig Zeit vergehen lassen, bis alle mein altes Ich vergessen haben. Wenn ich wieder in den Ring steige, dann als neugeborener Mensch. Dann wird mich nie wieder jemand »Little Jo« nennen.

Fast habe ich es geschafft. Ich brauche nur noch das Precollege, um in Form zu kommen. Dann wird meine absurd lange Mission vollendet sein.

Was mich zum nächsten Teil der besagten Mission bringt: Heather auf meine Seite zu ziehen.

»Pfefferminz oder Cookie Dough?«, fragt Heather und hält einen Eisportionierer in die Höhe.

»Beides.«

Sie sieht mich an und hebt eine Augenbraue. »Mutige Kombi, aber okay.«

Normalerweise ist Heather nicht diejenige, die im Milkshake Club hinterm Tresen steht und das Eis in einen der unzähligen Mixer steckt, denn ihr gehört der Musikclub für alle Altersgruppen, der sich praktischerweise im Erdgeschoss unseres Wohnhauses befindet. Aber heute Abend ist eine Ausnahme, denn wir verabschieden uns von meinem Dad, bevor er seine jährliche zweiwöchige Geschäftsreise zum Hauptsitz seiner Firma in Chicago antritt. Es ist immer der Horror, wenn er nicht da ist, aber immerhin kann er die restlichen fünfzig Wochen im Jahr von zu Hause arbeiten, daher können wir uns eigentlich nicht beklagen. Vor allem, da er am Tag vor meinem Geburtstag zurückkommen wird. Wir werden also noch genug Zeit zum Feiern haben (was bedeutet, dass ich ihn und Heather zwingen werde, mit mir ins Kino zu gehen und ein Musical meiner Wahl anzusehen).

Heather bereitet mein Pfefferminz-Cookie-Dough-Monster zu und einen Erdbeer-Milchshake für sich selbst. Noch legt sie nicht mit dem Vanille-Karamell-Shake für meinen Dad los, was bedeutet, dass mir noch ein bisschen Zeit bleibt, um sie auf meine Seite zu ziehen.

»Dann wusstest du also schon von dem Precollege?«, frage ich.

Sie grinst bereits, bevor sie mir überhaupt in die Augen sieht, daher weiß ich, dass ich ungefähr so subtil war wie der Soundcheck der Metalband, die heute Abend spielen soll.

»Ich weiß, dass es diese Schule gibt, ja«, sagt sie. »Warum fragst du?«

Ich hätte mit dem Gespräch warten sollen, bis ich den Mund voller Eis habe. »Nur weil … Findest du nicht, dass das eine großartige Chance wäre?«

Sie zuckt mit den Schultern. »Ja, ich denke schon. Aber die normale Highschool abzuschließen ist auch eine großartige Chance.«

»Heather«, jammere ich.

Sie garniert unsere Shakes mit der üblichen absurden Menge an Sprühsahne, streut über ihren noch Snickers-Stückchen und über meinen Minzschokolade. Dann schiebt sie mir mein Glas zu und umrundet die Theke, um sich neben mich auf einen der rosafarbenen glitzernden Hocker zu setzen, die genau zum Rest des Clubs passen, der aussieht, als hätten sich Barbie und die Powerpuff Girls zusammengetan und mit Konfetti um sich geworfen.

»Warum zieht es dich dorthin?«, fragt Heather. »Willst du mir ernsthaft weismachen, dass du lieber an der Westküste leben willst?«

Ich ziehe die Nase kraus. »Es geht ja nicht darum, *wo* es ist, sondern *was* es ist.«

»Na ja, wenn du deinen Dad wirklich umstimmen willst, müssen wir die Situation mal aus seiner Perspektive betrachten. Überlegen, warum er Nein sagt.«

Ich sehe sie mit zu Schlitzen verengten Augen an. Zwar hätte sie beinahe einen Abschluss in Psychologie gemacht, bevor sie beschlossen hat, doch lieber Geschäftsfrau zu werden, aber jetzt übertreibt sie es doch ganz schön.

»Weil er mein ganzes *Leben* ruinieren will?«

Heather macht ein Geräusch, das beängstigend gut einen Gameshow-Buzzer imitiert. »Nächster Versuch.«

Ich seufze in meinen Milchshake. »Für dieses Programm werden nur so wenige ausgewählt. Ich habe wirklich hart gearbeitet, um es da rein zu schaffen«, sage ich. »Und sie haben mich nicht nur ausgesucht. Sie geben mir sogar Geld. Sie *wollen* mich.«

Meine Worte irritieren mich mehr als beabsichtigt. Jetzt muss ich wieder daran denken, was ich zu Teddy über meine Mom gesagt habe. Doch das hat damit überhaupt nichts zu tun. Hier geht es einzig und allein um meine Zukunft. Um die einzige Sache, die mir am Herzen liegt, seit ich zum ersten Mal den Mund geöffnet habe, um zu singen.

»Aber wenn du aufs Precollege gehst, musst du mindestens noch vier weitere Jahre dortbleiben, oder nicht?«, bemerkt Heather in ihrer bedachten, rationalen Art, die ich so sehr liebe und hasse zugleich. »Und du wolltest an so vielen anderen Schulen vorsingen. NYU. BoCo. Carnegie Mellon …«

»Und das sind alles tolle Optionen, aber das … *Damit* würde ich sogar noch schneller ans Ziel kommen. Dann könnte ich endlich wieder vorsingen, und das Thema College hätte sich dann wahrscheinlich sowieso erledigt. Dann bin ich achtzehn und darf auch offiziell arbeiten. Dann kann ich endlich loslegen.«

»Was dein Talent angeht, vielleicht schon. Aber menschlich gesehen?«

»*Menschlich?*«

»Außerdem … Wer sagt denn, dass dich ein paar Tanzstunden nicht ebenfalls ans Ziel bringen?«

Ich schenke ihr einen finsteren Blick. »Nein, nein, nein. Ich versuche hier gerade, dich auf *meine* Seite zu ziehen«, schimpfe ich. »Du sollst nicht versuchen, mich auf Dads Seite zu ziehen.«

»Ich versuche nur, objektiv zu sein!« Nachdenklich nimmt sie einen großen Schluck von ihrem Milchshake. »Aber ich weiß, was du meinst. Wenn du von mir wissen willst, warum er Nein gesagt hat … Ich habe noch nicht mit ihm gesprochen. Ich weiß es also wirklich nicht.«

Das kommt nur selten vor. Seit Tag eins ist meine Tante so etwas wie meine Mom. Als sich meine Großeltern verdünnisiert haben und keines ihrer Kinder sie begleiten wollte, beauftragten sie Heather damit, auf meinen

Dad aufzupassen, was dazu führte, dass Heather automatisch auch für mich verantwortlich war.

»Ich weiß nur, dass wir alle mal durchatmen sollten. Du musst ja nicht sofort zusagen, oder?«, fragt Heather. »Vielleicht … lassen wir es einfach ein bisschen ruhen. Lassen uns ein paar logische Gründe einfallen, warum du gehen solltest. Erstellen eine PowerPoint-Präsentation oder so was.«

Mit dieser Ausweichtaktik will sie nur die Millie-Laune vermeiden, die alle am allerwenigsten mögen: und zwar, wenn ich ausflippe. Und wenn ich »alle« sage, dann meine ich damit auch mich selbst. Ich mag es auch nicht, wenn ich so drauf bin. Aber zu versuchen, es zu kontrollieren, ist in etwa so, als würde man dem Meer befehlen aufzuhören, Wellen zu machen, die einem nicht gefallen. Manchmal fühle ich mich genauso machtlos, mich im Zaum zu halten, wie alle um mich herum.

Ich schmolle in meinen Milchshake und trinke noch einen Schluck. Auf diesen Vorschlag will ich gar nicht erst eingehen, denn ich bin nicht unbedingt ein logisch denkender Mensch. Ich bin schon immer meinem Herzen gefolgt. Soll mein Gehirn eben nachkommen. Klar, das kann manchmal ganz schön chaotisch sein. Aber so bin ich nun mal. Das ist auch der Grund, warum ich in dem, was ich tue, so gut bin. Warum meine Freunde welche fürs Leben sind.

Uff. Da ist es. Ein Stechen, das ich nicht ignorieren kann. In der Schule habe ich viele Freunde – abgesehen von Oliver. Leute, die ich seit Jahren kenne. Es wird mir schwerfallen, sie zu verlassen. Ich werde mir größte Mühe geben müssen, um mit allen in Kontakt zu bleiben. Doch das reicht trotzdem nicht aus, um mich aufzuhalten, auch wenn ein Teil von mir wünschte, es wäre so.

Ich bin so in meinen Milchshake und meinen Gedanken versunken, dass ich erst merke, dass mein Dad da ist, als Heather den Mixer anschmeißt, um seinen Vanille-Milchshake zu mixen. Er setzt sich neben mich, sieht in diesem Hello-Kitty-Wunderland so deplatziert aus wie immer und stößt mich mit der Schulter an.

»Ich habe nachgedacht …«

»Über das Programm?«, frage ich.

»Über die Tanzstunden im Sommer«, erwidert mein Dad geduldig. »Ich weiß, dass du ein paar Kurse im Sinn hattest. Vielleicht sehen wir sie uns heute Abend mal an, bevor ich gehe?«

Ich schürze die Lippen. »Vielleicht sehen wir uns lieber das Precollege-Programm an?«

Heather schiebt ihm seinen Milchshake zu. Mein Dad ist eigentlich kein »Süßmaul«, oder zumindest behauptet er das immer, aber trotzdem nimmt er an unseren niemals endenden Eis-Ritualen teil.

Mein Dad setzt sein schmallippiges Clark-Kent-Lächeln auf. »Ich habe es mir schon angesehen.«

Wahrscheinlich sollte ich mir jetzt lieber einen Moment Zeit nehmen, um meinen nächsten Zug zu planen, doch stattdessen platze ich heraus: »*Und?*«

Er fummelt an seinem Strohhalm herum und blickt zu Heather, als würde er hoffen, dass sie das ausspricht, was er nicht sagen will. Doch die Enttäuschung breitet sich in mir aus, bevor er überhaupt dazu kommt.

»Es ist nur … Du weißt, dass ich an dich glaube. Du hast ein Talent, das nur wenige besitzen. Ich glaube nur nicht, dass das der richtige Schritt ist. Zumindest noch nicht«, sagt er vorsichtig.

Doch ich bin alles andere als vorsichtig. Die Worte purzeln so schnell aus meinem Mund, dass ich förmlich spüren kann, wie Heather das Gesicht verzieht. »Hast du eine Ahnung, wie unwahrscheinlich es ist, dort angenommen zu werden? Weißt du, wie schwer das war?«, frage ich fordernd.

Bestimmt weiß er das. Und dann auch wieder nicht. Bestimmt hat er herausgefunden, wie viel ich für die Bewerbungsgebühren bezahlt habe. Und er weiß sicherlich auch, wie viel Arbeit ich in die Proben investiert habe. Aber er weiß nicht, wie viel Angst ich in jeder einzelnen der *sechs Runden* hatte. Die Unsicherheit bei jedem Song, den ich ausgesucht habe, jedem Outfit, das ich getragen habe. Selbst um den Winkel und die Breite meines Lidstrichs habe ich mir Gedanken gemacht. Er weiß nicht, wie das ist, wenn man in einem Raum voller Profitänzer etwas vortanzen soll. Er weiß nichts von dem anstrengenden stundenlangen Gespräch, das ich mit der Auswahlkommission führen musste. Ganz zu schweigen vom wochenlangen Warten, bis ich erfahren habe, dass ich es jeweils in die nächste Runde geschafft habe. Die Prozedur war so lange ein Teil von mir, dass ich mich jetzt nicht einfach davon lösen kann. Es ist mir in Mark und Bein gekrochen.

»Du bist erst sechzehn, Mills. Deine ganze Zukunft liegt noch vor dir …«

»Jeder andere Elternteil wäre stolz auf mich«, sage ich.

Dieser Satz trifft ihn härter, als ich erwartet hätte. Seine Augenbrauen schnellen so ruckartig nach oben, dass gleichzeitig seine Brille herunterrutscht, was fast ein wenig komisch wirkt. Ich wollte damit nicht sagen, dass ich nur einen Elternteil habe, aber so hat er es aufgefasst. Und kurz bin ich beinahe froh darum. Es ist nicht fair, dass er darüber entscheidet. Dass ich keine Mutter habe, die ich um Erlaubnis bitten kann. Oder sonst jemanden, der ihn vom Gegenteil überzeugen und ihm verständlich machen kann, was es mir bedeutet.

Ich weiß, dass es nicht seine Schuld ist. So ist er nun mal. Doch das macht mich nur noch wütender. Dass ich ihm keinen Vorwurf machen kann. Dass ich sonst keine Anlaufstelle habe.

»Natürlich bin ich stolz auf dich«, erwidert er so leise, dass ich ihn bei dem Lärm, den die Techniker beim Aufbau für heute Abend machen, kaum verstehen kann.

Heather legt die Hand auf meine Schulter. Eine Warnung. Doch ich spüre sie kaum, weil alles andere so viel ist. »Und warum hältst du mich dann zurück?«

»Tue ich nicht … Wenn ich der Meinung wäre, dass ich dich zurückhalte, würde ich niemals …«

»Meine Mom würde wollen, dass ich es mache. Sie wäre total dafür. Oder etwa nicht?«

Die Worte sprudeln nur so aus mir heraus. So hirnlos und unüberlegt, wie wenn jemand in einem Crime-Drama eine Knarre zückt und sie auf jemanden richtet. Heathers Hand rutscht von meiner Schulter. Mein Dad wird ganz grau im Gesicht, sieht zuerst Heather an und blickt dann zu Boden, als wüsste er nicht, was er tun soll.

Das schlechte Gewissen schnürt mir die Kehle zu und droht, mich zu ersticken. Ich sollte irgendetwas sagen, um es wiedergutzumachen. Doch ich kann nicht.

»Ja,« sagt er. »Wahrscheinlich schon.«

Seine Antwort ist so unerwartet, dass ich meine nächste Frage eher aus Neugier statt aus Boshaftigkeit stelle. Ich kann einfach nicht anders. Da ist wieder dieses glänzende Objekt, und diesmal sind die Gefühle meines Dads die Lawine, die ich nicht sehen will.

»Sie hat auch etwas mit Theater und Musical zu tun, richtig?«, frage ich.

»Sie …« Mein Dad verzieht den Mund. »Ja. Aber …« Dann steht er von seinem Hocker auf.

»Was *aber?*«, dränge ich.

Was auch immer vorhin an mir gezupft hat, reißt jetzt förmlich an mir. Ich habe noch nie wirklich nach meiner Mom gefragt, aber ich dachte immer, ich würde eine Antwort bekommen, wenn ich es täte. Jetzt, da mir bewusst wird, dass ich vielleicht keine bekomme, gibt es kein Zurück mehr. Ich muss erfahren, warum.

»Millie«, sagt Heather leise.

Seine Augen werden glasig. Mein Dad weint ziemlich schnell. Er gehört zu den Leuten, die sogar beim Höhepunkt der *Star Trek*-Filme weinen. Oder wenn er einen von seinen legendären Dad-Witzen erzählt. Aber ich kann mich nicht daran erinnern, dass *ich* ihn jemals zum Weinen gebracht hätte. Diese Tatsache rüttelt mich schon genug auf, da brauche ich nicht auch noch Heathers Warnung. Mein Herz fängt auch so schon an, alarmierend zu pochen.

»Aber sie ist nicht hier«, sagt er. »Aber ich bin es. Tut mir leid. Aber das ist nun mal meine Meinung.«

Seine Worte stacheln mich so sehr an, dass ich nur auf

eine einzige Weise reagieren kann – ihn genauso zu verletzen, wie er mich verletzt hat.

»Warum *ist* sie denn nicht hier?« Es ist, als würde Lava aus mir herausströmen. Plötzlich wird mir bewusst, dass ich mir diese Fragen schon immer gestellt habe. Dass ich nur auf den richtigen Moment gewartet habe, um sie *ihm* zu stellen. Bis wir uns dafür bereit fühlten. Doch jetzt, da es so scheint, als wären wir dafür niemals bereit, sprudelt sie so schnell an die Oberfläche, dass es sich anfühlt, als könnte ich daran ersticken. »Wo ist sie, Dad? Warum erzählst du mir nie von ihr? Willst du sie damit bestrafen? Oder mich?«

»Jetzt aber mal langsam«, sagt Heather und rutscht von ihrem Hocker.

Aber es ist zu spät. Ich habe es gesagt, und jetzt kann ich es nicht mehr zurücknehmen. Nicht die Worte und auch nicht, dass mein Dad so aussieht, als hätte ich ihm eine geklatscht.

»Du willst die Wahrheit hören?«, fragt er. »Ich weiß nicht, wo sie ist. Ich wünschte, ich … aber ich weiß es nicht.« Was auch immer er vorhatte – er lässt es schnell wieder sein. Er sagt mir vielleicht die Wahrheit, aber nicht die ganze.

Dass seine Stimme so brüchig geworden ist, verrät mir, dass ich ihn nicht nach der ganzen Wahrheit fragen kann, ohne noch etwas ganz anderes zu erfahren. »Es tut mir leid«, sagt er, ohne mich anzusehen.

Ich weiß, dass es ihm leidtut, aber ich traue mir selbst nicht mehr. Ich habe ihn verletzt, und das gefällt mir nicht. Und wenn ich bleibe, werde ich nicht damit aufhören können. Also stürme ich aus dem Milkshake Club und die fünf Stockwerke nach oben und schmeiße mich mit meinem ganzen Gewicht gegen Teddys Tür. Wenn mir mein Dad keine Antworten geben kann, dann vielleicht jemand anderes.

Teddy öffnet so schnell die Tür, dass ich beinahe in sein Apartment falle. »Was machst du…«

»Ich will sie finden«, sage ich ihm. »Meine Mom.«

»Das ist aber ziemlich schnell eskaliert«, erwidert Teddy, der das Ausmaß meiner Millie-Laune direkt erkannt hat. »Bist du sicher?«

Diesmal bin ich es. Ich betrete sein Apartment, schiebe die Tür zu und strecke die Hand nach seinem Smartphone aus. »Was Amanda Seyfried kann, kann Millie Price schon lange.«

Kapitel 4

Am nächsten Morgen ist es im Apartment so still, dass ich mir vorkomme wie ein umherwandelnder Geist. Mein Dad ist bereits aufgebrochen, um seinen frühen Flug zu erwischen, Heather wird mindestens bis Mittag schlafen, und Teddy muss wahrscheinlich seinen Puffreis-Rausch ausschlafen. Es ist also niemand da, der mir sagen könnte, dass ich total verrückt geworden bin, als ich beschließe, noch vor dem Frühstück eine der großen Künstleragenturen aufzusuchen, um meine potenzielle Mom #1 ausfindig zu machen.

Da ich noch nicht beschlossen habe, wie meine nächste Millie-Phase aussehen wird, schlüpfe ich in eines meiner Vorsing-Kleider und Heathers Boots und stopfe einen Notizblock und einen Kugelschreiber in den Jutebeutel, den mein Dad bekommen hat, als er *The New Yorker* abonniert hat. Dann lege ich die zwanzig Blocks bis Check Plus Talent im Powerwalk zurück und nutze den Adrenalinrausch, um mich noch weiter von meinem behämmerten Vorhaben zu überzeugen.

Es ist wieder einer dieser unerträglich heißen Tage, sodass mir schon die Schweißperlen auf der Stirn stehen, als mich der Wachmann in der Lobby träge hindurchwinkt und »Zehnter Stock« sagt, bevor ich überhaupt den Mund geöffnet habe. Wahrscheinlich denkt er, ich wäre eine

»Künstlerin«. Dieses Kompliment trägt mich all die Treppen hinauf und direkt ins Wartezimmer.

Kurz vergesse ich völlig, warum ich überhaupt hier bin, und lasse alles auf mich wirken. Die plüschigen dunkelgrünen Sessel. Die Wände in zartem Rosa. Die goldenen Akzente auf dem runden Glastisch, auf dem etliche Ausgaben von *Playbill* und *Variety* liegen. Die breite Fensterfront mit Blick auf die Stadt. Ich bin noch nie in diesem Raum gewesen, doch ich habe ihn schon hundertmal gesehen. Er ist ständig in den Instagram-Storys von Rob Yaghutiel, der aktuell das Phantom in *Phantom der Oper* spielt, und Elizabeth Benson, die gerade die Hauptrolle in *Frozen* übernommen hat. Man muss jemand sein, um in diesen Raum zu kommen.

Und jetzt stehe ich mittendrin.

»Hi. Wie kann ich dir helfen?«

Überrascht schnappe ich nach Luft. Da ist sie. In einem leuchtend pinken Kleid und mit einem perfekten Lächeln sitzt sie hinter der Empfangstheke: Stephanie Fedotowsky. Ich erkenne sie von den Facebook-Fotos, die Teddy gestern Abend gefunden hat. Auf manchen hat sie mit Freunden auf Hausdächern Wein getrunken, andere wiederum waren Nahaufnahmen. Auf jedem Bild waren das breite Lächeln und die großen Locken zu sehen, als wäre sie einer alten Eiscremewerbung entsprungen. In echt ist sie sogar noch schöner, ihre Augen so groß und blau, dass ich wie angewurzelt stehen bleibe.

»Ich …«

… frage mich, ob wir die gleiche Augenfarbe haben. Ich frage mich, ob ich auch mal so hübsch bin, wenn ich älter bin.

Ich frage mich, ob du die bist, die mich vor beinahe siebzehn Jahren vor der Tür meines Dads abgeladen hat.

Ich räuspere mich. Stephanies Lächeln verebbt kein bisschen. Es strahlt so eine Wärme aus, dass ich sicher bin, dass ich mich in jeder anderen Situation geborgen fühlen würde.

Aber ich habe mich vorbereitet. Na ja, zumindest ein bisschen. Sie ist die Assistentin der Geschäftsleitung, wenn sie nicht gerade am Theater spielt. Auf dem Weg hierher habe ich beschlossen, so zu tun, als wollte ich sie für die Schule interviewen. Ich habe mir meinen Text genau zurechtgelegt, aber zum ersten Mal seit Ewigkeiten habe ich meine Zeilen vergessen. Eigentlich sollte ich jetzt etwas sagen, doch stattdessen tut sich ein riesiges Loch auf, gefüllt mit Fragen wie: *Erkennt sie mich? Findet sie mich cool?*

»Was machst *du* denn hier?«

Ich taumle rückwärts, wirke dabei alles andere als cool, blicke nach links und sehe keinen Geringeren als Oliver.

Ich blinzle ihn an. Er sitzt in einem der schicken grünen Sessel, in einem perfekt gebügelten Hemd, das er in seine dunkle Jeans mit Gürtel gesteckt hat, und sein Haar trägt er, wie ich es noch nie an ihm gesehen habe. Fast bin ich gewillt zu sagen, dass ihm der Look steht – wenn ich ihn nicht am liebsten umbringen würde, weil er gerade den Moment ruiniert, der der wichtigste meines Lebens werden könnte.

»Was machst *du* hier?«, stelle ich die Gegenfrage.

Er umklammert einen Ordner, als wäre er seine Rettungsleine. »Sag jetzt nicht, dass du …«

»Du bist bestimmt auch wegen des Vorstellungsgesprächs für das Sommerpraktikum da«, sagt Stephanie.

Ich wende mich wieder ihr zu. Meine Wangen glühen wie verrückt. Jetzt ist der Moment, in dem ich sie eigentlich fragen sollte, ob ich sie interviewen kann, damit ich zurück nach Hause gehen und mir Fragen ausdenken kann, die nicht zu persönlich sind, aber persönlich genug, um herauszufinden, ob sie tatsächlich meine Mom ist. Ich setze darauf, dass sie meine Lüge nicht durchschaut, damit ich die Sache bis zum Ende durchziehen kann.

Doch Oliver kann den Blödsinn eine Meile gegen den Wind riechen. Das Letzte, was ich jetzt gebrauchen kann, ist ein Publikum, bestehend aus einem Menschen, der mich hasst und zudem auch noch ein wandelnder Lügendetektor ist.

»Ich bin Steph, Georgies Assistentin«, sagt sie. »Hast du einen Lebenslauf mitgebracht, den ich ihr geben kann?«

Mein Gehirn ist ein einziges Chaos. Steph sieht mich mit ihren freundlichen Augen an, Oliver mit seinen lodernden – und beide warten auf irgendeine Form von Antwort.

»Ich …«

Dann klingelt Stephanies Telefon und bewahrt mich davor, sprichwörtlich auf die Nase zu fallen. »Nur ganz kurz, Schätzchen«, sagt sie und schüttelt ihre Locken nach hinten, damit sie ans Telefon gehen und den Hörer gegen das Ohr pressen kann. »Check Plus Talent, hier spricht Steph. Wie kann ich Ihnen behilflich sein?«

Ich will gerade ausatmen und mich ein wenig sammeln, als ich von Oliver unterbrochen werde.

»Du willst dieses Praktikum doch gar nicht.«

Er sagt es durch zusammengepresste Zähne, sein Gesichtsausdruck regungsloser als der eines Bauchredners. Ich mache einen Schritt auf ihn zu und stemme die Hände in die Hüften.

»Wie bitte?«

Sein Blick wandert zu Steph. Ich sehe ihm an, wie er das Für und Wider abwägt, jetzt mit mir zu diskutieren. Was auf jeden Fall dagegenspricht, ist die Tatsache, dass ich im Gegensatz zu ihm keine Probleme damit habe, eine Szene zu machen. Dafür bin ich bekannt.

»Das Praktikum bezieht sich komplett aufs Management. Und du bist … auf der ganz anderen Seite. Du *brauchst* ein Management.«

Ich setze mich in den Sessel neben ihn und höre, wie er einen Atemzug nimmt, der eigentlich ein Seufzen werden soll. Das habe ich schon hunderttausendmal gehört. Zum Beispiel, wenn ich Anmerkungen zu seiner Lichtsetzung habe (zu meiner Verteidigung muss ich sagen, dass die Scheinwerfer das Ensemble auf der Bühne geblendet haben). Oder wenn ich sein Timing kritisiere, wenn wir vor den Shows noch mal die schwierigen Choreografien durchgehen (er will immer, dass wir direkt proben, aber man muss sich zuerst *aufwärmen*, ansonsten sind alle verspannt und erschöpft). Oder wenn wir darüber diskutieren, ob wir die teure Schminke nehmen sollen (er hat echt keine Ahnung von Gesichtspflege). Oliver hat schon so oft über »die ganze verlorene Zeit« gejammert, dass es nur eine Frage der Zeit ist, bis er meinetwegen graue Haare bekommt.

Aber heute habe ich ausnahmsweise nicht vor, ihn zur Weißglut zu bringen. Um ehrlich zu sein, ist es sogar irgendwie beruhigend, dass er hier ist. Wir sind solche Streithähne, dass die anderen aus der Theater-AG die Flucht ergreifen, sobald wir im selben Raum sind, aber wenigstens wissen wir, woran wir beim jeweils anderen sind.

Doch woran ich bei Dads geliebter »Fedotowsky« bin, ist ungefähr so klar wie der Plot von *Cats*.

»Vielleicht will ich ja etwas über das Business lernen, dem ich mein ganzes Leben widmen werde«, erwidere ich so gelangweilt wie möglich.

»Dann lies dir die Wikipedia-Seite durch.«

Ich rutsche näher an ihn heran, ein Auge halte ich auf Steph gerichtet, die komplett in das Telefongespräch vertieft ist. »Klingt, als hätte da jemand Angst, dass ich bevorzugt werde«, flüstere ich, ganz nahe an seinem Ohr.

Oliver wirkt gereizt, bewegt sich jedoch kein Stück von mir weg. Stattdessen sieht er mir so durchdringend in die Augen, als würden wir ein Spiel spielen, das er auf keinen Fall verlieren will. »Nein. Ich bin ganz offensichtlich wesentlich qualifizierter für den Job als du.« Seine Hände ballen sich auf seinen Oberschenkeln zu Fäusten und lösen sich wieder. »Aber ich kenne dich.«

»Ach ja?«

Dann wendet er sich mir mit dem ganzen Körper zu und funkelt mich böse an. »Du willst deinen dummen Millie-Charme einsetzen.«

Ich spüre, wie sich meine Mundwinkel nach oben biegen. »Du findest mich charmant?«

Sein Blick verfinstert sich noch weiter. »Es wird nicht funktionieren. Georgie Check ist eine taffe Frau, und sie wird dich sofort durchschauen.«

Es gibt auf dieser Welt zwei Dinge, die ich nicht ausstehen kann: Oliver Yang und Scheitern. Sein Satz reibt mir beides so sehr unter die Nase, dass ich kurz den Grund meines kleinen Besuchs vergesse.

»Was durchschauen?«, frage ich.

Oliver hat die Antwort darauf ein wenig *zu* parat. »Dieses flatterhafte, überdramatische, unnötig laute …«

»Ich bin bereit für den ersten Bewerber.«

Olivers Miene wird ausdruckslos. Ich habe der Person, die gerade den Raum betreten hat, den Rücken zugewandt, doch sein böser Millie-Blick war aus Versehen ganz kurz direkt an sie gerichtet.

»Nach dir«, sage ich großzügig und spüre, wie sich das Grinsen auf meinem Gesicht ausbreitet.

Oliver springt so schnell auf, dass er wirkt wie einer von den Spielzeugsoldaten von unserer unglückseligen Aufführung vom *Nussknacker* in der neunten Klasse. (Anscheinend ist es unter den Boomer-Großeltern ein absolutes No-Go, ein klassisches Stück mit Modern Dance und Billie Eilish zu kombinieren.)

»Ja, ähm … Ich bin Oliver Yang. Hi. Danke für die …«

Ich drehe den Kopf, um einen Blick auf die Person zu erhaschen, die es geschafft hat, Oliver Yangs lodernden Blick zum Erlöschen zu bringen. Doch sie hat sich bereits umgedreht, um zurück in ihr Büro zu gehen, und Oliver muss sich beeilen, um hinterherzukommen. Ich beobachte, wie sich die Tür hinter ihm schließt. Zurück bleibt erbarmungsloses Schweigen.

Jetzt sind es nur noch ich und Steph. Nur ich und eine Frau, die vielleicht mehr über mich weiß, als ich es je für möglich gehalten hätte. Ich beobachte, wie sie flink auf ihrem MacBook Air herumtippt und erneut in einer Weise die Locken nach hinten schüttelt, die mir unheimlich vertraut ist. Als würde ich eine potenzielle Version meines erwachsenen Ichs unterm Mikroskop begutachten.

»Lass dir von Georgie keine Angst einjagen«, sagt Steph und deutet mit dem Daumen auf die geschlossene Bürotür.

»Oh, ich bin nicht …«

Wegen des Vorstellungsgesprächs hier, bin ich kurz davor zu sagen. So nett es auch war, im Kampf Millie gegen Oliver eine extra Runde zu drehen, bevor er für immer aus meinem Leben verschwindet – ich habe keine Lust, in einer Talentagentur abzuhängen und zu beobachten, wie die Träume anderer Leute in Erfüllung gehen, während ich immer noch meinem eigenen nachjage.

Doch sie mustert mich so intensiv, dass mir in diesem Moment bewusst wird, dass ich Zeit zum Nachdenken brauche, falls sie tatsächlich meine Mom sein sollte. Zeit zum Graben. Um zu verstehen, warum sie getan hat, was sie getan hat. Ich kann sie nicht einfach interviewen und es dabei belassen.

Außerdem … Sie hat *bezahlt* gesagt. Was bedeutet, wenn ich es richtig anstelle, könnte ich zwei Fliegen mit einer Klappe schlagen: Dann habe ich genug Zeit, um herauszufinden, wer Steph Fedotowsky ist, und ich könnte genug Geld verdienen, um für das erste Semester an der Madison zu bezahlen.

Die Entscheidung wurde getroffen, bevor mein Gehirn überhaupt realisiert hat, dass es sich entscheiden muss.

»… sonderlich ängstlich«, beende ich den Satz.

Steph lächelt mich verschwörerisch an. »Gute Antwort, Schätzchen«, sagt sie mit einem Zwinkern. Dann lehnt sie sich auf ihrem Stuhl zurück. »Um ehrlich zu sein, dachte ich, du wärst eine Klientin, als du hereingekommen bist.«

Mein Ego war sowieso schon aufgeblasen wegen des Wachmanns, aber jetzt platzt es fast. »Ja?«

»Klar«, erwidert sie. »Ich bin schon so lange dabei, dass ich eine Schauspielkollegin sofort erschnüffeln kann.«

Ich rutsche vor bis zur Kante des plüschigen Sessels. »Sie sind Schauspielerin?«, frage ich, als wüsste ich das nicht schon längst. Als hätte mir Teddy nicht geholfen, auf YouTube ihr Showreel zu suchen, in dem sie von einer unheimlich witzigen Kate Monster in einer Off-Broadway-Produktion von *Avenue Q* bis zu einer herzergreifenden Ilse in der Produktion von *Spring Awakenings* einer Laientheatergruppe alles gespielt hat.

Selbst wenn ich nur einen dieser Ausschnitte gesehen hätte, wüsste ich, dass sie talentiert ist. Und damit meine ich *mega* talentiert. So talentiert, dass ich mich frage, warum sie in einer Talentagentur arbeitet, anstatt selbst auf der Bühne zu stehen und die Engel zum Weinen zu bringen.

»Wann immer es geht«, sagt sie mit einem kleinen Schulterzucken.

»Waren Sie auf einer Schauspielschule?«

Sie kaut auf ihrer Unterlippe herum – eine alte Angewohnheit von mir, die mein Dad früher dazu veranlasst hat, mir jeden Monat einen neuen Lippenpflegestift zu kaufen.

»Ja, war ich«, sagt sie. Mein Interesse scheint sie zu amüsieren. Ich nehme mal an, die meisten, die hier auftauchen, fragen sie nicht danach. Ich starre sie weiter an, und sie fügt hinzu: »Ich war auf der NYU.«

»Tisch?«, frage ich und meine damit eine der dortigen Schulen für Darstellende Kunst.

»Denkst du darüber nach, dich dort zu bewerben?«

Klar, seit ich alt genug war, Google zu benutzen und sofort nach den besten Musical-Schulen des Landes gesucht habe (schon mit sechs Jahren hatte ich einen Plan). Aber ich schätze, Tisch ist jetzt vom Tisch, denn gegen Madison kommt nicht einmal diese Schule an. Das Precollege-Programm ist zwar noch relativ neu, doch in den letzten Jahren sind daraus so viele Broadway-Stars hervorgegangen, dass ich einfach hingehen *muss.*

»Ja«, lüge ich trotzdem, denn ich bin in unserem Gespräch schon zehn Schritte weiter und frage mich, welche Knöpfe ich drücken muss, damit sie über meinen Dad spricht. »Wie war es dort?«

»Oh Mann. Es war die Hölle«, sagt sie mit einem Nachdruck, den ich nur zu gut kenne. Man muss schon ein kleiner Sadist sein, um in der Theaterwelt zu bestehen. »Aber auch toll. Das Training dort … Es macht einen zu einem ganz anderen Menschen.«

Ich bin schon ein Profi darin, mich neu zu erfinden, doch das behalte ich für mich.

»Und auch die Freunde, die man dort findet. Das sind wirklich Freunde fürs Leben. Wir sind alle noch in einem Gruppenchat. Schon verrückt, wo alle gelandet sind.«

In ihrer Stimme liegt plötzlich eine Wehmut, die mich auf eine Weise berührt, die mir nicht gefällt. Es ist fast, als hätte ich Mitleid mit ihr. Aber ich will kein Mitleid mit ihr haben. Mit dem Menschen, von dem ich vielleicht die Hälfte meiner Gene geerbt habe.

»Und wo wollen Sie mal landen?«, bohre ich weiter

nach. Ich muss wissen, dass da noch etwas in ihr ist, dem das Theater noch immer am Herzen liegt, denn diesen Teil in ihr gab es definitiv irgendwann einmal.

Zum ersten Mal sieht mich Steph ein wenig verärgert an. »Ich bin siebenunddreißig«, sagt sie. »Ich bin *hier* gelandet.«

Meine Wangen glühen. »So habe ich das nicht gemeint ...«

Sie fängt sich schneller als ich. »Ich meine nur ... Auf der Bühne zu stehen macht mich glücklich. Und ich bin froh, wenn sich mir die Möglichkeit dafür bietet. Aber statistisch gesehen schafft es nicht jeder.«

Ich weiß nicht, wessen Enttäuschung ich in dem Moment spüre – ihre oder meine. »Nun.« Mist. Ich überlege, wie ich das Gespräch wieder auf die NYU lenken kann, auf meinen Dad, ohne mich weiter zum Affen zu machen.

Endlich macht sich Oliver mal nützlich, denn genau in dem Moment geht die Bürotür auf und spuckt ihn aus. Kurz steht er einfach da und wirkt, als wäre er gerade aus einem Schützengraben geklettert.

»Ähm ... du kannst reingehen«, sagt er schließlich zu mir.

»Sofort?«

Steph nickt und sieht Oliver mitfühlend an. »Georgie ist von der schnellen Truppe. Ich würde mich lieber beeilen.«

»Verstanden«, erwidere ich und steuere auf die Bürotür zu, bevor meine letzte normal funktionierende Gehirnzelle aufwachen und mich aufhalten kann.

Der Raum, den ich jetzt betrete, ist noch schöner als der eben. Mit Sesseln in dunklem Lila und Braun, beinahe deckenhohen Fenstern und einem alten Tisch aus Mahagoni, der so groß ist, dass all meine Schulfreunde und ich daran zu Mittag essen könnten. Hinter dem Tisch sitzt eine Dame, die wild auf ihrem Laptop herumtippt. Sie trägt einen schicken marineblauen Blazer und gewaltigen Schmuck, ihr erdbeerblondes Haar ist wild gelockt.

Sie blickt auf und sieht mich an. Doch es fühlt sich nicht nur an wie ein Blick, sondern beinahe so wie damals, als ich als Kind durch eine Glastür gerannt bin. Ich kann die Menschen, die mich dazu bringen, wie angewurzelt stehen zu bleiben, an einer Hand abzählen, wie *vielleicht* Barbra Streisand. Aber aus irgendeinem Grund weiß ich, dass ich mich jetzt von meiner besten Seite zeigen muss, bevor sie überhaupt den Mund aufmacht.

»Oh«, sagt Georgie. Sie mustert mich nicht mal von oben bis unten. Schüttelt nur einmal den Kopf. »Nein.«

Ich bin Abweisung gewohnt. Das hat die Branche so an sich. Einmal sollte ich für die junge Cosette und die junge Éponine vorsingen und wurde weggeschickt, bevor ich den Mund öffnen konnte, um die erste Note zu singen.

Aber ich bin ziemlich sicher, dass es illegal ist, jemanden bei einem Vorstellungsgespräch sofort rauszuwerfen.

Also setze ich mich auf den Stuhl vor ihrem Schreibtisch. »Nein«, wiederhole ich und zwinge sie, noch mal darüber nachzudenken.

Georgie erhebt sich, als hätte ich nichts gesagt, und wendet sich ihrem dampfenden Kaffee zu, der gerade aus der schicken Kapselmaschine auf ihrem Schreibtisch läuft – halb Kaffee, halb Milch, genau ein Päckchen Zucker. Und sie lässt sich Zeit. Ich höre, wie die teure weiße Marmoruhr an der Wand tickt, das Hupen und Bremsen der Autos unten auf der Straße, ganz New York unter uns. Als sie sich irgendwann mit ihrem Kaffee setzt und mich auf dem Stuhl sitzen sieht, mustert sie mich mit einer Mischung aus Zwiespalt und leichter Verwunderung, dass ich immer noch da bin.

»Du willst hier ein Praktikum machen.«

Nur weil ich dann mit einer Frau zusammenarbeiten kann, die mich eventuell geboren hat. Oder auch nicht.

»Ja«, erwidere ich ein wenig abwehrend.

Es entgeht ihr nicht. Jetzt mustert sie mich mit einer neuen Intention. »Ich stelle keine Schauspielerinnen ein.« Sie deutet auf mich, und bevor ich protestieren kann, fügt sie hinzu: »Sieh dich doch mal an. Deine Augen schreien förmlich: ›Bitte schick mich zu Equity-Castings.‹«

Es ist nicht meine Schuld, dass es so unmöglich ist, in die Actors' Equity Association aufgenommen zu werden, dass Neulinge angekrochen kommen müssen, um gesehen zu werden. Ich rutsche auf meinem Stuhl herum und versuche, mich gerader aufzurichten, damit ich nicht wirke wie eine Teenagerin, die gerade eine einmonatige Backphase hinter sich hat, nachdem sie *Waitress* gesehen hat, sondern wie eine ernst zu nehmende Persönlichkeit.

»Ja, nun ja. Sie haben auch Steph eingestellt. Und sie ist auch Schauspielerin«, platze ich heraus.

Sie hebt eine perfekt gezupfte Augenbraue. Plötzlich blubbert etwas in mir. Als würde ich nicht nur mich verteidigen, sondern auch Steph.

»Dann hast du also ein wenig recherchiert.«

»Und ob.« Ein bisschen zumindest.

»Das heißt aber trotzdem nicht, dass du mir von Nutzen bist«, sagt Georgie und macht eine abfällige Handbewegung.

»Woher wollen Sie …«

»Du tauchst hier ohne Lebenslauf auf. Ohne irgendeine Form von Elevator-Pitch. Und anscheinend vollkommen ohne Erfahrung in diesem Bereich …«

»Ich habe einen Elevator-Pitch«, sage ich ihr, was eine komplette Lüge ist, bis mir plötzlich auf wundersame Weise einer aus dem Mund purzelt. »Sie suchen eine Praktikantin, die Ihnen mit Ihren Klienten hilft. Mit Ihren zu Melodramatik neigenden, unberechenbaren, gierigen *Schauspiel*klienten. Wer könnte ihre lächerlichen Wünsche besser vorhersehen als eine von ihnen?«

Sie setzt ihre Kaffeetasse ab. Ihr Gesichtsausdruck ändert sich zwar nicht, aber ihre Körperhaltung gerade genug, dass ich weiß, dass ich sie gekriegt habe.

»Du hast noch dreißig Sekunden, um mich zu überzeugen.«

Ich lehne mich ein wenig über ihren Schreibtisch, stütze die Ellbogen auf und blicke ihr direkt in die Augen. Sie zuckt nicht mal mit der Wimper. »Ich mache keine halben Sachen. Niemals. Ja, ich *bin* Schauspielerin. Und zwar eine *großartige.* Nicht, weil ich schon talentiert zur Welt kam. Sondern weil ich dafür gekämpft habe. Ich habe alles gegeben und härter gearbeitet als alle anderen, bis ich die Beste war. Alles, was ich tue, tue ich mit Leib und Seele. Und dieser Job wäre keine Ausnahme.« Jetzt spüre ich es – das Feuer, das schon immer in mir gebrannt hat. Das Feuer, das mich in jeden Castingraum getrieben, das Licht auf jeder Bühne aufgesaugt hat und meine Knochen zum Beben bringt. »Wenn Sie mich nehmen, werde ich mein Bestes geben. Ich werde *alles* geben. Und das ist eine ganze Menge.«

Georgie verengt die Augen gerade so weit zu Schlitzen, dass ich weiß, dass ich zu ihr durchgedrungen bin. »Warum willst du das?«

Mit dieser Frage will sie mich austricksen, aber ich bin darauf vorbereitet. »Aus demselben Grund wie Sie«, erwidere ich. Und in dem Moment spielt es überhaupt keine Rolle, dass ich nicht weiß, wer sie ist, oder was das Praktikum tatsächlich beinhaltet, oder was zur Hölle ich hier überhaupt mache. Was zählt, ist nur die Wahrheit. Und die hat sich so in mir manifestiert, dass es sich anfühlt, als hätte ich mein ganzes Leben nur darauf gewartet, sie endlich auszusprechen. »Ich will die sein, die die Kontrolle hat. Die, die die Zügel in der Hand hat. Und das kann ich nur, wenn ich das Business in- und auswendig kenne.«

Georgie sagt kein Wort. Reckt nur das Kinn nach vorn und starrt mich an. Und ich starre zurück. Es vergehen so viele Sekunden, dass ich sicher bin, dass jeder andere, der klaren Verstands ist, schon längst den Blick abgewandt hätte. Doch es fühlt sich an wie eine Herausforderung – und ich habe nicht vor zu verlieren.

»In Ordnung«, sagt sie schließlich. »Du kannst jetzt gehen.«

Ruckartig stehe ich auf, ohne ein Wort zu sagen. Mein Bauchgefühl sagt mir, dass ich jetzt lieber nicht widersprechen und stattdessen leise und erhobenen Hauptes gehen sollte. Dass ich alles zurücklassen sollte, was eben aus mir herausgeströmt ist.

Oliver unterhält sich immer noch mit Steph, als ich aus dem Büro komme. Mein Gesicht glüht, und mein ganzer

Körper steht unter Strom. Er sieht zu mir herüber, und ich spüre seine Überheblichkeit. Sein Vorstellungsgespräch war kurz – aber meines war noch kürzer. Bestimmt denkt er jetzt, er hätte gewonnen.

Doch dann folgt mir Georgie aus dem Büro, und Oliver wird kreidebleich.

»Hier ist mein Entschluss. Ihr werdet beide ein zweiwöchiges Praktikum machen. Und wer es dann verdient, darf den Sommer über bleiben.«

Oliver klappt die Kinnlade herunter, und es ist noch besser als damals, als Mrs Cooke ihm mitgeteilt hat, dass er für den Kostümwechsel der Doppelbesetzung der Bird Girls und Einwohner von Whoville in *Seussical* zuständig sein würde. Monatelang hatte er überall Glitzer an sich kleben.

»Seid ihr damit einverstanden?«

Ich antworte zuerst. »Natürlich.«

Oliver braucht kurz, um sich zu fangen. »Ähm … ja. Okay.«

»Gut. Dann sehen wir uns morgen früh um neun Uhr.«

Wir stehen beide mit offenen Mündern da. Dann schließt sich die Bürotür hinter Georgie. Kurz folgt Schweigen, bevor Steph sagt: »Braucht ihr vielleicht ein Wasser?«

»Nein«, erwidert Oliver schwach. »Aber danke.«

Dann reicht sie uns ein paar Dokumente, die wir ausfüllen sollen, zusammen mit Umschlägen, auf denen bereits die Adresse der Personalverwaltung steht. Oliver wendet sich zum Gehen. Ich zögere noch und bleibe an Stephs Theke stehen. Ich habe noch so viele Fragen, die ich ihr gern stellen würde. Aber jetzt habe ich wenigstens Zeit.

»Dann bis morgen«, sage ich zu ihr.

Sie schenkt mir ein breites Lächeln und zwinkert noch mal. Als wäre sie stolz auf mich, weil ich das abgezogen habe. In meiner Brust breitet sich eine Wärme aus, die sich wahrscheinlich gar nicht ausbreiten sollte, denn selbst wenn sie meine Mom ist, ist sie nicht lange genug geblieben, dass ihre Gefühle für mich zählen würden.

Als ich das Klingeln des Aufzugs höre, werde ich aus meinen Gedanken gerissen und gehe zurück in den Flur.

Oliver gibt sich keine große Mühe, ein Schaudern zu unterdrücken, als ich gerade noch rechtzeitig in den Aufzug schlüpfe, bevor sich die Türen schließen. Schweigend fahren wir nach unten in die Lobby. Sein ganzer Körper ist so angespannt, dass ich fast damit rechne, dass er gleich in Flammen aufgeht. Er durchquert so schnell die Lobby und tritt hinaus auf die Straße, dass klar ist, dass er versucht mich abzuschütteln. Ausnahmsweise lasse ich ihn. Doch auf dem Bürgersteig bleibt er abrupt stehen und dreht sich zu mir um.

»Was willst du?«, fragt er und zeigt nach oben. »Warum machst du das?«

Ich gehe weiter, also ist diesmal er derjenige, der mit mir Schritt halten muss. »Ich könnte dich das Gleiche fragen.«

»Jetzt mal im Ernst. Das geht einfach zu weit. Du gehst mir schon in der Schule genug auf die Nerven, und jetzt habe ich dich auch noch den ganzen Sommer am Hals?«

»Warum hasst du mich so sehr?«

»Ich *hasse* dich nicht, Millie«, ruft er und wirft die Hände in ganz untypischer Manier in die Luft. Scheint, als hätte ich ihm nach all den Jahren auch noch den letzten Nerv geraubt. Wäre es nicht so beleidigend, wäre es fast lustig mitanzusehen. »Ich habe einfach nur *genug* von dir.«

Darauf habe ich keine Retourkutsche, aber aus irgendeinem Grund bleibe ich stehen. Aus irgendeinem Grund haben seine Worte dieselbe Wirkung wie ein Elektroschocker, und ich kann keinen einzigen Muskel mehr bewegen.

Er atmet laut aus. Komischerweise klingt das, was er als Nächstes sagt, kein bisschen gemein. Er sagt es, als wäre es eine Tatsache, mit der er sich abgefunden hat. »Du bist einfach … Du willst immer, dass alle dich mögen. Und zwar ständig.« Bevor ich realisiere, was er da gesagt hat, fügt er hinzu: »Und du bist gut darin. Du bist gut darin, Menschen dazu zu bringen, dich zu mögen.«

Eigentlich ist es so etwas wie mein Hobby, von Oliver genervt zu sein. Doch das hier macht die Sache gerade hässlich.

»Ganz offensichtlich nicht«, murmle ich.

»Und für das, was du machst, ist das gut. Für das, was du machen willst. Aber ich will *das* hier machen«, sagt er, und ihm ist nicht bewusst, wie hart mich seine Worte getroffen haben. »Und jetzt ruinierst du mir das mit deiner Millie-Magie. Kannst du denn wirklich nirgendwo anders ein Sommerpraktikum machen?«

Ich bohre die Absätze meiner Stiefel in den glühend heißen Asphalt. »Hast du schon mal darüber nachgedacht, dass sich die Welt nicht allein um dich dreht, Oliver?«

Er bricht in schallendes Gelächter aus. »Sorry, sorry«, sagt er. »Es ist nur … Das zu hören … Von dir …«

»Lach du nur.« Ich bin zurück. Wieder voll in Bewegung. Und alles schwingt – mein Haar, meine Tasche, die Ärmel meines Kleids, die zu langen Schnürsenkel meiner Boots. Dieses Outfit passt vielleicht zu keiner meiner Millie-Phasen, aber gerade gibt es mir diesen extra *Oomph.* Als wäre ich plötzlich doppelt so schnell. »Mal sehen, wer in zwei Wochen lacht.«

Oliver schließt sofort zu mir auf, wahrscheinlich weil uns die anderen Passanten gerade ausweichen. »Dann willst du das also wirklich machen.«

Meine Nasenflügel weiten sich. »Ja, will ich.«

»Na schön«, sagt er. »Ist sowieso egal. Du wirst keine Woche durchhalten.«

Ich wende mich ihm mit dem ganzen Körper zu und sehe es an seinen großen Augen, dass er nicht mit meinem stahlharten Blick gerechnet hat. »Wollen wir wetten?«

»Das würde bedeuten, dass es mich kümmert. Tut es aber nicht.«

»Gut. Dann sind wir schon zwei.«

Dann bleibt er erneut stehen und ich ebenfalls.

»Mach dich mal ein bisschen locker«, sage ich. »Vielleicht wird es ja ganz lustig.«

Ich hebe die Hand und wuschle ihm durchs Haar, um seine perfekte Frisur zu zerstören. Eigentlich wollte ich ihn damit ärgern, doch dann ist da dieser Moment, in dem meine Hand auf seinem Kopf liegt und wir einander in die Augen sehen und die Leute uns ausweichen müssen, als wären wir unsere eigene kleine Insel.

Dann greift er nach oben, legt die Finger um mein Handgelenk und senkt meine Hand mit bedachter Sanftheit. Als wüsste er genau, wie seine Hand um mein Gelenk passt und wie viel Druck er ausüben muss, um meine Hand zu entfernen.

»Viel Glück, Millie.« Seine Augen funkeln. Er weiß genau, dass man sich in der Theaterwelt niemals »viel Glück« wünschen sollte. Das bringt Unglück. »Du wirst es brauchen.«

Kapitel 5

»Folgender Plan«, sage ich, während ich falsch herum auf dem alten abgewetzten Sessel liege, der sich der Legende zufolge in der Familie befindet, seit meine Großeltern das Apartment gekauft haben. Zumindest riecht er so.

Teddy wirft mir vom Sofa aus, wo er ausgestreckt und wie ein übergroßer, verschwitzter Seestern liegt, ein Twizzler zu. Heather ist schon runter in den Milkshake Club gegangen, um mit Carly, die für die Buchungen zuständig ist, den Belegungsplan zu besprechen, also haben wir die Wohnung für uns allein.

»Was für ein *Plan?*«, fragt Teddy kauend. »Du bist da reingegangen, um deine potenzielle Mom kennenzulernen, und bist mit einem Praktikum wieder rausgekommen. Klingt mir ganz nach dem Gegenteil eines Plans.«

Ich greife nach dem Twizzler, der praktischerweise direkt in meiner Ellbogenbeuge gelandet ist, und reiße ein Stück mit den Zähnen ab. »Der Plan ist, sie während des Praktikums kennenzulernen.«

»Dann glaubst du also, sie ist es?«

Kurz höre ich auf zu kauen und denke nach. Aber ich will auch nicht zu viel darüber nachdenken, denn sonst kommt mir wieder ein Gedanke, den ich zu vermeiden versuche. Wahrscheinlich sollte ich es einfach *wissen*, oder? Eigentlich sollte ich ihr in die Augen sehen und sie mir, und dann sollte es *Klick* machen. Wie ein biologischer Schlüssel, der einfach passt.

Doch das ist bei Steph nicht passiert. Aber es ist auch nicht *nicht* passiert. Was wahrscheinlich bedeutet, dass ich mir eine neue Strategie zulegen muss. »Weiß noch nicht«, erwidere ich, bevor sich der Twizzler in meinem Mund auflöst. »Ich glaube, ich muss herausfinden, wie ich mit jeder dieser Frauen Zeit verbringen kann.«

»Na ja, ich arbeite hart an meinem menschlichen Geocaching, und anscheinend wohnt Beth nur drei Blocks von hier entfernt.«

Ich entknote mich und richte mich auf meinem Sessel auf. »Warte mal. Echt jetzt?«

»Japp«, sagt Teddy und scrollt auf dem Laptop weiter nach unten. »Bei diesem Teeladen, in den du uns immer geschleppt hast, als du deine britische Phase hattest.«

»Die Scones dort waren unglaublich. Aber … Scheiße.«

»Ja. Könnte sein, dass deine Mom die ganze Zeit nur einen Steinwurf entfernt war.«

Ich versuche, die Information zu verarbeiten. Zuerst kommt sie nicht so richtig in meinem Gehirn an – und plötzlich ein bisschen zu gut: die Vorstellung, dass ich im Supermarkt vielleicht schon mal in derselben Regalreihe wie sie stand oder wir vielleicht auf dem Washington Square demselben Musiker zugehört haben oder dass ich jeden Tag meiner Mom über den Weg laufen könnte, ohne es zu merken.

»Dann … Überwachung?«, frage ich.

»Oder wir wählen den weitaus weniger gruseligen Weg und nehmen einfach an dem Treffen für Musical-Enthusiasten teil, das sie alle zwei Wochen im Gemeinschaftsraum ihres Wohnhauses abhält.«

Jetzt hat Teddy meine Aufmerksamkeit. Ich reiße Heathers Laptop an mich, und da ist es: ein öffentliches Event für die »Broadyway Bugs«, das heute Abend stattfindet. Ich überfliege den Text und bleibe am neuesten Update hängen, das Beth vor einer Stunde gepostet hat: *Hier eine Erinnerung, dass das heutige Thema* Newsies *ist! Es gibt Häppchen und einen Dauerstream von Baby Christian Bale. Kostüme sind erwünscht. Freue mich auf euch!*

»Oh mein Gott.«

»Ich habe uns schon angemeldet.«

»*Uns?*«

»Irgendwie komisch«, sagt Teddy. »Ihr Facebook-Profil hat sie auf privat gestellt, aber sie lädt einen Haufen fremder Nerds zu sich nach Hause ein.«

»Musicals sind nicht nerdy.«

»Oh doch. Und ich darf so etwas sagen, denn ich identifiziere mich selbst als Nerd. Aber ihr seid noch nerdiger als Nerds. Du wirst nur nicht vom Radar erfasst, weil du so heiß bist.«

Ich werfe mein Haar über die Schulter. »Ach, was soll's.«

Teddy verdreht die Augen. »Jedenfalls, ja, *uns.* Ich komme mit.«

Ich weiß, dass er zu null Prozent an Musicals interessiert ist, also macht er es nur, weil er denkt, ich bräuchte moralische Unterstützung. Und da liegt er nicht ganz falsch. Ich bin vielleicht extrovertierter als die Sonne, aber nach heute Morgen werde ich keine Potenzielle-Mom-Situation mehr allein betreten.

»Aber dann musst du dir eventuell eine richtige Hose anziehen«, warne ich ihn.

»Das mache ich. Aber nur, weil ich dich liebe. Und weil es kostenloses Essen gibt.«

Und so kommt es, dass wir drei Stunden später vor Beths Wohngebäude stehen. Ich trage eine Zeitungsjungenmütze, die ich von Teddys Dad geklaut habe, und er trägt Hosenträger, die ich aus Versehen in der Schule habe mitgehen lassen, nachdem ich in *Cabaret* einen »Männlichen Stripper« gespielt habe. (Noch eine Casting-Entscheidung, für die ich Oliver die Schuld gebe. Also ja, die Hosenträger habe ich mir verdient.)

»Bereit?«, frage ich.

Als Antwort fängt Teddy an, leise »Mamma Mia« zu summen. Ich stoße ihn mit der Schulter an, um ihn zum Schweigen zu bringen, doch er wird nur lauter.

»Look at me nowwww, will I ever learn …«

»Ganz offensichtlich *nicht.*«

»Tut mir leid«, protestiert er. »Ich weiß nicht, warum, aber plötzlich habe ich die Kontrolle verloren!«

Ich lasse seine Hosenträger schnalzen, und er kichert und stolpert wie eine lange Nudel nach hinten. Da öffnet sich die Tür zur Lobby, und eine Frau, die nur Beth sein kann, hält sie für uns auf.

Komischerweise ist es so, als würde ich sie eher von einem Gefühl her erkennen, statt von den schlecht beschnittenen Fotos, die Teddy auf Facebook gefunden hat. Sie strahlt sofort eine Freundlichkeit aus, wie die Hobbits, die im Auenland friedlich Tür an Tür leben – und diesen Vergleich ziehe ich nur, weil ich Cooper Prices Tochter bin.

Ihre Augen sind warm und haben Lachfältchen. Ihr honigfarbenes Haar ist so dick, dass es unter der Zeitungsjungenmütze hervorquillt, ihre Wangen sind rund und haben Grübchen. Sie wirkt wie jemand, der Tee lieber mag als Kaffee, diversen Blogs über DIY-Projekte folgt und einen richtig fest umarmen kann.

»Haben wir hier draußen etwa ein paar Newsies-Fans?«, fragt sie in übertriebenem New Yorker Akzent und stemmt eine Hand in die Hüfte.

Teddy, der sich bisher geweigert hat, sowohl das Theaterstück als auch den Film zu schauen, obwohl es sich bei beiden um wahre Meisterstücke handelt, die auf meinem Disney-Plus-Account verfügbar sind, wird sofort nutzlos.

»Ähm … ja. Japp. Wir, ähm …« Ich suche nach einer Referenz. »Wir haben eine Schlagzeile erschnüffelt.«

Ich höre, wie Teddy die Luft anhält, um sich nicht über mich lustig zu machen, doch Beths Lächeln ist so breit, dass es den Mond aus seiner Bahn hauen könnte.

»Willkommen, willkommen«, sagt sie und winkt uns herein. »Ihr seid die Ersten. Neue Bugs?«

»Ja«, sagt Teddy und folgt mir nach drinnen.

»Da habt ihr euch einen guten Tag ausgesucht, meine Freunde. *Newsies* gehört zu meinen fünf Lieblingsmusicals. Wir ziehen heute alle Register.«

Beth führt uns von der Lobby in den nahegelegenen Gemeinschaftsraum, der eine regelrechte Hommage an die vorpubertären Zeitungsjungen aus dem Jahr 1899 ist, die in dem Musical aus unerfindlichen Gründen Rückwärtssaltos schlagen und steppen können. Auf einer Leinwand läuft der Film ohne Ton, während aus einem iPhone-Lautsprecher in der Ecke die originale Broadway-Version von »Watch What Happens« klingt. Und auf einem Tisch stehen Snacks, die zum Motto passen: eine Chip-and-Dip-Station mit einem Schild, auf dem »Seize the Lays« steht, Chicken Wings, die als »Wings of New York« bezeichnet werden, und ein Kuchen, auf dem in großen roten Buchstaben das Wort *STREIK!* geschrieben steht.

»Oh mein Gott«, murmelt Teddy. »So muss es in deinem Kopf aussehen.«

Da hat er nicht ganz unrecht. Aber ich bin gerade zu abgelenkt, um seiner Bemerkung Beachtung zu schenken, denn ich folge Beth auf den Fersen, um zu überprüfen, ob wir uns in irgendeiner Weise ähnlich sind. Wir sind beide klein. Wir sind beide besessen von Musicals. Und ich habe bereits beschlossen, dass ich sie mag, was rein gar nichts damit zu tun hat, wie ähnlich wir uns sind, sondern nur damit, dass ich mehr über sie herausfinden will.

»Ich bin übrigens Beth«, sagt sie zu uns. »Ich veranstalte diese kleinen Partys. Und ihr seid …?«

»Millie und Teddy«, antworte ich für ihn, denn er hat bereits ein Häppchen im Mund. »Ich bin ein großer Broadway-Fan, und er … liebt kostenloses Essen.«

Er zeigt ihr einen Daumen nach oben und lässt seinen jungenhaften Charme spielen, den er schon früher an Halloween benutzt hat, um den Leuten mehr Süßigkeiten zu entlocken.

»Na, dann seid ihr hier genau richtig.« Beth kichert. Ich weiß genau, dass sie uns noch weitere Fragen stellen will, zum Beispiel, wie wir auf ihre Veranstaltung aufmerksam geworden sind oder wo wir zur Schule gehen, aber ich komme ihr zuvor.

»Seit wann veranstaltest du diese Partys?«

»Die Broadway-Bugs-Treffen? Hm, seit ein paar Jahren vielleicht«, überlegt sie und öffnet eine Packung Servietten. Da auf dem Tisch auch Teller stehen und Besteck liegt, helfe ich ihr beim Verteilen, was mir ein weiteres breites Lächeln einbringt.

Ich gebe mein Bestes, um es nicht wie eine Befragung wirken zu lassen, aber ich schätze, wir haben noch ungefähr fünf Minuten, bis die Leute kommen, die *nicht* hier sind, um nach ihrer biologischen Mutter zu suchen. »Bist du … in dem Business oder …«

»Oh, ganz sicher nicht«, erwidert Beth mit einem höhnischen Lachen. »Ich bin Sozialarbeiterin. Ich liebe einfach nur den Broadway. Das ist alles.«

»Du wolltest nie selbst auf der Bühne stehen?«

»In einer Theatergruppe, klar«, sagt sie. »Auf dem College war ich in ein paar Gruppen. Viele von den Leuten kommen jetzt zu unseren kleinen Treffen.« Sie lehnt sich nach vorn, als würde sie mir ein Geheimnis verraten. »Mir machen diese Treffen eh viel mehr Spaß als die Proben. Mehr Zeit zum Plaudern und um Gleichgesinnte zu finden, mit denen man sich die Shows ansehen kann. Es ist eine tolle Möglichkeit, Menschen zusammenzubringen. Und da wir gerade davon sprechen … Was hat euch hergeführt?«

»Ähm …«

»Oh, sieh mal, wer da ist! Pünktlich wie die Uhr«, sagt Beth, und ihr Blick wandert zur Tür.

Da steht eine Teenagerin mit Overall und Zahnspange. Ihr langes dunkles Haar schwingt hin und her, als wäre sie eben noch in Bewegung gewesen und abrupt stehen geblieben. Kurz bin ich erleichtert, dass auch jemand in unserem Alter hier ist – zumindest scheint sie annähernd so alt zu sein wie Teddy und ich –, doch bevor ich mich länger der Hoffnung hingeben kann, dass die Situation durch sie weniger komisch wird, starrt sie Beth an und dann wieder uns. Ihren Blick kann man nur als panisch beschreiben. Unsicher richtet sie ihre Zeitungsjungenmütze.

»Chloe, das sind Millie und Teddy. Ihr Lieben, das ist meine Tochter Chloe.«

Teddys Augen sind bereits auf mich gerichtet, bevor ich ihn ansehe. *Tochter?*

»Hi«, quietscht Chloe, die Augen so weit aufgerissen, dass sie aussieht wie eines von den Eichhörnchen im Central Park, die auf den Radweg rennen und nicht wissen, ob sie die Flucht ergreifen oder stehen bleiben sollen.

Beth richtet Chloes Mütze mit einer Anmut, die nur jemand besitzt, der es gewohnt ist, komische Situationen zu glätten. Jemand, der viel lacht, das Schweigen füllt und aus fremden Menschen eine Gruppe macht.

Doch seltsamerweise denke ich in diesem Moment an keinen von ihnen. Ich denke an meinen Dad. Daran, dass es mal eine Zeit gegeben haben muss, in der er zu den Menschen gehörte, die sich in Beths Gegenwart wohlfühlen. Er hat nicht sonderlich viele Freunde – er ist das Paradebeispiel eines Introvertierten –, aber ich kann mir nur allzu gut vorstellen, wie sie ihn aus seinem Schneckenhaus gelockt hat. Wie er sich in sie verliebt hat.

Jedoch fällt es mir ein bisschen schwer, mir vorzustellen, dass er dachte, es wäre akzeptabel, ihrem Mixtape einen Song von *Armageddon* hinzuzufügen. Ich kann eben nur eine begrenzte Menge seiner Vergangenheit schlucken.

Beth schiebt Chloe in Richtung des Snacktischs, wo

Teddy und ich stehen. »Hatten du und dein Dad denn eine gute Zeit bei –«

»Ja«, platzt Chloe heraus und unterbricht sie. »Wir hatten eine Menge Spaß, ähm …«

»Du hättest sie mal sehen sollen«, sagt ihr Dad. »Sie war die Allerschnellste beim –«

Chloe wirbelt herum und schnattert auf Spanisch los, um den Mann zu unterbrechen, der hinter ihr den Raum betreten hat. Er und Beth wechseln einen wissenden Blick. Während das Wort *Tochter* wie ein Wirbelsturm durch mein Gehirn fegt, zähle ich eins und eins zusammen und komme auf das Ergebnis, dass er und Beth verheiratet sein müssen.

Oder verheiratet *waren.* Denn als Beth auf ihn zugeht, wirkt es zwischen den beiden eher freundschaftlich als romantisch.

»Du kannst gern bleiben, Javi«, sagt Beth und deutet in den Raum hinein, der so aussieht, als hätte sich eine *Playbill*-Zeitschrift darin übergeben.

Er lächelt sie entschuldigend an. »Ich muss los und Seymour füttern. Aber wir sehen uns dann morgen beim Picknick?«, fragt er und beugt sich zu ihr.

Sie stellt sich auf die Zehenspitzen, um ihm einen Kuss auf die Wange zu geben – eine Geste, die ganz automatisch, aber nicht ohne Zuneigung passiert. »Ich bringe Käsemakkaroni mit.«

»Gut. Meine Schwestern haben mir bestimmt schon fünf Nachrichten geschrieben, um mich danach zu fragen.« Er beugt sich herunter, um Chloe einen Kuss auf den Kopf zu geben. »Bis morgen, Kleine. Vergiss das Frisbee nicht.«

»Tschüss, Dad«, murmelt sie mit geröteten Wangen.

Javi tippt sich zum Abschied an die Schläfe und geht. Chloe hört gar nicht mehr auf, mich anzustarren, was ziemlich unpraktisch ist, weil ich versuche, *sie* anzustarren.

»Ach du Scheibenkleister«, sagt Beth und unterbricht unseren Starrwettbewerb. »Mir ist gerade eingefallen, dass die Lasagne und die Pizzabrötchen noch zum Warmhalten im Ofen sind. Chloe, könntest du …«

»Wir können helfen«, biete ich an.

Beth wendet sich mir zu. »Das wäre sehr nett.«

Sie schenkt mir einen Blick, der halb entschuldigend wirkt, weil Chloe so schüchtern ist, und halb ermutigend, ihre Schüchternheit zu überwinden. Ich weiß, dass ich nichts getan habe, um diese Form der Verantwortung zu verdienen, aber irgendwie fühlt es sich schön an.

»Millie ist ein großer Musicalfan«, ruft Beth Chloe zu, während wir hinüber zu den Aufzügen gehen. »Du solltest ihr dein Zimmer zeigen!«

Chloe sieht aus, als würde sie lieber sterben. Aber ihre Würde ist ein kleiner Preis, den ich bezahlen muss, um den nächsten Punkt auf meiner Agenda abzuhaken: Ich muss herausfinden, ob dieses Mädchen mit ihrer Existenz Beth aus meinem Millie-Mia-Cast geworfen hat – oder ob sie die Sache noch viel größer macht, weil … sie meine Halbschwester sein könnte.

Bei diesem Gedanken bin ich für einen kurzen Moment wie paralysiert. Teddy muss mich mit der Schulter anstoßen, um mich in den Aufzug zu schieben. Was dann folgt, sind dreißig Sekunden unerträglichen Schweigens, die mich beinahe dazu bringen, die Fahrt mit Oliver im Aufzug gestern zu vermissen. Chloe starrt mich so unverfroren an, dass ich mir mittlerweile vorkomme wie ein wissenschaftliches Experiment.

Der Aufzug klingelt, um uns mitzuteilen, dass wir die vierzehnte Etage erreicht haben. Gerade als die Türen aufgleiten, platzt Chloe heraus: »Du bist Little Jo!«

Ich erstarre zur Salzsäule. Die Worte *Little Jo* wurden vor fast fünf Jahren aus unserem Wohnhaus verbannt. Wäre ich eine Meuchelmörderin, würden mich diese zwei Worte jetzt dazu bringen, total durchzudrehen und mich in Black Widow zu verwandeln.

»Von diesem Video, das viral gegangen ist«, sagt Chloe. »Das warst doch du, oder nicht?«

Zuerst denke ich, sie würde sich über mich lustig machen, aber dann sehe ich, wie sie unter ihrer Zeitungsjungenmütze strahlt, und es ist noch viel schlimmer als gedacht: Sie verehrt mich.

»Oh mein Gott. Ich bin ... *besessen* von diesem Video«, schwärmt Chloe und führt uns den Flur hinab zu ihrem Apartment. »Du warst so verdammt gut. Was ist danach passiert? Warum hast du dann nichts mehr hochgeladen? Ich liebe dieses Musical so sehr. Ich wollte es immer sehen, aber bisher gab es keine Off-Broadway-Produktionen, die nahe genug gewesen wären. Ich fasse nicht, dass Sutton *Foster* dich hat *singen* sehen.«

Und ich fasse nicht, dass mich dieses dürre Mädchen erkannt hat. Wofür waren all meine sorgfältig geplanten, minuziös ausgeführten Millie-Phasen gut, wenn ich genau dieses Szenario nicht verhindern kann? Ich habe so lange versucht, mich von diesem Video loszusagen, dass es mir nicht in den Sinn gekommen ist, dass andere immer noch davon begeistert sein könnten.

Während Teddy die Panik, die mir ins Gesicht geschrieben steht, nur allzu bewusst ist, plappert Chloe weiter wie ein Wasserfall. »Ich habe eine Million Mal versucht, diesen Song zu singen, aber diese eine Note am Ende treffe ich nie, weißt du? Die ist so verdammt hoch. Und ich habe es wirklich versucht. Das kannst du mir glauben.«

Sie öffnet die Tür zu Apartment 14G, das zuerst ganz unscheinbar wirkt, als wir es betreten. Die Küche ist klein und heimelig mit zusammengewürfelten pastellfarbenen Geräten. Von dort aus hat man Blick auf das Wohnzimmer mit gemütlichen Möbeln, bestückt mit riesigen Decken und weichen abgewetzten Kissen. Aus irgendeinem Lautsprecher erklingt ein Song, der mir irgendwie bekannt vorkommt, und so, wie Teddy die Augenbrauen hebt, weiß ich, dass er ihn auch kennt.

»Meine Eltern meinen, ich könnte Gesangsunterricht nehmen, aber selbst dann … *wie* nur?«, redet Chloe über die Musik hinweg. »Man muss mit dieser Art von Talent geboren sein, um so singen zu können, weißt du? Deine Lungen müssen enorm sein. Kannst du sehr lange die Luft anhalten?«

Langsam bekomme ich den Eindruck, dass Chloe es kann, so viel, wie sie redet, ohne auch nur einmal Luft zu holen.

»Was für Rollen hast du noch gespielt? Hast du auf deinem Handy noch mehr Videos? Singst du beim …«

»Ist das dein Zimmer?«

Zum Glück hat Teddy für persönliche Grenzen genauso wenig Sinn wie für das Verspeisen von kostenlosen Snacks, denn er hindert Chloe daran, mich auf ein vollkommen unverdientes Podest zu stellen, indem er den Flur hinabspäht. Peinlich berührt schnappt sie nach Luft, aber es ist zu spät. Wir sind Teddy bereits in die wahr gewordene Broadway-Hölle gefolgt.

Heather macht sich ja schon über mich lustig, weil mein Zimmer aussieht wie eine Musical-Bühne, aber während mein Zimmer eine Hommage ist, ist ihres ein regelrechter Schrein. Über Chloes Bett hängt eine ganze Reihe unterschriebener *Playbills.* Ihre Bettwäsche ist von Musiknoten überzogen, die Deckenbezüge eine Collage aus Broadwaymusicals. Die Schranktür ist vollgeklebt mit Musical-Zitaten wie »Think about the sun and I got tears coming out of my nose« und »five hundred twenty-five thousand six hundred minutes«. Lin-Manuel Mirandas Ratgeber *Gmorning, Gnight!* liegt aufgeschlagen auf dem Nachttisch und …

»Ach du *Scheiße*«, ruft Teddy und stolpert rückwärts.

Mir bleibt ebenfalls das Herz stehen, dabei ist es gar kein echter Mensch, der uns auflauert, sondern drei lebensgroße Pappfiguren der Schuyler-Schwestern aus *Hamilton.*

»Die habe ich zum Geburtstag bekommen«, erklärt Chloe fröhlich.

Ich räuspere mich und nehme die Hand von meiner Brust. Aber auch ein drohender Herzinfarkt kann mich nicht aufhalten. »Wann hast du denn Geburtstag?«, frage ich sie.

»Im April«, erwidert sie und entfernt einen Fleck von Peggy Schuylers Kleid.

»Und kommst du dann in die Neunte?«, fragt Teddy, der zu ahnen scheint, was ich vorhabe.

Chloe schüttelt den Kopf. Jetzt, da sie endlich mit uns redet, erkenne ich die Ähnlichkeiten zwischen ihr und Beth: die kleine Stupsnase, die runden Wangen, ihre merkwürdige Anziehungskraft. Ich kann nicht anders, als mich von dem, was sie sagt, in den Bann ziehen zu lassen, auch wenn mich die Little-Jo-Sache dazu bringt, mich am liebsten auf ihren Teppich legen und sterben zu wollen.

»In die Zehnte«, sagt Chloe. »Ihr auch?«

»Elfte«, erwidert Teddy, der zum Glück die Zügel in die Hand genommen hat, während mein Gehirn unfreiwillig zu rechnen beginnt.

April und bald Zehntklässlerin. Ich bin im Juli geboren und komme in die Elfte. Dann könnte es also schon sein, dass Beth mich bekommen, eine einjährige Pause eingelegt und dann diese kleine, quirlige Bohne mit einem anderen gekriegt hat. Hat mein Dad in dem Post nicht erwähnt, dass es da noch einen anderen Typen gab?

Zeitlich gesehen würde es Sinn ergeben, aber fast bin ich enttäuscht, dass es so ist. Es war schon schlimm genug, mir vorzustellen, warum mich meine Mom verlassen hat. Aber es ist noch viel schlimmer, mir vorzustellen, dass sie mich verlassen hat, aber ein anderes Kind nicht.

»Welche Schule?«, will Chloe von Teddy wissen.

»Stone Hall.«

Chloe reißt die Augen auf. »Ich habe gehört, die soll ziemlich heftig sein.«

»Ja, ich schätze schon«, sagt Teddy und verlagert das Gewicht peinlich berührt von einem Fuß auf den anderen.

Teddys Eltern sind ziemlich reich, weil sie beide Chirurgen sind, aber er ist nicht unbedingt dafür bekannt, zu den reichen Kids zu gehören. Er versteht sich gut mit den

Leuten an seiner Schule in der Upper East Side, aber ich weiß, dass er sich noch nie so richtig zugehörig gefühlt hat, mit seiner Lese-Rechtschreib-Schwäche und seinen Eltern, die nicht in denselben Kreisen verkehren wie die der anderen. Er hat sich schon immer anders gefühlt als die übereifrigen Leute aus traditionsreichen Familien, mit denen er sich die Spindreihe teilt. Größtenteils hängt er mit mir und meinen Freunden ab. Oder mit Leuten, die er auf GeoTeen kennengelernt hat.

Aber Chloe sprudelt vor lauter Begeisterung förmlich über wie ein Teekessel. »Ich habe gehört, die Jahrgangsbeste letztes Jahr ist wegen eines Grilled-Cheese-Rezepts ausgerastet und hat dann angefangen, in einem Deli zu arbeiten …«

Doch Teddy winkt ab. »Es geht ihr gut. Sie ist jetzt an der Columbia. Aber sie macht die besten Blondies, falls du auf Kuchen stehst.«

»Wow. Ja. Einfach nur wow.« Dann wendet sie sich mir zu und sieht mich ebenso bewundernd an wie ihn. »Ihr zwei seid echte … Rockstars.«

Ich habe mal beobachtet, wie Teddy seine Achseln mit Febreze eingesprüht hat, und ich schlecke die Schalen meines Mikrowellenessens immer so gründlich aus, dass mir Reste davon an der Nase kleben, aber ja – wir nehmen das Kompliment an.

»Sorry«, sagt Chloe, die unser Schweigen fehlinterpretiert. »Tut mir echt leid. Ich kann ganz schön … anstrengend sein.«

»Nee. Millie ist anstrengend«, erwidert Teddy und deutet mit dem Kopf auf mich. »Du bist noch im Normalbereich.«

»Entschuldigung?«, protestiere ich. Aber Teddy weiß es besser, als zu glauben, dass ich mich tatsächlich angegriffen fühle. Ich *bin* anstrengend. Absichtlich. Und Chloe ist … auch anstrengend. Und das vielleicht unabsichtlich. Aber ich merke, dass Teddy sie mag. Und obwohl sie der lebende Beweis dafür sein könnte, dass sich meine biologische Mutter ausgerechnet gegen *mich* entschieden hat, mag ich sie auch.

Chloe lächelt schüchtern. »Eigentlich kommt nie jemand in meinem Alter zu diesen Treffen. Ich hoffe, ihr kommt wieder. Sie sind ein wenig … nerdig.«

»Das Essen ist jedenfalls super«, sagt Teddy.

»Da sagst du was«, stimme ich zu. Der Duft der Lasagne steigt mir in die Nase, seit wir das Apartment betreten haben. Sie riecht so gut, dass es eigentlich verboten sein sollte. »Sollen wir wieder runtergehen?«

»Ja!«, ruft Chloe, als könnte sie ihr Glück kaum fassen. »Ihr müsst mir alles über die Stone Hall erzählen. Und übers Singen. Und Millie, oh mein Gott, du solltest definitiv diejenige sein, die Katherines Song singt. Wir singen alle Lieder der Show. Wenn du nicht Katherine singst, sterbe ich.«

Teddy und ich wechseln über Chloes Kopf hinweg einen amüsierten Blick, und das ist so ziemlich das Thema des restlichen Abends. Ein paarmal nähere ich mich Beth auf ein paar Meter, aber das ist auch schon alles. Chloe umkreist uns wie ein niemals müde werdender Mond und wechselt zwischen ewig langen Monologen und so gespanntem Lauschen unserer Antworten, dass ich mir Sorgen mache, dass sie vergisst zu atmen. Teddy verspeist alles, was Beths Freunde mitgebracht haben, und gewinnt all ihre Herzen. Ich singe gemeinsam mit Chloe ein paar der Katherine-Soli, genieße die Komplimente von all den Fremden, die mich noch nie haben singen hören, und strecke Teddy die Zunge heraus, als er auf der anderen Seite des Raums die Augen verdreht.

Als es schließlich Zeit wird zu gehen, bin ich überrascht, dass bereits vier Stunden vergangen sind. Normalerweise vergeht für mich die Zeit nur so schnell, wenn ich mir eine Show ansehe. Beth gibt uns ein wenig Lasagne mit, und Chloe speichert ihre Nummer auf unseren Smartphones ab. Wir werden von unzähligen Leuten mit Zeitungsjungenmützen umarmt, bevor wir hinaus auf die Straße stolpern und glückselig nach Hause gehen.

»Danke, dass du das für mich gemacht hast«, sage ich zu Teddy und drücke meine Nase gegen seine Schulter. »Nächstes Mal musst du nicht mitkommen. Versprochen.«

Teddy legt einen schlaksigen Arm um meine Schultern und drückt mich an sich. »Machst du Witze? Ich wurde schon damit beauftragt, Chips und Guacamole mitzubringen. Das ist meine *Szene.*«

Oder vielleicht ein Beweis dafür, dass sich Teddy und seine Familie größtenteils von bestelltem Essen und Müsli ernähren, aber das behalte ich für mich.

»Und das Timing war total irre. Der Song muss irgendeine Art Zeichen gewesen sein«, sagt Teddy freudig.

»Welcher Song?«

Mit der anderen Hand zückt Teddy sein Smartphone, und ich stöhne schon, bevor die Seite überhaupt vollständig geladen hat. Es ist die berühmt-berüchtigte LiveJournal-Seite. Bevor ich mich für ein Würgegeräusch entscheiden kann, klickt Teddy auf die Songliste des Mixtapes, das mein Dad für Beth gemacht hat.

»Irgendein Avril-Lavigne-Song«, sagt er. »›Things I'll Never Say‹. Der lief, als wir ins Apartment gekommen sind.«

Ich ziehe meine Nase kraus und gehe auf Zehenspitzen, um einen Blick auf sein Display zu erhaschen. »Das war auf der Playlist?«

»Definitiv.«

Der Schauer, der mir über den Rücken läuft, könnte Hoffnung sein. Oder etwas anderes. »Komischer Zufall.«

»Es ist aber kein Zufall, dass der nächste Song ›Stacy's Mom‹ war, der nächste Song auf Coops Mixtape.« Als ich ungläubig dreinblicke, fügt Teddy hinzu: »Was denn? Ich habe eine Spotify-Playlist davon erstellt. Das sind meine neuen Geocaching-Songs. Ich kann dir den Link schicken, wenn du willst.«

Ich erschaudere in Teddys Arm. Das ist ein Teil des liebeskranken Gehirns meines Dads, den ich niemals hätte kennenlernen sollen. »Nein, danke«, sage ich, während Teddy auf sein Display klickt. Jetzt verstehe ich. »Moment mal. Du glaubst, sie hört sich nach all den Jahren immer noch sein Mixtape an?«

Teddy zuckt mit den Schultern. »Scheint so.«

Ich starre auf den Verkehr vor uns und versuche, es zu begreifen. »Aber das ist doch schon eine Million Jahre her.«

»Deine Geburtsurkunde sagt aber etwas anderes«, erinnert mich Teddy.

»Na ja … Postet er wieder über sie? So generell?«, frage

ich und starre wieder auf sein Handy. »Ist sie einfach von seiner Bildfläche verschwunden oder …«

»Nee. Keine weiteren Beth-Posts. Ich habe nachgesehen. Aber ist es seltsam, dass ich will, dass sie deine Mom ist?«, fragt er. »Sie ist der Hammer. Und Chloe ist eine Rebellin.«

Fast gerate ich ins Stolpern, bevor ich wieder zu Sinnen komme. Vor lauter Party und LiveJournal hätte ich fast vergessen, warum wir überhaupt bei dem Treffen waren und was es womöglich bedeuten könnte. Jetzt zieht sich irgendetwas in meiner Brust zusammen und erinnert mich daran, was ich hier tue. Was ich bereits getan habe.

»Ja. Sie sind ziemlich entspannt«, stimme ich ihm zu. Es löscht zwar nicht den verletzten Gesichtsausdruck meines Dads gestern Abend aus meinem Gehirn, aber es hilft. Teddy drückt mich fester an sich. Es kommt nur selten vor, dass einer von uns etwas fühlt, das der andere nicht sofort wie ein Schwamm aufsaugt.

»Willst du das denn immer noch machen?«, fragt er.

An einer Ampel bleiben wir stehen, statt wie gewöhnlich blindlings weiterzulaufen. »Ja«, sage ich. Ich weiß nicht mal, woher meine Überzeugung überhaupt kommt. Vielleicht liegt es an der Vorstellung, dass Chloe tatsächlich meine Schwester sein könnte, und der Tatsache, dass es mehr zu ergründen gibt, als ich es mir jemals vorgestellt hätte. »Ja, will ich.«

Teddy beobachtet mich eine Weile und wartet darauf, ob ich fortfahre. »In diesem Fall«, sagt er schließlich, als die Ampel umspringt, »habe ich den perfekten Plan, wie du Farrah kennenlernen kannst.«

»Ach ja?«, frage ich. »Und wie sieht der aus?«

»Sie ist Tanzlehrerin«, sagt Teddy und klimpert mit seinen Schlüsseln. »Und wie es der Zufall will, startet ihr Broadway-Bootcamp … diese Woche.«

»Du machst wohl Scherze.«

Teddy wirft seinen Schlüsselbund in die Luft und fängt ihn auf. Das ist so ziemlich alles, was er und sein schlaksiger Körper an Koordination zustande bringen. »Nope. Wenn ich du wäre, würde ich Coopers Angebot annehmen und Tanzstunden nehmen. Zwei Fliegen mit einer Klappe.«

»Du bist ein astreiner Menschen-Geocacher«, sage ich. »Ernsthaft. Danke.«

Vor unserem Wohnhaus bleibt er stehen, in der Hand immer noch sein Smartphone.

»Gern geschehen. Aber mir fällt da etwas ein, wie du dich revanchieren könntest.«

Ich weiß schon, wohin das führt, lasse mich aber darauf hin. »Und was wäre das?«

Teddys Augen beginnen zu leuchten, und seine Brauen springen beinahe in sein zerzaustes Haar. »Ich habe gerade eine GeoTeen-Push-Nachricht bekommen. Irgendjemand hat alte DVDs bei der High Line versteckt. Ich habe die Koordinaten.«

Ich erinnere Teddy erst gar nicht daran, dass keiner von uns einen DVD-Player besitzt und wir so viele Streaming-Accounts haben, dass wir quasi jeden Film besitzen, der je produziert wurde. Aber bei einem Geocache geht es nicht um die Sache an sich, sondern darum, schneller zu sein als alle anderen. Und wenn es etwas gibt, worauf man sich bei mir verlassen kann, dann ist es, andere zu schlagen.

Ich nehme ihm sein Handy ab und begutachte die Zahlen. »Wir könnten es in zehn Minuten schaffen, wenn wir rennen.«

Teddy grinst. »Der Letzte, der da ist, ist ein verrotteter Newsie!«

Wir verschwinden hinaus in die Nacht, zwei Zeitungsjungen, die anderen New Yorkern geschickt ausweichen, einander anfeuern, in die Luft springen, um Straßenschilder anzutippen, und den jeweils anderen zurückzerren, sobald einer Vorsprung hat. Ich schnaufe und lache, bin vollkommen von Sinnen. Es gibt keine Millie-Version, die ich gerade sein muss, keine Moms, die gefunden werden müssen, keine Schuldgefühle oder Verwirrung oder sonstigen Gefühle, die ich nicht benennen kann. In diesem Moment gibt es nur den einen Menschen, der ich schon immer gewesen bin: die größte Träumerin im West Village, die lauteste New Yorkerin und Teddy Grangers beste Freundin.

Kapitel 6

Ich bin ziemlich stolz auf meine Lungenkapazität, aber sie ist nichts im Vergleich zu Olivers. Als er mich am nächsten Morgen ins Wartezimmer von Check Plus Talent kommen sieht, seufzt er so lange, dass er damit jedes aufblasbare Pooltier zum Platzen bringen könnte.

»Ich wünsche dir auch einen guten Morgen, Sonnenschein.«

Ich bin ausgesprochen gut drauf – dank der Eggo-Waffeln mit Erdnussbutter und dem *Anastasia*-Soundtrack des originalen Broadway-Casts, den ich auf dem Weg hierher gehört habe. (Nummer sechs auf der Liste meiner Traumrollen, die ich ergattern muss, bevor ich sterbe. Daher ist es wichtig, in Übung zu bleiben.) Das – und das Hochgefühl, weil Teddy und ich die siebzehn anderen Geocacher geschlagen und die DVDs zuerst gefunden haben, was bedeutet, dass wir jetzt stolze Besitzer von *Deadpool* sind. (Danach haben wir noch eine Stunde lang Müll auf der High Line aufgesammelt, wie es üblich ist, wenn einer der App-Supervisor einen neuen Cache versteckt hat. Aber wenigstens waren wir entsprechend gekleidet.)

Jedenfalls ist Olivers nervtötender, perfekter Anblick – in seinen Khakis und dem hellblauen Hemd – nicht genug, um mir die Laune zu verderben.

»Ich hatte gehofft, ich hätte dich mir gestern nur eingebildet«, murmelt er.

Ich sehe mich um und frage mich, wo Steph ist. »Da hast du leider Pech gehabt«, erwidere ich, nehme meine Tasche von der Schulter und stelle sie auf den Stuhl neben ihm. »Ich muss aufs Klo. Pass auf meine Sachen auf.«

»Das ist nicht meine …«

Ich tätschle ihm die Schulter, und er funkelt mich böse an. »Dankeee!«, flöte ich und steuere auf eine dunkelgrüne Tür zu, die nur die Toilette sein kann. Eigentlich habe ich eher vor zu kontrollieren, ob meine Locken noch sitzen und mein Eyeliner nicht verschmiert ist, statt tatsächlich meine Blase zu entleeren, aber vor dem Spiegel steht bereits jemand.

»Oh!« Stephs Gesicht erhellt sich, als sie mich entdeckt – aber nicht schnell genug. Ihre Haare und ihr Make-up sind genauso makellos wie gestern, geradewegs einem Instagram-Tutorial entsprungen, aber selbst das reicht nicht, um das Rot in ihren Augen zu kaschieren. »Guten Morgen, Millie.«

»Morgen«, erwidere ich, beinahe peinlich berührt, weil es mich so freut, dass sie sich an meinen Namen erinnert hat. »Wie … geht's?«

Ich frage so, dass deutlich wird, dass ich weiß, dass sie geweint hat. Und man muss ihr zugutehalten, dass sie nicht versucht, mir etwas vorzumachen. Mit schiefgelegtem Kopf sieht sie mich über den Spiegel an und antwortet trocken: »Ach, weißt du. Ein bisschen hiervon, ein bisschen davon.«

»Und ist ›hiervon‹ und ›davon‹ okay?«

»Ja. Ja«, sagt sie und betont das zweite Ja. »Ist nichts Wichtiges. Ich bin mal wieder eine Dramaqueen.«

Als Kronprinzessin des Dramas kann ich gar nicht anders, als mich in die Sache hineinziehen zu lassen. Nicht unbedingt, weil ich ein bisschen Klatsch und Tratsch aufschnappen will (obwohl jeder weiß, dass das ein Hobby von mir ist), sondern wegen der Millie-Launen. Denn vielleicht ist das noch etwas, das wir gemeinsam haben – dass wir uns in Sachen hineinsteigern, die andere einfach abtun. Dass wir aus einer Maus einen Elefanten machen.

Aber ich bin auch nur knapp einen Meter sechzig groß, für mich ist eine Maus größer als für andere.

»Das kenne ich«, erwidere ich locker. »Worum geht's denn?«

Steph zögert. Ich bewege keinen einzigen Muskel, bleibe felsenfest stehen, wie ich es auch beim Vorsingen tue. Kein *Herumreisen*, wie Mrs Cooke es nennt. Als Steph den Mund verzieht, weiß ich, dass ich sie habe.

»Es ist nur … Da war dieses eine Vorsprechen. Und ich bin nicht hingegangen. Ich weiß nicht mal … Ich schätze, ich war einfach zu müde.« In ihren Augen liegt Reue. Dann fährt sie fort: »Ich dachte, sie würden die Rolle viel jünger besetzen. Und dann hat eine alte Schulfreundin die Rolle bekommen. Und ich bin einfach … sauer auf mich selbst. Das ist alles.«

»Weil du besser bist als sie?«

Steph entweicht ein aufrichtiges Lachen. »Ich glaube, es wäre unhöflich von mir, das zu sagen.«

Kann schon sein. Ich grinse sie im Spiegel an.

»Nun«, sage ich. »Das ist doch gut, oder? Mehr Motivation, beim nächsten Mal hinzugehen.«

Das Lächeln auf Stephs Gesicht verebbt ein wenig. »Ich glaube, es gibt nicht mehr so viele nächste Male.«

»Wenn jemand wie du so etwas sagt, sind wir alle am Arsch.«

Sie strafft ein wenig die Schultern, und ihre Schönheitswettbewerbs-Attitüde kommt zurück. »Ach, Schätzchen. Pass lieber auf, sonst stecke ich dich noch in meine Tasche und behalte dich.« Sie zwinkert mir zu. »Und jetzt ab mit dir! Georgie wird jede Minute hier sein.«

»Richtig.« Kurz zögere ich noch, obwohl ich gar nicht genau weiß warum. Es ist nicht so, als könnte ich in den fünf Sekunden, die uns noch bleiben, etwas von Bedeutung sagen. Doch Steph scheucht mich zur Tür. Ich verlasse die Toilette und bleibe kurz vor dem Wartezimmer abrupt stehen, als ich Georgies Stimme höre.

»Ich habe gesagt, du sollst um neun hier sein.«

Oliver ist total im Schadensbegrenzungsmodus. »Ja, Miss Check …«

»Georgie«, korrigiert sie ihn. »Wie spät ist es?«

»Ähm … 8:55 Uhr.«

Ich bewege mich kein bisschen, atme nicht einmal. Gesegnet sei die lächerlich große Topfpflanze, hinter der ich mich verstecke, und das weite Kleid, das ich heute mit Heathers Boots kombiniert habe.

Denn die Sache ist folgende: Dieser einschüchternde Vibe, den ich gestern in Georgies Büro gespürt habe? Ganz offensichtlich habe ich mich nicht getäuscht. Ich habe sie gestern Abend kurz gegoogelt, und sie hat schon genügend Broadway-Darsteller zu echten Stars gemacht, dass man mit ihnen einen ganzen Kalender füllen könnte. Sie hat ihre Kontakte spielen lassen, um ihre Klienten in die Workshops der berühmten Autorin und Regisseurin Gloria Dearheart zu bekommen, bevor überhaupt jemand wissen konnte, dass sie am Public Theater zwei sehr erfolgreiche Produktionen haben würde. Die aktuelle Cosette hat sie an einem Abend unter der Woche bei Marie's Crisis aufgegabelt (Gerüchte besagen, dass sie bald ihr Debüt-Album veröffentlichen wird). Und es ist ihr Verdienst, dass der Bariton und Mädchenschwarm Baron Levait überhaupt auf der Bildfläche erschienen ist.

Mit anderen Worten: Wenn der Broadway aus Marionetten besteht, gehört Georgie definitiv zu den Leuten, die die Fäden ziehen.

»Oh, gut«, sagt Georgie. »Du kannst also die Uhr lesen.«

»Wollen Sie, ... dass wir früher kommen?«, fragt Oliver vorsichtig.

»Wenn ich mich recht erinnere, haben wir neun Uhr vereinbart.«

»Ich, ähm ... ich habe Kaffee mitgebracht.«

Ich verziehe schon das Gesicht, bevor Georgie ihm ins Wort fällt.

»Wenn ich Kaffee will, frage ich danach.« In Georgies Stimme liegt nichts Gemeines, nicht der Hauch von Bedrohung. Doch sie sagt es so nüchtern, dass es genauso verletzend ist. »Das hier ist ein Praktikum. Ich habe nicht vor, euch auszunutzen. Von jetzt an macht ihr nur die Aufgaben, die ich euch zuteile. In den Stunden, in denen ihr hier zu sein habt. Habe ich mich klar ausgedrückt?«

»Aber natürlich. Ja«, sagt Oliver mit benommener Stimme, als wäre er eben ermordet worden und jetzt ein Geist, der über seinem eigenen Körper schwebt. »Ich werde einfach, ähm ... fünf Minuten hier warten.«

Georgie antwortet nicht, es sei denn, das Klicken ihrer

sich schließenden Bürotür zählt. Leise trete ich hinter der Pflanze hervor, schnappe mir meine Tasche vom Stuhl und schaffe es kaum, mir das Grinsen zu verkneifen.

»Nicht«, warnt er mich.

Ich schultere meine Tasche und ziehe meine Haare unter dem Riemen hervor. »Hatte ich auch nicht vor«, sage ich und beäuge den Kaffee in seiner Hand. »Aber wenn du den sowieso wegwerfen willst …«

»Was glaubst du, in welchem Universum ich dir diesen Kaffee geben würde?«

»Man soll schließlich nichts verkommen lassen. Und da du ein English Breakfast liebender Snob bist, weiß ich, dass du das nicht tust«, sage ich und nehme ihm den Becher ab. Er gibt ihn so kampflos auf, dass ich skeptisch werde – bis ich seinen Gesichtsausdruck sehe. »Sei doch nicht so überrascht. Du quälst mich seit drei Jahren mit deiner Anwesenheit.«

Er schiebt die Hände in die hinteren Hosentaschen und sieht zu Georgies Bürotür, dann zu mir. »Hätte nicht gedacht, dass dir außer deinem eigenen Spiegelbild auch noch andere Sachen auffallen.«

»Ich habe auch einen Rückspiegel, Baby«, erwidere ich und nehme einen Schluck von dem Kaffee. Er ist immer noch heiß. »Mmm. Pike Place Roast.«

»Genieß deine nassen Bohnen.«

»Du schaffst es echt, Kaffee unsexy klingen zu lassen.«

Ein wenig unsicher lungern wir in der Lobby herum, spähen immer wieder hinüber zu Georgies Tür, checken unsere Handys. Ich habe eine Nachricht von meinem Dad bekommen: *Zeig's ihnen!* Ich habe ihm gestern Abend von dem Praktikum erzählt. Ein paar essenzielle Details habe ich weggelassen, wie zum Beispiel, dass ich mich gegen jemanden behaupten muss, dass ich das Geld benutzen werde, um für das erste Semester an der Madison zu bezahlen und dass ich eine Frau stalke, die mich eventuell direkt nach meiner Geburt verlassen hat. Aber über den Rest weiß er Bescheid.

Nicht unbedingt, weil ich es ihm erzählen wollte. Größtenteils weil ich Angst hatte, dass wir sonst über das reden würden, was ich am Abend zuvor zu ihm gesagt habe, denn dafür habe ich mich noch gar nicht entschuldigt.

Und es tut mir tatsächlich leid. Wirklich. Aber ich weiß nicht, *wie* leid es mir tut, und ich habe das Gefühl, dass ich das auch nicht wissen werde, bevor ich nicht einen einzigen Anhaltspunkt habe, was damals passiert ist. Und wenn ich nicht alles selbst herausfinden will, ist er der Einzige, der mir helfen kann.

Wenigstens hat er gesagt, dass wir mit der Antwort an die Madison noch warten würden. Genau genommen lautet seine Antwort immer noch Nein, aber es ist nicht *kein* Ja. Irgendwie. Das ist schon mehr als gestern.

Georgies Bürotür fliegt so schnell auf, dass Oliver zusammenzuckt.

»Hier sind eure Checklisten«, sagt sie. Es sind handgeschriebene Seiten, die auf Klemmbrettern befestigt sind. »Ich erwarte von euch, dass ihr um Punkt fünf mit allen Aufgaben fertig seid. Manche davon macht ihr allein, und andere sind so wichtig, dass ihr sie euch teilt. Die habe ich markiert. Wenn ihr morgens ankommt, werden eure Listen immer auf Stephs Tisch liegen. Verliert sie nicht. Ich habe sie nicht in digitaler Form.«

Vorsichtig nehmen wir die Klemmbretter entgegen.

Auf meinem Zettel stehen ungefähr zehn Aufgaben: *Essen für das 11:00-Meeting bei Eataly abholen. Baron Levaits Hund bei Fun Fur All abholen und ins Broadhurst bringen.* Markiert: *Neuen Servierwagen fürs Wartezimmer zusammenbauen.*

Oh, großartig. Einer von uns wird heute sterben, wenn er die IKEA-Aufbauanleitung in den Hals gestopft bekommt.

»Ich will, dass ihr nach jeder Aufgabe zu Steph geht, damit sie sie auf der Liste abhaken und bestätigen kann, dass ihr sie auch erledigt habt«, fährt sie fort. »So kann ich sicherstellen, dass ihr euch voll und ganz auf die bevorstehende Aufgabe konzentriert. Falls ihr Fragen habt, wendet euch an Steph.«

Ich nicke, doch in meinem Kopf rattert es bereits. Ich überlege, welche U-Bahnen und Busse ich nehmen muss, um schnellstmöglich an all diese Orte zu gelangen, ohne zu oft umsteigen zu müssen. Es wird eng, aber es ist machbar. Wo ein Wille, da ein Weg – zumindest in New York.

»Nun?« Georgies rasiermesserscharfer Blick wandert zum Aufzug. »Los.«

Kapitel 7

Nachdem Oliver seine Liste abfotografiert hat, stopft er sie so tief in seinen Rucksack, dass man meinen könnte, ich hätte damit gedroht, sie mit einer Angel wieder herauszufischen. Ich drücke den Aufzugsknopf nach unten. Erst als es klingelt und die Tür zugleitet, beachtet er mich.

»Also«, sagt er. »Bist du jetzt endlich bereit aufzugeben?«

Kurz betrachtet er mich genauso intensiv wie seine Aufgabenliste, und es fühlt sich an, als würde ich hinaus ins Rampenlicht treten. In seinen Augen liegt eine Hitze, die mir noch nie aufgefallen ist. Sie glüht im Dunkeln seiner Pupillen. Die Wärme lässt sich irgendwo in meiner Brust nieder, und ich muss laut die Luft ausstoßen.

»Wegen einer kleinen Liste?«, frage ich, falte meine sorgfältig in der Mitte und schiebe sie in meine Umhängetasche. »Wie kommst du denn darauf?«

»Weil du gegen jede Form von Arbeit allergisch bist.« Bevor ich widersprechen kann, richtet er den Zeigefinger auf mich und fährt fort: »Letztes Mal, als wir das Set abbauen mussten, hast du dich drei Stunden lang versteckt.«

Ich trete so nahe an ihn heran, dass er seinen Finger zurückziehen muss. »Ich habe mich nicht versteckt, ich habe die Kostüme sortiert.«

Oliver lehnt sich gegen die Wand des Aufzugs und starrt auf die Schiebetüren, als könnten sie sich gar nicht schnell genug öffnen. »Scheint, als wäre ein Großteil der besagten Kostüme auf Instagram gelandet statt im Fundus.«

Ich werfe mein Haar zurück und verfehle nur knapp sein Gesicht. »Ich kann nichts dafür, dass ich nun mal die perfekte Muse bin.«

Ich muss erwähnen, dass ich im echten Leben nicht ganz so unausstehlich bin. Unsere Kostümdesignerin hat mich tatsächlich als menschliche Schneiderpuppe benutzt, aber nur, um erste Ideen für *Bye Bye Birdie* zu bekommen, wo sie den Sommer über in einem Gemeindezentrum aushelfen sollte. Ja, ich bin ein ziemlich eitles Individuum, aber nicht so sehr, was meinen Look angeht.

Es ist nur so, dass Oliver so extrem nervig ist, dass ich gar nicht anders kann, als mit seinem Grad an Nervigkeit mitzuhalten.

Aber diesmal ist er viel zu abgelenkt von den Listen, um den Köder zu schlucken. Die Aufzugtüren öffnen sich, und er verschwendet keine Zeit, mich einfach stehen zu lassen. »Na ja, selbst wenn du's tatsächlich draufhast, bist du am Arsch«, sagt er auf dem Weg nach draußen.

»Warum das denn?«

Obwohl er schrecklich von mir genervt ist, hält er mir die Tür auf. Mit einem knappen Nicken und einem Danke schlüpfe ich an ihm vorbei.

»Weil, Eure Majestät«, sagt Oliver und hält kurz inne, um sein Fahrradschloss zu öffnen und seinen Helm aufzusetzen, »ich im Gegensatz zu dir Teile von New York kenne, die nicht der Broadway oder irgendwelche Cupcake-Shops sind.«

»Ach, Oliver. Du tust mir fast leid.« Ich ziehe in dem

Moment meine Metrokarte aus der hinteren Hosentasche, als der Bus M23 vor mir zum Stehen kommt.

Oliver schwingt das Bein über den Sattel und lacht so spitz, dass vor Schreck eine sonst so unerschrockene New Yorker Taube aufflattert. »Warum das denn?«, äfft er mich nach.

Ich steige in den Bus. Die Fahrerin kennt mich. Ich nicke ihr zu, und sie bittet mich, mich zu setzen, und bereitet mir damit die Bühne für meine Verabschiedung. »Mein bester Freund ist ein GeoTeen«, sage ich zu Oliver. »Was bedeutet, dass ich jeden Winkel dieser Müllinsel kenne. Und ich weiß auch, wie man auf schnellstem Wege überall hinkommt.« Ich winke ihm anmutig zu, während sich die Bustüren schließen. »Tschüssi!«

Sein Gesichtsausdruck ist so verwirrt und gleichermaßen so eingeschüchtert, dass ich kurz die Augen schließe, um ihn für immer und ewig in mein Gedächtnis einzubrennen. Und dann mache ich das, was ich am besten kann: Ich setze das Unmögliche in die Tat um.

Denn obwohl Oliver denkt, ich hätte keine Arbeitsmoral, bin ich ein fleißiges Bienchen. Mit einem Talent, wie ich es besitze, wird man nicht geboren. Es ist die Art von Talent, für die man kämpft. Für die man quer durch die Stadt rennt und eine Million Stunden in irgendwelchen Räumen wartet, bis man vorsingen darf. Für die man schwitzt, blutet und Tränen vergießt. Aufgaben wie diese sind das reinste Kinderspiel im Vergleich zu den Strapazen, die man ertragen muss, um es in die Welt der Musicals zu schaffen.

Innerhalb von fünfundzwanzig Minuten bin ich mit zwei riesigen Tüten voller Essen für das Catering wieder zurück. Olivers erste Aufgabe »Mach ein Boomerang-Video von der High Line für die Instagram-Storys eines Klienten« ist echt ein Witz dagegen, und er ist verblüfft, als ich direkt nach ihm Steph meine Liste reiche.

»Wo zur Hölle sind die Ripley-Grier-Studios?«, murmelt Oliver. »Auf Google Maps werden mir vier davon angezeigt.«

Ich schnaube.

»Was ist denn so lustig?«, fragt er.

»Ich habe früher in diesen Studios gelebt.« Das war, bevor meine Millie-Transformationen begonnen haben und ich mich verschanzt habe, bis die schlimmste Pubertätsphase vorüber war. »Die viel wichtigere Frage ist: Wo zum Teufel ist die Fun Fur All Hundetagesstätte? Die taucht nämlich nicht auf Google Maps auf.«

»Upper East Side. Vierundachtzigste und Lex«, erwidert Oliver, ohne zu zögern. Ich sehe ihn mit hochgezogenen Augenbrauen an. »Da bringen wir immer unseren Hund hin, wenn wir wegfahren.«

Ich ziehe die Stirn kraus. »Du wohnst doch gar nicht da oben.« Aber ich kenne die Kreuzung, denn leider befindet sich dort unser beider Lieblingsbäcker, der zwischen unseren Apartments liegt. Es bedarf sorgfältiger Planung, um ihm nicht zu begegnen.

»Nein. Aber mein Dad.«

»Oh.«

»Geschieden«, erklärt Oliver und winkt ab. Er wendet den Blick ab und richtet ihn wieder auf seine Aufgabenliste, doch irgendwie geht er komplett ins Leere.

»Nun.« Neidisch beäuge ich seine Checkliste. Darauf steht irgendwas von einem Vorsingen für die nächste Tour von *König der Löwen*, und ich weiß genau, dass es im Studio in der achtunddreißigsten Straße stattfindet. »Sie meint dieses Ripley-Grier. Ich schicke dir die Adresse per AirDrop.«

»Du hast gar nicht meine Nummer.«

Ich verdrehe die Augen. »Du bist unser Bühnenmeister. Natürlich habe ich deine Nummer.«

Er dreht sein Handydisplay so, dass ich es nicht sehen kann, aber nicht schnell genug. Ich sehe, dass er mich unter »Millie Price« mit einem Keks-Emoji daneben in seinen Kontakten abgespeichert hat. Ich will ihn gerade danach fragen, doch wir werden von einem Fahrradkurier unterbrochen, der auf dem Bürgersteig an uns vorbeibrettert und uns anklingelt.

»Danke«, sagt er. »Ich schätze, ich werde einfach, ähm …«

Körperlich bin ich noch anwesend, doch mein Gehirn rechnet bereits aus, wie lange es dauern wird, bis ich mit der Linie Q nach Uptown komme und ob meine Tasche groß genug ist, um den besagten Hund in der Bahn mitzuschmuggeln.

»Dann sehen wir uns also zum Aufbauen wieder?«, frage ich sarkastisch.

»Ja«, sagt er. Es klingt beinahe … freundlich. »Bis später.«

Es ist nicht so, als wäre ich überrascht. Ich weiß, dass Oliver eigentlich ein netter Kerl ist. Na ja … zumindest zu den Menschen, die nicht Millie Price heißen. Er gibt in der Junior High Nachhilfe, lernt die Namen der Schulanfänger auswendig und hat immer einen extra Stift übrig, falls jemand einen braucht.

Objektiv betrachtet, bin ich auch nicht so fürchterlich. Die Cornelia Arts & Science Theaterabteilung war die Hölle, als wir mit der Highschool angefangen haben. Im ersten Jahr riss doch tatsächlich jemand zehn Minuten vor dem Vorsingen für *Seussical* meine Notenblätter aus meinem Ordner, während ich mein Make-up aufgefrischt habe. Seither ist es meine Mission, die Leute mehr zusammenzubringen. Ich war diejenige, die das Mentorenprogramm zwischen den Oberstufenschülern und den Neulingen ins Leben gerufen hat. Diejenige, die vorgeschlagen hat, alle Rollen doppelt zu besetzen oder, besser gesagt, von jeder Show zwei Versionen mit zwei unterschiedlichen Casts zu machen, damit jeder die Chance bekommt, auf der Bühne zu stehen. Es war nicht leicht, an einer Schule, die so traditionell ist wie die Cornelia, eine Veränderung herbeizuführen, aber irgendwie hat es funktioniert, und ich würde sagen, es war zum Vorteil aller.

Nun, vielleicht nicht *alle*. Das *Mamma Mia*-Debakel im ersten Schuljahr war nur einer von zahllosen Vorfällen zwischen Oliver und mir. Ich glaube, das Problem ist, dass wir beide gern die Führung übernehmen, und selbst wenn wir den gleichen Plan haben, gehen wir ihn anders an. Wenn der Übergang von einer Szene zur nächsten nicht richtig funktioniert, bin ich zum Beispiel der Meinung, dass es am Ton liegt, während er findet, dass das Timing des Schauspielers nicht stimmt. Wenn wir damit beauftragt werden, Geld für unsere Abteilung aufzutreiben, schlage ich vor, am Valentinstag gesungene Liebesbotschaften zu verkaufen, während er sagt, dass wir den Ticketpreis um einen Dollar anheben sollen. Als wir einmal eine Cast-Party veranstaltet haben, haben wir uns sogar darüber gestritten, bei welchem Lieferdienst wir Pizza bestellen sollen. Dann haben die anderen über unsere Köpfe hinweg entschieden und ganz woanders bestellt, ohne es uns zu sagen.

Klar, wir könnten Kompromisse eingehen. Aber da war nun mal schon immer diese Reibung zwischen uns. Als würden wir uns nicht nur gegenseitig herausfordern, sondern vor allem auch die Autorität des jeweils anderen. Irgendwann habe ich aufgehört, es persönlich zu nehmen, und es eher als Wettkampf betrachtet. Jedes Mal, wenn er mich vor dem Chor und den Theaterkids bloßstellt, muss ich irgendetwas tun, um ihn vor der Band und der Crew bloßzustellen. Es ist schon fast selbstverständlich geworden. Wenn einer von uns damit aufhören würde, würde er sich automatisch geschlagen geben.

Mrs Cooke stört es nicht. Manchmal habe ich sogar das Gefühl, dass sie uns noch darin bestärkt, weil es uns beide ordentlich auf Trab hält. In unserer Theaterabteilung geht nur selten etwas schief, da wir einander bei jeder Entscheidung unterm Mikroskop betrachten. Auf unsere Mitschüler achtzugeben, scheint das Einzige zu sein, worin wir uns einig sind, auch wenn wir es nicht zugeben.

Wenn es darum geht, dem jeweils anderen den Rücken zu stärken, würden wir eher den Javert geben und gleichzeitig in die Seine springen. Und vielleicht bin ich teilweise selbst schuld daran. Vor der *Mamma Mia*-Sache war unsere erste Begegnung … peinlich. Nicht mein bester Moment. Und sosehr ich auch versuche, das Geschehene aus meinem Gedächtnis zu streichen, so wenig hat sich seither die Dynamik zwischen uns verändert. Seither versucht

Oliver, mich permanent zu übertrumpfen – und ich bin wild entschlossen, nicht übertrumpft zu werden.

Daher kommen auch sein patentierter finsterer Bühnenmeister-Blick und meine Freude daran, alles zu tun, seine Gesichtszüge entgleisen zu lassen.

So über die Vergangenheit nachzudenken, hätte uns vielleicht auf einen friedlicheren Pfad führen können, doch das ist innerhalb der nächsten dreißig Minuten dahin. Stattdessen plane ich nun Olivers Mord. Die Hundetagesstätte ist nicht an der Kreuzung Vierundachtzigste und Lex. Erst nachdem ich Teddy eine SOS-Nachricht geschrieben habe und er all seine GeoTeens kontaktiert hat, erfahre ich, dass sie ganze zwanzig Blocks weiter südlich liegt, was bedeutet, dass ich eine Menge Zeit verliere.

Gott segne deine nerdige Seele, schreibe ich Teddy zurück, zusammen mit betenden Händen, einer Lupe und einem Clown-Emoji.

Danke nicht mir, sondern ParticularlyGoodFinders, antwortet er und meint damit das Mädchen von der GeoTeen-App, mit dem ich ihn schon seit Wochen aufziehe. Sie war diejenige, die wusste, wo die Hundetagesstätte ist.

Dank der einzig wahren Göttin Patti LuPone und der GeoTeens fahre ich wenig später mit einem alten Malteser namens The Artful Dodger (kurz »Dodge« genannt) in meinem Stoffbeutel mit der Linie Q zum Broadhurst Theater. Alle paar Haltestellen leckt er an meinem Ellbogen, was mich davon abhält, auf Olivers Kontakt zu gehen und ihn entweder anzubrüllen oder ihm sonstigen Schaden zuzufügen.

Dabei bin ich gar nicht richtig wütend auf ihn. Es ist etwas, das mich noch mehr stört. Nur zögerlich wird mir bewusst, dass es Scham ist. Obwohl ich mir solche Mühe gegeben habe, mich nicht mehr von diesem Gefühl beeinflussen zu lassen, ist es jetzt wieder da. Ich habe ihm vertraut. Ich habe ihm einen Gefallen getan und dachte, er würde mir auch einen tun. Aber er hat die erstbeste Gelegenheit genutzt, um mich brutal übers Ohr zu hauen – und zwar schneller als damals vor zwei Jahren, als das Pfeiffersche Drüsenfieber grassierte und wir den unglaublich geilen Band-Teil in *Cabaret* streichen mussten.

»Wie soll ich mich am besten an ihm rächen?«, frage ich den ziemlich verkrusteten Artful Dodger, während wir in die brütende Hitze auf dem Times Square hinaustreten. Dodge antwortet, indem er die Zunge herausstreckt und dann versucht, meinen Notfall-Müsliriegel zu verspeisen. »Hey, hier wird nicht geklaut«, schimpfe ich und ziehe ihn aus seinem Maul. »Obwohl …«

Dodge ist ein Genie. Diebstahl ist *die* Lösung.

Ich bin immer noch so sauer auf Oliver, dass es der Sache, von der ich niemals gedacht hätte, dass ich sie so schnell tun würde, die halbe Magie stiehlt: in den Backstage-Bereich des Broadhurst Theatre marschieren und einen echten Broadwaystar treffen, den ich schon gestalkt habe, bevor ich meinen ersten Pickel bekommen habe.

»Danke, danke«, sagt Baron, als mich der Sicherheitsmann zur offenen Garderobentür führt. Dodge springt mir aus den Armen und direkt in seine und schlabbert ihn wie verrückt ab. »Freut mich auch, dich wiederzusehen, du kleiner Strolch.«

Im wahren Leben ist er so attraktiv, dass daran nicht einmal seine nicht zusammenpassenden Jeansklamotten und seine Frisur, die so voller Haargel ist, dass man darauf ausrutschen könnte, daran etwas ändern. Heute Abend spielt er zum letzten Mal Sky in *Mamma Mia*, bevor sein Ersatz die Rolle für die letzten vier Wochen übernimmt. Ich würde lügen, wenn ich behaupte, ich würde nicht ständig die *Playbill*-Seite aktualisieren, um herauszufinden, warum er die Show verlässt, aber was auch immer es ist: Es ist so wichtig, dass er seinen Hund für die Proben abgeben musste.

»Und du bist Georgies neue Praktikantin?«, fragt er und setzt sein Hauptrollen-Lächeln auf, das ihm vor zwei Jahren die Rolle des Fiyero beschert hat.

»Millie Price.« Ich strecke ihm meine Hand hin. »Sie waren hervorragend in *Little Shop of Horrors* im The Playhouse.«

Er hebt eine Augenbraue und gibt mir einen kräftigen Händedruck. »Da kennt sich aber jemand aus.«

Das stimmt. Es wird nicht mal in seiner *Playbill*-Biografie erwähnt. »Ich bin keine Stalkerin. Ich schwöre«, versichere ich ihm. »Ich besuche nur jede Show, die ich kann. Man lernt am besten, wenn man die Experten beobachtet.«

Er lächelt wertschätzend, während Dodge auf seinem Arm herumzappelt und immer noch die Zunge heraushängen lässt, wodurch er vielmehr wie eine Sockenpuppe aussieht als ein Hund. »Nun, dein Name hat jedenfalls Starqualitäten. Das ist schon die halbe Miete.«

Wie gut, dass ich gerade ganz dringend Rachepläne schmieden muss, denn das ist das Einzige, was mich davon abhält, vor Freude zu platzen. Ich räuspere mich.

»Na ja, ich heiße zwar nicht Artful Dodger, aber ich schätze, es wird schon reichen.«

Dodge stellt die Ohren auf, obwohl er vorhin überhaupt nicht gehört hat, als ich ihn gebeten habe, nicht auf den Henkeln meiner Tasche herumzukauen.

»Vielleicht sieht man dich ja dann in ein paar Jahren hier«, sagt Baron. Das reicht, um mein Ego anschwellen zu lassen, als hätte ich die Sonne verschluckt – zumindest, bis er hinzufügt: »Natürlich nur, wenn du Georgie überlebst.«

»Stimmt. Ich sollte jetzt besser los.« Auf dem Weg zur Tür hinaus werfe ich Dodge eine Kusshand zu, und Baron ruft mir hinterher: »Viel Erfolg!«

Ich dachte, es könnte vielleicht schwierig werden, meinen Racheplan in die Tat umzusetzen, doch als ich zurück ins Büro komme, stelle ich fest, dass es mir Oliver nur allzu leicht macht. Sein Fahrrad hat er neben dem Gebäude abgestellt – *nicht* abgeschlossen, was ein eindeutiges Zeichen dafür ist, wie abgelenkt er gerade ist. Aber ich muss gar nicht das ganze Rad stehlen. Mir reicht schon der Helm. Oliver ist ganz besessen von Sicherheit im Straßenverkehr. Nicht nur, dass er unseren Rektor dazu überredet hat, dass er zehn Minuten zu spät zur ersten Stunde kommen darf, weil er den Schülern über die Straße hilft. Ich habe es auch schon etliche Male erlebt, wie er auf dem Radweg vor unserer Schule wildfremden Menschen »Setz gefälligst einen Helm auf!« hinterherruft.

Ich schnappe mir den Helm vom Sattel und verstecke ihn neben dem Gebäude hinter einer Mülltonne. Sofort huscht eine Ratte aus dem Müll und quiekt empört.

»Das kannst du mir nicht verübeln«, sage ich zu ihr. »Er hat angefangen.«

Dann rase ich nach oben ins Büro und lasse Steph meine Checkliste unterschreiben. Ich kann kaum zwei Worte mit ihr wechseln, bevor ich wieder losmuss, um Georgies vorbestellten Guacamole-Greens-Salat bei Sweetgreen abzuholen. Als ich zurück bin, ist Oliver noch nicht wieder da. Ein wenig schuldbewusst frage ich Steph, wo er ist, und sie sagt, er hole die Klamotten eines Klienten aus der Reinigung ab, um sie dann in einem Proberaum auf der anderen Seite der Stadt abzuliefern.

Okay. Das ist ein Rundtrip von mindestens drei Kilometern, was bedeutet, dass wir ungefähr gleichauf sind. Ich gehe nach unten, um den Helm wieder hinter der Tonne hervorzuholen und zurück auf seinen Sattel zu legen, als plötzlich kein Geringerer als Oliver höchstpersönlich vor mir steht.

»Du hast meinen *Fahrradhelm* geklaut?«

Oliver hat die Hemdärmel bis zu den Ellbogen hochgekrempelt, und sein vorhin so gestyltes Haar ist inzwischen schweißnass.

»Ich musste Gloria *Dearheart* nass geschwitzt einen aktualisierten Vertrag überreichen, weil du mir *meinen Helm geklaut* hast?«

Kurz vergesse ich meine Wut auf ihn. Gloria steht eine Stufe über der gewöhnlicher Menschen. In einer ihrer Shows am Public ging es um eine Gruppe von wiedergeborenen griechischen Göttern, die alle im selben Studentenwohnheim leben (Dot aka Aphrodite ist eine meiner absoluten Traumrollen), und es war so großartig, dass ich nicht nur meine halbe Theatergruppe hingeschleppt habe, sondern auch meinen Dad und Teddy, der null an Theater interessiert ist. Jeder, der auch nur das Geringste vom Theater versteht, ist begeistert, dass die Show ab nächster

Woche am Broadway laufen wird, vor allem, weil sie drei komplett neue Songs vorstellen werden.

Natürlich hat Georgie Oliver geschickt, der genauso sehr an der Schauspielerei interessiert ist wie ein Schwamm.

Oliver will mir den Helm aus der Hand reißen, doch ich komme ihm zuvor und gebe ihn zurück. »Und du hast mich durch die ganze Upper East Side gejagt«, kontere ich. »Weißt du, wie vielen alten Leuten und Kinderwagen ich ausweichen musste, als ich die Lex heruntergerannt bin?«

»Weißt du, wie vielen Hipstern an ihren Handys ich ausweichen musste, als ich eben durch das East Village gerannt bin?«, faucht er und hängt seinen Helm über den Lenker.

»Du Armer«, erwidere ich und versuche immer noch, die Eifersucht zu unterdrücken, die mir aus jeder Pore dringt. »Du hättest auch einfach den Bus nehmen können.«

»Ich kenne das Bussystem nicht, weil normalerweise keine Möchtegern-Kristin-Chenoweth herumläuft, die mir meinen Helm klaut.« Er geht an mir vorbei, doch ich folge ihm auf den Fersen – und er weiß es. Er wirbelt herum und richtet den Zeigefinger auf mich. (Das wird langsam zur Angewohnheit.) »Wenn du willst, dass es so läuft, dann bitte schön.«

Der hat ja Nerven. »Was willst du damit bitte sagen? *Du* bist derjenige, der mir die falsche Adresse genannt hat«, erinnere ich ihn.

Oliver bleibt so abrupt stehen, dass ich fast mit ihm zusammenstoße. »Was? Das war keine Absicht!«

Wir sind uns so nahe, dass ich die Hitze seines Schweißes spüren kann, als wäre es mein eigener. Jeder Mensch bei klarem Verstand würde zurückweichen, aber wenn Oliver es nicht tut, werde ich es ganz sicher auch nicht tun. »Oh, gut. In diesem Fall ist mir dein Helm ganz aus Versehen hinter die Mülltonne gefallen«, erwidere ich zähneknirschend.

Oliver wirft die Hände in die Luft und erwischt beinahe einen weiteren unerträglichen Hipster, der an seinem Smartphone hängt. »Du bist echt unmöglich.«

»Und *du* bist scheinheilig.«

»Ihr werdet beide eine Menge Ärger bekommen, wenn ihr nicht sofort die nächste Aufgabe auf eurer Liste erledigt.«

Wir zucken vor Schreck zusammen. Steph steht mit verschränkten Armen und amüsiert grinsend neben uns auf dem Bürgersteig. Mir wird vor lauter Scham so schnell heiß, dass ich zusammenzucke, als würde ich von einem Feuer zurückweichen.

»Sorry«, sagt Oliver schnell. »Ich …«

»Ich verstehe schon. Erster Tag. Ihr müsst euch erst noch eingrooven. Und Georgie hat es euch nicht unbedingt leicht gemacht, euch zwei so gegeneinander antreten zu lassen«, sagt sie.

Scheiße. *Scheiße.* Jetzt hält mich die Frau, die meine Mutter sein könnte, für eine verzogene Göre. Ich starre herunter auf Heathers Boots und versuche, mich zusammenzureißen, aber es gelingt mir nicht schnell genug.

»Atmet erst mal durch. Ihr macht beide einen super Job.« Kurz hält Steph inne. Ganz offensichtlich wartet sie darauf, dass ich wieder aufblicke, aber ich kann nicht.

Wenn ich es tue, werde ich irgendetwas Dummes tun wie Weinen. Dann wird alles nur noch schlimmer. »Und sobald ihr so weit seid, könnt ihr ein paar Blocks weiter den Servierwagen abholen. Sie haben ihn aus Versehen zu mir nach Hause geliefert. Er sollte direkt im Flur stehen. Hier.«

Ich höre das Klimpern von Schlüsseln. Aus dem Augenwinkel sehe ich, wie Oliver sie entgegennimmt, zusammen mit einem Zettel, auf dem wahrscheinlich die Adresse steht.

»Er ist bestimmt schwer. Auf jeden Fall eine Aufgabe für zwei Personen. Und wahrscheinlich müsst ihr euch an meinem Vermieter vorbeischleichen. Der reinste Wachhund.« Sie macht einen Schritt auf uns zu. Ich hebe den Kopf gerade genug, um ihren ernsten Gesichtsausdruck zu sehen. Als wollte sie sich bedanken, weil ich ihr heute Morgen in einem Moment der Schwäche beigestanden habe. Als wollte sie sich nun revanchieren. »Aber soweit ich das beurteilen kann, seid ihr zwei bestens dafür gewappnet.«

»Wird sofort erledigt«, sagt Oliver.

Ich schürze die Lippen und beiße mir auf die Innenseite meiner Wange, bevor mir die Tränen kommen können, denn ich habe bereits einen Kloß im Hals. »Ja. Wir schaffen das schon.«

Sie lächelt mich an. Nur mich. »Gut. Dann bis später.«

Tief in meinem Inneren weiß ich, dass sie mich nicht dafür verurteilt, was gerade passiert ist, aber es spielt keine Rolle. Sie hat es gesehen. Und ihr fehlt jeglicher Kontext dessen, was Mrs Cooke seit drei Jahren als die »Oliver-und-Millie-Show« bezeichnet. Sie weiß also nicht, dass ich eigentlich gar nicht so bin. Dass ich nur so bin, wenn es um ihn geht.

»Millie?«

Das war Oliver. Ich spüre in meinem Hals, wie sich eine Millie-Laune anbahnt. Ich blinzle schnell, erlaube mir exakt eine einzige Träne. Dann kratze ich sie mir aus dem Gesicht, als würde meine Nase jucken. »Ja. Lass uns gehen.«

Ich gehe los, doch er berührt meinen Arm. Kurz stehen wir beide so still da, dass es sich anfühlt, als würde der ganze Tag des Herumrennens von hinten gegen uns prallen. Er muss es auch spüren, denn es dauert kurz, bis er das Wort ergreift.

»Ähm … wir müssen in die andere Richtung«, sagt er.

Ich erwidere nichts. Ich nicke nur und folge ihm die Straße hinab, dann auf die andere Seite und die nächste hinab. Es folgen zehn Minuten Schweigen. Ich verliere mich im Gedankenstrudel und bin überzeugt, dass mich Steph jetzt hasst. Dass ich meine Mutter gerade zum zweiten Mal davon überzeugt habe, dass ich es nicht wert bin, Teil ihres Lebens zu sein.

»Du bist so still«, sagt Oliver.

Dieser Satz ist keiner Antwort würdig. Zumindest versuche ich, nicht zu antworten. Die Sache ist nur, dass »still« eigentlich nicht zu meinem Repertoire gehört.

»Das gefällt mir nicht«, murmelt Oliver.

Wahrscheinlich denkt er, ich würde irgendetwas aushecken. Ich *wünschte*, ich würde etwas aushecken. »Ich bin nur …« Ich weiß gar nicht, warum ich das sage, aber es sprudelt einfach aus mir heraus. »Ich will, dass Steph mich mag.«

Damit hat er ganz offensichtlich nicht gerechnet. »Georgie ist aber der Boss«, sagt er und zückt Stephs Schlüssel, damit wir ins Gebäude kommen.

»Ja.« Ich schüttle den Kopf. »Ich weiß auch nicht … Lass uns einfach … das Paket holen und verschwinden.«

Er hält inne, seine Hand mitten in der Luft. »Ich wollte dir wirklich nicht die falsche Kreuzung nennen. Ich schätze, ich hatte die Adresse einfach falsch in Erinnerung.« Ich muss ihn gar nicht ansehen, um zu wissen, dass er noch etwas anderes sagen will. »Ich … verbringe während des Schuljahres nicht sonderlich viel Zeit dort oben.«

Ich atme tief durch. Meine Millie-Laune ebbt genug ab, dass ich ihm in die Augen sehen kann. Ich weiß es zwar nicht wirklich zu schätzen, aber ich weiß, dass Oliver ehrlich ist. Er handelt immer regelkonform. Nicht nur bei kleinen Dingen, wie Schülern über die Straße zu helfen und im Straßenverkehr einen Helm zu tragen. Sondern auch, was seine Gefühle angeht. Er gehört nicht zu den Menschen, die etwas aus Stolz verbergen. Verdammt, ich habe schon beobachtet, wie er im Englischunterricht mal geweint hat, weil der Vertretungslehrer so faul war, dass wir *Club der toten Dichter* dreimal schauen mussten. Für jemanden, der sicherstellt, dass ich nicht zu viel über sein Privatleben erfahre, ist er, was die wenigen Details angeht, die ich weiß, sehr ehrlich.

Deshalb weiß ich auch, dass er mich nicht nur einfach nicht mag. Er meint es wirklich so.

Und deshalb weiß ich auch, dass das mit der Adresse tatsächlich keine Absicht war. Auch wenn es scheiße war.

»Nun«, sage ich, irgendwo auf der Grenze zwischen beschwichtigend und beleidigend. »Alles über der Vierzehnten, was kein Theater ist, ist sowieso überbewertet.«

Oliver schüttelt zwar den Kopf, doch ich erkenne auch ein kleines Lächeln. »Die Prinzessin des West Village.«

»Die Königin von Lower Manhattan«, korrigiere ich ihn, während er die Tür aufschließt.

Das bringt mir ein Augenrollen ein. »Lass uns einfach ... vereinbaren, dass wir uns nicht mehr in die Quere kommen, okay?«

Ich stoße ihm den Ellbogen in die Rippen. »Dann gibst du also zu, dass ich eine ernst zu nehmende Konkurrentin bin?«

»Ich gebe zu, dass du höllisch nervst«, erwidert Oliver, was so viel bedeutet wie Ja.

Während wir den Flur von Stephs Wohnhaus durchqueren, steigt meine Laune. Es ist ein typischer, viel zu enger Eingang, der sich gar nicht so sehr von meinem unterscheidet. Bevor ich mir vorstellen kann, wie sie hier lebt – und auch ein bisschen, wie ich hier lebe –, werden wir vom Geräusch einer sich öffnenden Tür unterbrochen.

»Hey! Das Paket ist nicht an euch adressiert.«

Oliver blickt hinüber zu dem buckligen, grauhaarigen Mann in Pantoffeln, der alarmiert den Kopf zur Tür hinausstreckt. Zum Glück gehört er zu der Generation, die sich von meinem Millie-Charme am meisten verzücken lässt. Ich schenke ihm mein strahlendstes Lächeln.

»Wir sollen es für Steph abholen. Sie hat uns ihren Schlüssel gegeben.«

Er sieht mich mit zusammengekniffenen Augen an, seine Stimme klingt rau. »Bist du ihre Nichte oder so?«

Ich weiß schon jetzt, dass »Wir sind die Praktikanten«

bei einem Typen wie ihm nicht funktionieren wird. Bevor Oliver den Mund öffnen kann, um ihm die Wahrheit zu sagen, erwidere ich, ohne zu zögern: »Ja, bin ich.«

Die Stirnfalten des Vermieters glätten sich ein wenig, und er mustert mich intensiv. Dann deutet er auf seine Augen. »Ihr … seht euch ähnlich.«

Ich klammere mich förmlich an die Worte. »Ach ja?«

»Ja. Dieser Blick, als würdet ihr etwas im Schilde führen«, sagt er, aber mit ein wenig Zuneigung, was mich denken lässt, dass Steph schon eine ganze Weile hier lebt.

Oliver schnaubt. Der Vermieter wendet sich ihm zu. »Und wer bist du?«

Ich erlaube mir einen kleinen Spaß, ergreife Olivers Hand und drücke sie so fest, dass meine Knöchel knacken. »Mein Freund«, sage ich und lächle ihn verliebt an.

Oliver reißt gerade genug die Augen auf, um mich wissen zu lassen, dass der Moment der Nähe, den wir eben hatten, definitiv vorbei ist und ich wieder einmal für ihn gestorben bin. »Ich bin nicht dein …«

»Nun, genau genommen sind wir ganz frisch zusammen, aber er bettelt mich schon so lange an, mit ihm auszugehen. Und wissen Sie, was?« Oliver starrt mich so genervt an, dass ich das Gefühl habe, eine Sonnenbrille zu brauchen, aber wenigstens lässt er meine Hand nicht los. »Er hat mich endlich überredet.«

Der Vermieter kichert. »Auf jeden Fall eine Fedotowsky. Sag Steph, dass sie nicht so viel arbeiten soll. Ich habe schon lange keinen ihrer Freunde mehr gesehen. Hat mir immer gefallen, wie sie sie angehimmelt haben.«

Ich schenke ihm ein weiteres Lächeln, werfe mein Haar

über die Schultern und lasse Olivers Hand los. »Ich werde es ausrichten.«

»Und pass gut auf sie auf, junger Mann!«

»Ist notiert«, brummt Oliver und hebt seine Seite des Pakets an.

Ich tue es ihm gleich. Stephs Vermieter winkt mir zum Abschied, und Oliver schenkt mir den Todesblick. Als die Tür ins Schloss fällt, murmelt er: »So viel zum Thema Waffenstillstand.«

»Waffenstillstand?« Ich lächle ihn frech an. »Wir haben gesagt, dass wir uns nicht mehr in die Quere kommen. Nicht dass wir keinen Spaß mehr haben dürfen.«

Oliver starrt mich an und lässt den Blick hinaus auf die Straße schweifen, als würde er versuchen, in die Zukunft zu blicken. »Meine Güte«, sagt er. Offensichtlich ist es ihm gelungen. »Das wird der längste Sommer meines Lebens.«

Kapitel 8

»Heather. Ich liebe dich, und ich weiß das wirklich zu schätzen. Aber ich brauche für den L-Zug keine Begleitung.«

Meine Tante beißt herzhaft in ihren Ei-und-Käse-Bagel und blinzelt sich immer noch den Schlaf aus den Augen. Es ist halb sechs an einem Donnerstagabend, aber für sie ist das quasi Frühstück. Doch die Mitreisenden, die links und rechts den fliegenden Sesamkörnern ausweichen müssen, scheinen von Heathers Lebensstil nicht so begeistert zu sein.

»Wenn du die Insel Manhattan verlässt, fühle ich mich aber irgendwie dazu verpflichtet sicherzustellen, dass du von niemandem entführt wirst, der Hafermilch in seinen Kaffee schüttet«, sagt sie mit vollem Mund.

»Ich gehe nur zum Tanzunterricht. Der ist vielleicht drei Meter von der Haltestelle entfernt«, erinnere ich sie. »Außerdem ist es Brooklyn. Ich bin nicht cool genug, um entführt zu werden.«

Heather blickt finster drein. »Doch, bist du. Immerhin trägst du meine Stiefel.«

»Das stimmt. Ich nehme das zurück. Die Hafermilchtrinker könnten mir meine Schuhe klauen.«

»Apropos Schuhe. Deine Jazzschuhe hast du eingepackt, oder?«

»Japp.« Zum Glück habe ich daran gedacht, obwohl ich

heute Morgen verschlafen habe. Es ist erst Tag zwei des Praktikums, aber ich bin so fertig, dass ich sicher bin, dass ich einschlafe, wenn ich zu lange blinzle. »Meine Stepptanzschuhe habe ich auch dabei. Nur für alle Fälle. Keine Ahnung, was mich da erwartet.«

»Ja, das macht mich auch nervös«, sagt Heather und hört auf zu essen. »Diese Farrah hat überhaupt keine Online-Präsenz.«

»Ach, Heather, die Seite des Milkshake Club hat auch ein Design, das noch aus der Zeit vor meiner Geburt stammt. Dabei ist Dad ein Computer-Nerd, der sie wahrscheinlich im Handumdrehen in Ordnung bringen könnte«, sage ich und schnippe mit den Fingern.

Heather schmollt. »Ich liebe aber diese kleinen Grafiken.«

Ich verdrehe die Augen. »Aber nur, weil sie Wie-heißt-sie-noch-mal gemacht hat.«

Warnend hebt Heather eine Augenbraue. Nach allem, was Jade mit Heather in den letzten Jahren abgezogen hat, ist »Wie-heißt-sie-noch-mal« ein ziemlich netter Spitzname. Erst wollte sie unbedingt eine offene Beziehung, und dann unterstellte sie Heather, sie würde fremdgehen, und ist durchgedreht, weil ihre Mitbewohnerin vom College für ein paar Tage bei uns übernachtet hat. Sie fragte Heather, ob sie bei ihr einziehen wolle, nur um ihr dann mitzuteilen, dass sie sich erst selbst finden müsse. Und dann ist sie nach Europa abgehauen – ohne Heather.

Das war vor ein paar Monaten, und Heather hat Dad und mir gesagt, sie sei endgültig fertig mit ihr. Doch Heathers Handydisplay (und ihr E-Mail-Postfach) erzählen eine ganz andere Geschichte. Ich bin kurz davor, die

Nachrichten zu erwähnen, die mit Jades Namen auf ihrem Laptop aufgeploppt sind, aber Heather scheint es bereits zu ahnen und kommt mir zuvor.

»Wenigstens *haben* wir eine Website«, sagt sie schnell. »Wie hast du diesen Kurs überhaupt gefunden?«

Ich senke den Blick auf Heathers Stiefel. »Ähm … Teddy hat ihn gefunden.«

Und genau genommen ist das keine Lüge, auch wenn er eher nach meiner Mom statt nach einem bezahlbaren Tanzkurs gesucht hat. Farrah scheint hauptsächlich auf ihrer Facebook-Seite Werbung zu machen, es ist also nicht so, als würde sie *überhaupt* nicht existieren. Aber Heather hat recht. Wenn man sie googelt, findet man nichts. Und glaubt mir – ich habe es versucht.

»Typisch GeoTeen«, sagt Heather liebevoll. Endlich kommt der L-Zug in Brooklyn an, und sie beginnt, ihren Bagel einzupacken, bevor wir die Haltestelle erreichen. »Hör zu, ich weiß, dass du wahrscheinlich immer noch sauer wegen der ganzen Precollege-Sache bist. Aber ich bin froh, dass du Coops Angebot angenommen hast.«

Ich nicke, denn mein schlechtes Gewissen ist zu groß, um etwas zu erwidern.

»Du solltest ihn mal anrufen, wenn du heute Abend zurückkommst. Er will unbedingt wissen, wie das Praktikum läuft.«

»Klar«, sage ich. »Ja. Mache ich. Es war einfach … ziemlich stressig die letzten Tage.«

Die Türen gleiten auf, und ich springe aus dem Zug, bevor mich Heather auf den Blödsinn ansprechen kann, den ich gerade geredet habe. Außer dem Praktikum habe ich nicht sonderlich viel zu tun. Oder zumindest sollte ich nicht viel zu tun haben. Aber neben dem Praktikum, dem Geocaching mit Teddy und meinen Vorbereitungen fürs Precollege, die ich treffe, obwohl all meine Erziehungsberechtigten dagegen sind, bleibt nicht mehr viel Zeit übrig.

Und dann noch die Suche nach meiner Mom. Und der damit verbundene Tanzunterricht.

Die Adresse führt uns zu einem kleinen Studio über einem Hähnchen-und-Donut-Laden, der so gut duftet, dass es ein Wunder ist, dass wir in dem Dunst überhaupt die Treppe finden. Trotzdem begutachtet Heather jeden Winkel des Gebäudes, vom handgeschriebenen Broadway-Bootcamp-Schild, das mit Klebeband an die Wand geklebt wurde, bis hin zum flackernden Licht oben an der Treppe mit der abgeplatzten Farbe.

»Okay, wir hauen ab«, sagt Heather.

»Ich bin sicher, es ist alles in Ordnung«, erwidere ich schnell.

»Ich befürchte, wenn wir zu heftig atmen, bricht die Treppe ein.«

Ich komme vor ihr oben an und öffne stur die Tür zu Farrahs Tanzstudio, bevor sie noch etwas hinzufügen kann. Wie angewurzelt bleibe ich stehen, denn was ich da entdecke, kann man nur als ästhetischen Paukenschlag beschreiben. Das unheimliche Treppenhaus mündet in ein beeindruckendes, toll ausgeleuchtetes Studio mit hübschem Parkettboden und Wänden mit riesigen fleckenfreien Spiegeln. In der Ecke befindet sich ein kleiner Bereich zum Umziehen mit schönen Bänken in zartem Rosa, Lichterketten und einem handgeschriebenen Plakat, auf dem in Glitzer »Tanz dir das Herz aus dem Leib« geschrieben steht.

»Wow«, staunt Heather. »Das ist ja, als würde man ein Pinterest-Board betreten.«

»Nun, danke. Oder dankt lieber meiner Mom. Sie ist Innenarchitektin. Das hier ging aufs Haus.«

Wir drehen uns um und entdecken eine Frau in einem knallgelben Gymnastikanzug mit flattrigen Ärmeln und angenähten Shorts und abgewetzten beigen LaDuca-Tanzschuhen mit biegsamer Sohle, die ich bisher größtenteils an gut trainierten Profitänzern gesehen habe. Das erdbeerblonde Haar hat sie zu einem Dutt zusammengefasst, wilde Korkenzieherlocken umrahmen ihr Gesicht, das immer noch glänzt vor Schweiß. Die letzte Stunde muss eben erst zu Ende gegangen sein. Sie trägt kein bisschen Make-up, aber mit den markanten Brauen (wie meine) und den Sommersprossen auf den blassen Wangen (die kriege ich auch im Sommer) strahlt sie von ganz allein.

»Ich, ähm … ich bin …« Meine Tante räuspert sich. Anscheinend ist sie von dem einen Stockwerk bereits außer Atem. »Heather«, sagt sie schließlich und streckt die Hand aus.

»Heather«, wiederholt Farrah und nimmt Heathers Hand in beide Hände und drückt sie warmherzig. »Herzlich willkommen. Ist das deine erste Tanzstunde oder …«

»Nein. Oh Gott, nein. Ich bin … nur die Tante. Millies Tante. Das ist Millie«, sagt sie und lacht dieses nervöse Lachen, das ich nicht mehr gehört habe, seit wir einmal Anne Hathaway auf einem Bürgersteig im East Village gesehen haben. »Ich kann nicht tanzen.«

Kurz hält Farrah noch ihre Hand fest, bevor sie sie loslässt. »Nun, ich bin sicher, dass das nicht wahr ist.«

Wieder dieses Lachen. Und Oh. Mein. Gott. Oh nein. Ich weiß genau, was dieses Lachen zu bedeuten hat, denn so hat sie auch gelacht, als Jade zum allerersten Mal in den Milkshake Club kam und anfing, mit Heather zu flirten, während sie an der Eistheke arbeitete. Das Lachen, das verrät, dass sie sich auf den ersten Blick verliebt hat.

»Millie, richtig?«

Nun sieht Farrah mich an, und kurz vergesse ich, dass Heather meinem Bist-du-meine-Mutter-Plan eine unglaublich merkwürdige Wendung gegeben hat. Farrah hat dieses lebendige Pulsieren in den Augen, das mir sagt, dass sie mit neunzig noch genauso energiegeladen sein wird wie jetzt mit Mitte dreißig. Sie hat beinahe etwas Vogelartiges an sich, mit ihrem federnden Gang und ihrer anmutigen Haltung.

Ich erkenne diese Energie wieder. Diese Unermüdlichkeit. Sie fließt auch durch meine Adern, auch wenn ich nicht mal annähernd so beweglich bin wie sie.

»Richtig«, erwidere ich. Teddy hat mich unter falschem Nachnamen angemeldet, um mich nicht zu verraten. Zum Glück erinnert sie sich nicht daran und erwähnt ihn nicht vor Heather, sonst würde ich jetzt auffliegen.

Farrah schürzt die Lippen und lächelt verschlagen. »Du bist die, die sich auf den letzten Drücker angemeldet hat!«

Ich lächle breit und versuche zu kaschieren, dass ich sie gerade von Kopf bis Fuß mustere, um nach Ähnlichkeiten zu suchen. »Ganz genau.«

Heather macht einen Schritt nach vorn und stolpert fast. »Wie schön, dass du … ähm …« Als Farrah sie wieder ansieht, scheint sie zu vergessen, dass sie gerade einen Satz begonnen hat, den sie noch zu Ende führen sollte.

Also trete ich ihr ganz unabsichtlich auf den Fuß. » … sie noch aufgenommen hast!«, bringt sie schließlich hervor.

»Aber natürlich!«, erwidert Farrah strahlend und lehnt sich näher zu Heather. »Es sind noch ein paar Plätze frei. Wir haben hier jede Menge Platz.« Sie macht eine Handbewegung.

Heather errötet. »Ich …«

»Du musst zurück nach Manhattan«, erinnere ich sie, bevor sie mir noch einen Strich durch die Rechnung macht. Obwohl es mich freut, dass sie wieder an anderen Frauen interessiert ist, ist das hier nicht die richtige Zeit, nicht der richtige Ort und *ganz sicher* nicht die richtige Frau.

»Das stimmt«, sagt Heather. Sie verlagert das Gewicht auf die Fersen, macht ein paar Schritte in Richtung Tür und bleibt wieder stehen. Zumindest sieht sich mich an, als sie sagt: »Komm danach kurz im Milkshake Club vorbei, damit ich weiß, dass du zurück bist, ja?«

»The Milkshake Club?«, fragt Farrah, und ihr Gesicht erhellt sich.

Und plötzlich steuert Heather nicht mehr auf die Tür zu. »Bist du schon mal da gewesen?«

»Nein, ich habe ihn nur auf Instagram gesehen. Sieht total abgefahren aus.«

»Heather ist die Besitzerin«, erkläre ich, zum einen, weil ich verdammt stolz bin, weil der Club ihr gehört, und zum anderen, weil sie keinen Ton mehr herausbekommt.

»Was du nicht sagst!«, sagt Farrah und stößt Heather mit der Hüfte an. »Eine Clubbesitzerin, was? Und du sagst, du könntest nicht tanzen?«

»Na ja … ähm …«

Ich kneife fest die Augen zu, sonst muss ich an komische Dinge denken, wie zum Beispiel, dass meine mögliche biologische Mutter gerade mit meiner Tante flirtet, und ich bin ziemlich sicher, dass mich keine Therapie der Welt davon heilen könnte. Ich räuspere mich laut, was Farrah dazu bringt, einen Blick auf die hübsche blaue Uhr an der Wand zu werfen.

»Wir haben auch tagsüber Kurse, falls du es doch mal ausprobieren willst«, sagt sie zu Heather. »Und was uns angeht …« Als sie laut in die Hände klatscht, blicken die anderen Teilnehmerinnen in ihre Richtung. »Noch zwei Minuten bis zum Warm-up, meine Stars!«

Ach ja, richtig. Ich muss ja tanzen.

Mist.

Meine Beziehung zum Tanzen ist … nun ja, nicht unbedingt kompliziert. Eigentlich ist sie ziemlich einfach: Ich kann es einfach nicht. Beim Singen habe ich einen unglaublichen Rhythmus, aber es ist, als hätten es meine Knochen einfach nie verstanden. Bisher konnte ich es kaschieren, indem ich die Choreografien für unsere Shows immer auf Video aufgenommen und daheim so oft geübt habe, bis unser Nachbar von unten nur ein unsauberes Jeté davon entfernt war, die Polizei zu rufen. Aber das ist Highschool-Theater. Da hat man Zeit zum Tricksen. Zeit, die man in der wahren Theaterwelt ganz sicher nicht hat. Da wird man schon rausgeworfen, bevor man sich überhaupt die Schuhe geschnürt hat.

Es ist nicht so, als hätte ich nicht versucht, mich zu verbessern. Genau wie für Schauspiel und Gesang habe ich auch fürs Tanzen Unterricht genommen. In den anderen Kursen war ich anfangs schlecht und wurde dann besser.

Aber beim Tanzen … Da habe ich schlecht angefangen und bin schlecht geblieben. Und wenn es eine Sache gibt, in der ich noch schlechter bin als im Tanzen, dann ist es, mich in der Öffentlichkeit zu blamieren.

Aus diesem Grund habe ich es im letzten Jahr vermieden, Tanzunterricht zu nehmen.

Ich weiß, ich weiß. Heutzutage kann man es in der Welt des Musicals niemals schaffen, wenn man nicht alle drei Disziplinen beherrscht, wenn nicht sogar alle vier (Notiz an mich selbst: Lern endlich, Gitarre zu spielen). Dieser Kurs ist also längst überfällig. Bisher war ich nur zu sehr damit beschäftigt, mich an meinen letzten Rest Würde zu klammern.

»Alles klar, meine Stars. Ich freue mich, in den nächsten Wochen eure hübschen Gesichter zu sehen!«, ruft Farrah und strahlt uns der Reihe nach an. Sie steht vorn, geht aber immer wieder auf und ab. Hin und wieder macht sie einen kleinen Sprung. Erst jetzt, da es still ist, höre ich, dass im Hintergrund »Voulez-Vous« aus *Mamma Mia* läuft. »Ich erzähle euch ein wenig, wie diese Stunden ablaufen werden: Zuerst machen wir ein dynamisches Warm-up, um unser Blut in Wallung zu bringen, und dann lernen wir eine vollständige Broadway-Choreografie. In der ersten Woche machen wir moderne Musicals, dann Jazz, dann Ballett, dann Stepptanz, und in der letzten Woche vereinen wir alle Formen in einer Choreo.«

Während sie spricht, schreitet Farrah so lässig durch den Raum, dass es kurz dauert, bis die Info in meinem Gehirn ankommt – und mit ihr die schiere Dummheit dessen, was ich gerade getan habe.

Das hier ist keine Zwei-Fliegen-mit-einer-Klappe-Situation, wie Teddy dachte. Das hier ist nur eine einzige wahnsinnig dumme Fliege, die sich gleich vor der Frau, die sie unbedingt beeindrucken will, zum Affen machen wird.

Dieser Gedanke schlägt in meinem dummen Gehirn Wurzeln und legt ungefähr die Hälfte aller Synapsen lahm. Als ich wieder aufblicke, hat Farrah bereits mit dem Warm-up begonnen, während ich immer noch dastehe wie ein Kind, das eine Zirkusmanege betreten hat und kurz davor ist, von allen anderen niedergetrampelt zu werden. Während ich versuche, mit einzusteigen, fällt mein Blick auf mein Spiegelbild: meine sturen Beine, meine gerunzelte Stirn, wie meine Füße immer einen halben Beat hinterherhinken und nie ganz den Boden berühren.

Die nächsten anderthalb Stunden sind die vielleicht qualvollsten meines ganzen Lebens. Ich finde eine Stelle in der hintersten linken Ecke, ganz weit weg von den Lichterketten und den Augen der anderen »Stars«, doch das macht die Situation auch nicht besser. Ich schaffe es nicht, mich schnell genug zu drehen, und das Mädchen rechts neben mir schnaubt genervt, als ich zum fünften Mal beinahe mit ihr zusammenpralle. Das Training besteht einfach aus zu viel Hüftgewackel, und während alle um mich herum keck und professionell aussehen, weiß ich nicht mal, auf welchen Fuß ich das Gewicht verlagern muss.

Als wir schließlich die ganze Choreografie tanzen, fühle ich mich wie ein Häufchen Elend. Ich kann mich nicht mal im Spiegel ansehen. Ich werfe nur einen Blick hinein, weil ich spüre, wie mich jemand anstarrt, und ich bin drauf und dran, finster zurückzustarren, ganz nach dem Motto: *Ja, ich bin schlecht! Wir wissen es! Wenn du dich so sehr lang-*

weilst, dann schau halt zu Hause Netflix! Doch dann merke ich, dass die starrende Person Farrah ist.

Als die Stunde vorbei ist, will ich nur noch weg von hier, doch genau in dem Moment beschließt mein Uterus, mir in den Rücken zu fallen. Da ist dieses eindeutige Gefühl, das nur bedeuten kann, dass ich gerade meine Tage gekriegt habe. Ich eile ins Bad und bin froh, dass Heather dazu tendiert, mir immer Binden in die Innentaschen meiner Taschen zu stopfen (laut Heather und meiner Grandma habe ich den unberechenbaren Price-Fluss geerbt). Kurz halte ich inne, um mein rotes, verschwitztes Gesicht im Spiegel zu betrachten.

»Was zur Hölle ist nur los mit dir?«, frage ich mein Spiegelbild.

Es führt zwar niemand eine Strichliste, aber seit Anfang der Woche habe ich: mich erstens vor Steph mit Oliver gestritten; zweitens bewiesen, dass ich nicht mal geradeaus gehen und schon gar nicht vor Farrah tanzen kann; und drittens es nicht mal geschafft, mit Beth eine vernünftige Unterhaltung zu führen.

Selbst wenn eine von ihnen tatsächlich meine Mom sein sollte – würde ich überhaupt wollen, dass sie es weiß? Für jemanden, dessen berufliche Zukunft davon abhängt, einen guten ersten Eindruck zu hinterlassen, habe ich es bei allen dreien vermasselt. Warum sollte ich meine Mom überhaupt finden, wenn ich sie doch sowieso nur enttäusche?

Ich umklammere den Rand des Waschbeckens und beiße mir fest auf die Innenseite meiner Wange. Jetzt ist nicht die richtige Zeit für eine Millie-Laune. Es gibt zu viel, worüber ich nachdenken muss. Zu viel zu tun. Ich wische mir die Augen, atme tief durch, verlasse die Toilette …

… und laufe direkt Farrah in die Arme.

»Hey! Gute Arbeit heute, Sternenglanz.«

Ihre Worte klingen so aufrichtig, dass ich am liebsten die Augen schließen und sie in mir aufsaugen würde, denn ich habe sie ganz gewiss nicht verdient. Stattdessen blicke ich ihr geradewegs in die Augen und erwidere: »Ich bin ziemlich sicher, dass ich heute beinahe jemanden enthauptet hätte.«

Ich muss ihr zugutehalten, dass sie nicht versucht, mein Ego mit irgendwelchen Lügen zu streicheln. Stattdessen lächelt sie wissend. »Sehr lustig«, sagt sie. »Aber willst du meinen Rat hören?«

»Eine Beintransplantation?«

Sie grinst schief. »Entspann dich.« Sie legt eine Hand auf meine Schulter. »Genieß es. Nimm es nicht zu ernst.«

Ich beiße mir auf die Unterlippe, denn ihre Worte treffen mich unerwartet. Vielleicht liegt es aber auch gar nicht an den Worten, sondern vielmehr daran, dass ich gerade Farrahs ungeteilte Aufmerksamkeit habe und ich nicht weiß, was mir das bedeutet.

Sie drückt meine Schulter, bevor sie mich loslässt. »Du bist eine Perfektionistin. Das merke ich.«

»Wie das denn?«, frage ich und deute in Richtung Studio.

»Weil ich gesehen habe, wie hart du mit dir selbst ins Gericht gehst.« Sie nimmt einen Schluck aus ihrer Wasserflasche, ohne den Blickkontakt zu unterbrechen. »Ich kenne diesen Ausdruck. Den hatte ich auch mal.«

Ich will nicht frech reagieren. Und ich will auch nicht

blinzeln. Aber meine Augen tun es trotzdem die ganze Zeit. »Und das Tanzen hat es bei dir in Ordnung gebracht?«

Sie wirkt unbeeindruckt. »Nein. Durchs Tanzen habe ich überhaupt erst gemerkt, dass es etwas gibt, das in Ordnung gebracht werden muss.« Bevor ich weiter nachbohren kann, fügt sie hinzu: »Ich finde, beim Tanzen geht es um Ehrlichkeit. Man fühlt Dinge, wenn man ehrlich zu sich selbst ist. Und Perfektion? Perfektion ist nicht ehrlich.«

»Ich will es an den Broadway schaffen«, sage ich so ruhig wie möglich. »Ich kann nicht *nicht* perfekt sein.«

Sie wirkt beinahe zufrieden. Als hätte ich gerade ihre Diagnose bestätigt. »Hier sind deine Hausaufgaben: Erlaube dir, ein bisschen weniger perfekt zu sein. Du kennst die Show, oder?«

Ich lebe die Show. »Ähm. Ja.«

»Hör dir die Musik an und tanze dazu, wie du es willst. Mach dich locker. Selbst wenn du nur wie eine Nudel auf- und abspringst«, sagt sie, zieht eine Grimasse und schüttelt wild die Arme. »Du musst zuerst herausfinden, wie dein Körper funktioniert, bevor du ihn dazu bringen kannst, bestimmte Dinge zu tun.«

Irgendwie kriege ich ein Lächeln zustande, obwohl mir nicht danach ist.

»Zeig mal.«

Ich hebe eine Augenbraue. Sie tut es mir gleich – und zwar so exakt, dass es ist, als würde ich in den Spiegel blicken.

Ich seufze und wedele eher halbherzig mit den Armen.

»Gut. Fürs Erste.« Obwohl sie so gelassen wirkt, sieht

sie mich nun durchdringend an. »Wir sehen uns dann in der nächsten Stunde.«

Meine Kehle schnürt sich zusammen. Ich habe den Gedanken noch gar nicht zu Ende gedacht, aber wir wissen beide, dass ich darüber nachgedacht habe aufzugeben. Als Anfänger kann man nach der ersten Stunde sein Geld zurückbekommen, das wäre also nicht das Problem.

Aber da ist dieses Ziehen in mir, noch stärker als üblich. Ich brauche diesen Kurs nicht nur, um da draußen nach Little Jo zu überleben. Ich will Farrah nicht enttäuschen, obwohl ich sie eigentlich gar nicht kenne. Und vielleicht reicht dieses neue Ziehen, um darauf zu hören. Ich sollte in Betracht ziehen, dass es um mehr geht als ums Tanzen. Vielleicht ist das Ganze dafür bestimmt, dass unsere Universen kollidieren.

»Bis dann.«

Ich eile die Treppen hinab. Auf dem ganzen Weg zur U-Bahn hämmert mein Herz vor lauter Scham. Die ganze Fahrt über ist es, als würde ich mich in Selbsthass marinieren. Als ich mein Spiegelbild in der Scheibe sehe, ist mein einziger Trost, dass sich meine schweißnassen Haare zu niedlichen Löckchen geformt haben. Es reicht, um mich wieder ein bisschen besser zu fühlen, als ich das West Village erreiche.

Zumindest, bis ich um die Ecke biege und vor meinem Wohnhaus keinem Geringeren als Oliver in die Arme laufe.

»Was machst du denn hier?«, fragen wir wie aus einem Mund. Er muss sich nach Feierabend umgezogen haben, denn er trägt verblichene Jeans und ein Theater-Shirt vom ersten Schuljahr. Es ist offensichtlich, dass er nicht mit mir gerechnet hat, denn ausnahmsweise wendet er den Blick schneller ab als ich.

»Ich …«

Er deutet nach hinten, wo sich gerade die Tür des Milkshake Club schließt.

»Warst du gerade da drin?«, frage ich.

»Ja.« Jetzt sieht er mir wieder in die Augen, begutachtet meine verschwitzen Haare, meinen Gymnastikanzug, meine Leggings, als hätte er mich ebenfalls vollkommen unvorbereitet erwischt. Ich straffe die Schultern, bevor er noch auf falsche Gedanken kommt. »Aber keine Sorge. Ich wollte gerade gehen.«

»Warte mal. Warum?«

Er schiebt die Hände in die Hosentaschen. »Was denn? Willst du etwa mit mir abhängen?«, fragt er trocken.

Ich strecke ihm die Zunge heraus. »Nein. Es ist nur …« Die Sache ist die, dass ich so sehr mit dem Milkshake Club verbunden bin, dass ich wahrscheinlich Minzeis und Punk-Beats bluten würde, wenn ich mich verletzen würde. Es ist eine meiner frühesten Erinnerungen, wie mir Heather schalldämpfende Ohrschützer aufgesetzt und mein Dad mich auf seine Schultern gehoben hat, damit ich New Yorker Newcomern zuhören konnte. »Hat es dir denn nicht gefallen?«

»Der Milkshake Club?«

Es ist komisch, die Worte aus Olivers Mund zu hören. Als würden zwei Flugzeuge meines Lebens kollidieren. Aber ich muss es trotzdem wissen.

»Ich … doch, es hat mir gefallen«, sagt er schulterzuckend. »Ich habe Spaß dort.«

»Aber nicht heute Abend?«, bohre ich nach.

»Nun, ich schätze nicht. Ich meine …« Er hält inne und schüttelt den Kopf, als wäre er überrascht, überhaupt so viel gesagt zu haben. »Ist auch egal.«

»Erzähl es mir.«

Er blickt verwirrt drein. »Was kümmert es dich?«, fragt er. Es liegt keine Feindseligkeit darin. Nur reine Neugier. Und plötzlich kriege ich ein schlechtes Gewissen, weil ich mich mehr für den Club als für ihn interessiere.

Glaube ich.

Es ist nur so, dass wir uns in den letzten Tagen so gut wie möglich zusammengerissen haben. Oliver, weil er Georgie als Referenz in seinen Lebenslauf schreiben will, und ich, weil ich mich vor Steph wieder reinwaschen muss. Aber nichtsdestotrotz haben wir uns benommen. Und es ist schwer, mit jemandem so viel Zeit zu verbringen und nicht seine Stimmungen und Launen wahrzunehmen.

Zum Beispiel, wie er gerade den Mund verzogen hat. Das macht er immer, wenn er überlegt, ob er etwas sagen soll oder nicht. Oder auch nur, wenn er überlegt, ob er es *mir* sagen soll.

»Es ist mein gutes Recht, dass es mich kümmert. Das ist doch kein Verbrechen.«

Oliver seufzt, blickt zurück auf die geschlossene Tür des Clubs, dann die Straße hinab und schließlich wieder zu mir. Er scheint überrascht, dass ich immer noch da bin. Als hätte ich inzwischen das Interesse verlieren müssen.

»Meine Brüder …«, beginnt er zögerlich. »Sie spielen in einer Band.«

Ich reiße die Augen auf. Ich bin drauf und dran, *Hör bloß auf* zu sagen und tausend Fragen zu stellen, aber aus irgendeinem Grund merkt er es nicht und redet einfach weiter.

»Ich wollte nachfragen, ob sie hier spielen können. Aber der Club ist für die nächsten Monate sowieso ausgebucht. Außerdem sind sie nicht bekannt genug, um überhaupt infrage zu kommen. Daher …« Er zuckt mit den Schultern. »Ich nehme an, ich muss es einfach in Zukunft noch mal probieren.«

Uff. Bestimmt denkt er, dass die Umstände einfach schwierig sind, aber wahrscheinlich sind sie schlechter, als er denkt. Carly, die die Buchungen für den Milkshake Club macht, ist nur schwer zu knacken. Sie findet lieber selbst Talente. Ihre Nächte bestehen oft daraus, durch ganz Manhattan zu ziehen, um in kleineren Clubs und Open Mics Talente für das 20:00-Uhr-Set zu finden. Die meisten Künstler für das 22:00-Uhr-Set sind bereits so bekannt, dass sie von ganz allein Publikum anziehen.

Es ist nicht unbedingt ein K.-o.-Kriterium, wenn sie es nicht sind, aber eines ist sicher: Carly bekommt nicht gern gesagt, wen sie buchen soll. Carly will den Leuten *sagen*, dass sie sie bucht.

»Wie heißt die Band?«

Oliver öffnet den Mund und schließt ihn wieder. Dann sieht er mich mit zu Schlitzen verengten Augen an. »Netter Versuch.«

Erst jetzt komme ich auf die Idee, dass es etwas Peinliches sein könnte. »Six Seconds of Autumn?«

»He!«, sagt er, und seine Schultern lockern sich ein wenig.

»None Direction?«

Das könnte sogar ein kleines Lächeln sein.

»The Tweetles?«

Er verdreht zwar die Augen, aber nicht auf genervte Weise. Sondern auf eine wissende. Als hätte er für mich eine ganz besondere Art des Augenrollens parat. »Ich muss jetzt nach Hause«, sagt er und wendet sich wieder der Straße zu.

»Soll ich Werbung machen?«, rufe ich ihm hinterher. »Ich habe das größte Mundwerk von ganz Manhattan!«

Er schüttelt den Kopf, und in seiner Stimme liegt ein Hauch von einem Lachen. »Gute *Nacht*, Millie.«

Eigentlich sollte ich wütender sein, aber irgendwie macht es mich glücklich, dass ich ihm dieses Lachen entlockt habe. Also werfe ich ihm stattdessen eine übertriebene Kusshand zu. »Morgen dann in alter Frische.«

Nachdem ich mich bei Heather zurückgemeldet habe, will ich Teddy eine ganze Reihe an Salsa-Tänzer- und Kotz-Emojis schicken. Seine Eltern haben heute Abend frei, also haben sie beschlossen, Pizza mit Artischocken essen zu gehen (eigentlich würde ich ja mit Resten rechnen, wenn ich nicht genau wüsste, dass Teddy sie nicht bereits auf dem Heimweg vertilgt hat). Doch bevor ich den Chat öffnen kann, sehe ich, dass ich eine E-Mail von der Seite bekommen habe, auf der Teddy die Broadway Bugs gefunden hat.

Nein – nicht nur eine E-Mail. Eine E-Mail von Beth persönlich.

Hey Millie! Freut mich sehr, dass du und Teddy euch für das nächste Treffen angemeldet habt. Ich kann es gar nicht erwarten, euch alle in euren Zauberer von Oz-Outfits zu sehen! Ich wollte dich fragen, ob du nächste Woche mal Zeit für einen Muffin und ein wenig Plaudern hast. Teddy meinte, du würdest ganz in der Nähe wohnen!

Das Kotz-Emoji ist gestrichen. Diese Mail schockiert mich so sehr, dass ich vermutlich gleich selber kotzen muss. Sie hat ihre Telefonnummer hinterlassen. Und sie hat morgen und übermorgen Zeit, was nur eines bedeuten kann, oder?

Sie weiß, wer ich bin. Nein – sie weiß, wer ich für *sie* bin.

Und plötzlich wird die Suche von drei Personen auf nur eine einzige eingegrenzt. Der *Mamma Mia*-Sommer ist vorbei, übrig bleibt nur noch der *Mamma*-Teil.

Teddy geht schon nach dem ersten Klingeln ran.

»Warum rufst du an?«, fragt er alarmiert.

»Weil«, sage ich und merke erst jetzt, dass ich die ganze Zeit die Luft angehalten habe, sodass ich erst mal Atem schöpfen muss, »ich glaube, wir haben meine Mom gefunden.«

Kapitel 9

Weil sowohl meine Nerven als auch meine Blase verrücktspielen, als ich mich am nächsten Morgen vor dem Praktikum mit Beth treffe, bestelle ich einen Venti iced Americano und schütte sofort drei Päckchen Zucker hinein.

»Wie hoch ist die Wahrscheinlichkeit, dass wir genau das Gleiche bestellen?«, fragt Beth an der Selbstbedienungstheke, stellt ihren Becher neben meinen und schnappt sich ebenfalls drei Päckchen Zucker.

Mein Herz schlägt viel zu laut. »Muss wohl so ein West-Village-Ding sein«, scherze ich. Aber es könnte auch ein Gen-Ding sein. Ich habe Desserts schon immer geliebt, und Cooper Price findet selbst Äpfel zu süß. *Irgendwo* muss das ja herkommen.

Und vielleicht sagt mir Beth gleich, woher es genau kommt.

Beth findet in der hinteren Ecke einen Tisch für uns und führt uns weg vom morgendlichen Getümmel. Dann lehnt sie sich gerade weit genug über den Tisch, dass klar wird, dass sie nicht will, dass das ganze Café mitbekommt, was sie mir zu sagen hat. Ich bin so nervös, dass ich das Gefühl habe, gleich irgendetwas Dummes zu machen, wie zum Beispiel anfangen zu sabbern oder meinen Kaffee zu verschütten. An dieses Gefühl bin ich nicht mehr gewöhnt.

»Ich wollte wissen, ob ich dich um Rat fragen kann.«

Ich wappne mich innerlich. Sie wird mich gleich nach Dad fragen. Sie wird fragen, wie viel ich weiß. Sie wird fragen …

»Hauptsächlich, weil … na ja, du hast Chloe ja kennengelernt.«

Ich blinzle. »Ja. Sie ist toll.«

Und wahrscheinlich meine Halbschwester, was total locker und normal ist und überhaupt nichts, was mich ins Schwitzen bringt.

Beth lächelt mich sanft an. »Na ja, wahrscheinlich ist dir aufgefallen, dass sie eher schüchtern ist.«

»Oh. Na ja. Ein bisschen vielleicht«, sage ich und nehme einen Schluck von meinem Kaffee. »Aber … ähm … ich kann das wahrscheinlich nicht richtig einschätzen, denn ich könnte mich sogar mit einer Wand unterhalten.«

Beths Augen beginnen zu strahlen, als würde ich genau das sagen, was sie hören will. »Es kommt nur selten vor, dass sie sich anderen so schnell öffnet. Aber du und Teddy, ihr scheint sie wirklich aus ihrer Schale zu locken. Deshalb wollte ich mich auch mit dir treffen … Ich glaube, ich war einfach … Du wirkst so …«, sie sucht nach dem richtigen Wort und entscheidet sich für »… selbstbewusst. Und das würde ich mir für Chloe auch wünschen. Ich will, dass sie weiß, dass sie bei jedem sie selbst sein kann. Nicht nur bei mir, ihrem Dad und ihren Cousins.«

Ich trinke einen weiteren Schluck von meinem Kaffee, der plötzlich bitterer schmeckt, als er mit drei Päckchen Zucker sollte.

»Oh … ähm …«

Es fühlt sich an, als würde ich den Bezug zur Realität verlieren. Das habe ich nicht erwartet. Darauf habe ich mich die letzten zwölf Stunden nicht vorbereitet. Es ist so weit davon entfernt, dass ich förmlich hören kann, wie mich das Universum auslacht. Und ich kann nicht verhindern, dass ein dummer, kindischer Gedanke in mir anschwillt wie ein Luftballon: *Ich will meinen Dad.*

Ich beiße mir auf die Innenseite meiner Wange, denn ich will, dass er verschwindet. Eigentlich sollte ich sauer auf meinen Dad sein.

Eigentlich sollte ich mich vor Beth normal verhalten. Wenn ich deshalb einen Zusammenbruch bekomme, dann bitte ein andermal.

Bis ich meinen Kaffee abgestellt habe, habe ich mich wieder unter Kontrolle gebracht. Ich straffe die Schultern, blicke Beth geradewegs in die Augen und rufe Vorsing-Millie herbei, die die Zähne zusammenbeißt und die Sache einfach durchzieht. Sie ist nicht die beste Version meiner selbst, aber sie ist das Beste, was ich zustande bringe, um nicht das zu fühlen, was ich gerade nicht fühlen sollte.

»Ich war auch mal schüchtern«, beichte ich. »Total ängstlich. Ich meine … zumindest eine Weile. Als ich noch jünger war als Chloe.«

Beth nickt ermutigend. Hoffentlich erwähnt sie nicht den »Little Jo«-Vorfall, von dem wir beide wissen, dass er sich zu dieser Zeit zugetragen hat.

»Ich glaube, was mir am meisten geholfen hat, war das Musicaltheater. Ich habe es einfach so sehr geliebt und wusste genau, dass es das ist, was ich tun will. Also … habe ich einfach so getan, als wäre ich selbstbewusst, bis ich es tatsächlich war.«

Doch während ich es sage, wird mir bewusst, dass es nicht ganz der Wahrheit entspricht.

»Oder vielleicht war es eher … Ich wusste, dass ich es liebe, also habe ich andere Menschen gesucht, denen es auch so ging. Auf diese Weise habe ich eine Menge Freunde gefunden. Und dann war es ganz leicht, mich selbstbewusst zu fühlen, weil ich wusste, dass viele Menschen hinter mir stehen.«

Verdammt, Vorsing-Millie und ihre unbeabsichtigte Weisheit. Schlagartig vermisse ich meine Schulfreunde. Die Wahrheit ist, dass ich ihnen noch gar nichts vom Precollege erzählt habe. Da alle unterwegs sind, um ihre Familien zu besuchen, und ich mein Praktikum mache, habe ich seit dem Ende des Schuljahres niemanden mehr von ihnen gesehen.

Aber vielleicht ist das nur eine Ausrede. Vielleicht habe ich es ihnen nicht erzählt, weil ich sowieso weiß, dass es niemals passieren wird. Dass ich niemals meine Mutter finden werde. Dass ich meinen Dad niemals überreden werde, mich gehen zu lassen. Und ich weiß nicht mal, ob ich …

»Genau das will ich für Chloe auch«, sagt Beth nickend. »Dass sie Freunde findet, die dasselbe lieben wie sie. Ich meine, du hast sie kennengelernt. Wenn sie etwas liebt, dann liebt sie es *wirklich*. Und das liebe ich so an ihr. Ihre Leidenschaft.« Sie sieht mir direkt in die Augen, so vorsichtig, dass ich fast die Luft anhalte. »Deshalb wollte ich mit dir reden … Du scheinst wie sie zu sein. Du scheinst auch alles für das, was du liebst, zu geben. Wie du von den ganzen Kursen erzählt hast, die du machst, und von deinem Praktikum …«

Ich kann nicht verhindern, dass ich vor Freude erröte, weil sie sich daran erinnert hat. Ich habe mich neulich nicht mal richtig mit ihr unterhalten, aber anscheinend habe ich trotzdem einen Eindruck hinterlassen.

»Du wirkst einfach so selbstbestimmt. Kompromisslos. Ich wünschte, Chloe könnte ihre Ängste genug ablegen, um die Dinge, die sie liebt, auch so zu betrachten.«

Mir kommt ein Gedanke, den ich jedoch zu ignorieren versuche. Das ist gerade wirklich unpraktisch, denn er schnürt mir die Kehle zu. Der Gedanke, dass Chloe und ich uns nicht nur ähnlich sind, weil wir beide leidenschaftlich sind. Vielleicht liegt es daran, dass wir beide Beths *Töchter* sind.

Doch ich verdränge ihn.

»Nun … wahrscheinlich wirst du nicht wollen, dass sie *genau* so ist wie ich«, sage ich. »Ich kann ziemlich, ähm … dramatisch sein.«

Beth nippt an ihrem Kaffee. »Was ist das Leben schon ohne ein wenig Drama?«

Als ich daran denke, wie mein Dad und ich verblieben sind, verziehe ich das Gesicht. »Na ja …« Ich schüttle den Kopf. »Manchmal habe ich das Gefühl, meine Angst gegen divenhaftes Verhalten eingetauscht zu haben.«

»Nun, ich finde ja, dass divenhaftes Verhalten auch eine Form von Angst ist.« Beth schenkt mir einen heiteren Blick. »Als Jugendliche habe ich meine Mutter damit in den Wahnsinn getrieben.«

»Das kann ich mir gar nicht vorstellen.«

Aber ich würde es gern. Und zwar so sehr, dass es mich überrascht. Als könnte ich mir dann vielleicht einen Reim auf meine Millie-Launen machen. Vielleicht hätte ich dann jemanden, der mich versteht. Der das Drücken und Ziehen meiner Launen versteht. Dass mein Herz manchmal komplett die Kontrolle übernimmt. Dass es nie darauf achtet, in welche Richtung es stürmt, bis ich bereits eine Bruchlandung hingelegt habe.

»Oh, das musst du dir gar nicht vorstellen. Meine Mom kommt zum nächsten Broadway-Bugs-Treffen, und sie wird dir nur allzu gern Geschichten aus meiner Jugend erzählen«, sagt sie trocken. »Ich glaube, sie hat heimlich gehofft, dass Chloe mehr wie ich würde, um es mir ein wenig heimzuzahlen.«

Ich muss meine Zehen in Heathers Stiefeln anziehen und die Fersen in den Boden stemmen, um mich davon abzuhalten, sie zu unterbrechen, denn hier geht es nicht um mich, aber dann wiederum schon. Vielleicht hat sie tatsächlich ein Kind bekommen, das so geworden ist wie sie. Vielleicht bin ich es.

»Manchmal wünschte ich, sie wäre es«, gesteht Beth. »Dann wüsste ich, wie ich ihr helfen kann. Ich glaube, sie hatte es nicht leicht. Vor allem jetzt, da sie die Schule wechselt.«

»Tut sie?«

Beth umklammert ihren Kaffee mit beiden Händen, als würde sie sich gegen etwas wappnen. »Javi und ich … Chloes Dad«, erklärt sie, obwohl ich mich an jedes Detail ihrer Party erinnern kann, als wäre ich eine Art Beth-Historikerin. »Wir haben uns vor ein paar Jahren scheiden lassen.«

Irgendetwas in meinem Gesicht muss sich verändern, denn Beth winkt sofort ab.

»Wir haben uns in der Highschool ineinander verliebt, und dann sind auf dem College ein paar Sachen passiert, die alles vermasselt haben. Und dann haben wir … na ja.«

Sie hält inne, um nachzudenken. Eigentlich nur ganz kurz, aber mir kommt es vor wie eine Ewigkeit. *Dann sind auf dem College ein paar Sachen passiert.* So Sachen wie eine Affäre mit meinem streberhaften, lächerlich ernsten, Tolkien liebenden Dad?

»Jedenfalls haben wir sehr jung geheiratet. Zu jung.«

Sie schüttelt den Kopf, als hätte sie gar nicht so viel erzählen wollen, und irgendwie überrascht es mich nicht. So ist es bei mir schon immer gewesen. Und bei Heather auch. Die Menschen reden einfach drauflos, ohne es überhaupt vorzuhaben. Es muss irgendetwas mit unseren Gesichtern zu tun haben.

»Und wir verstehen uns immer noch gut und alles, aber ich bin wieder hier runtergezogen, um näher bei meiner Mom zu sein. Und für eine Weile hat Javi immer noch in unserem Apartment in Hell's Kitchen gelebt, daher hat es Sinn ergeben, dass Chloe in ihrer Schule in Midtown geblieben ist … Aber jetzt zieht er nach New Jersey, also wechselt sie dieses Jahr.«

»Und wohin?«, frage ich.

Beth neigt den Kopf zum Fenster und deutet damit in Richtung Downtown. »Sie wurde per Losverfahren für die Cornelia Arts and Sciences ausgewählt.«

Zum Glück habe ich gerade keinen Kaffee im Mund, sonst hätte ich mich jetzt verschluckt. »Oh mein Gott. Das ist *meine* Schule.«

Beths Augenbrauen verschwinden in ihrem Pony. »Wirklich? Ich dachte, du gehst auf die Stone Hall.«

Ich lehne mich nach vorn. Ihre Begeisterung ist ansteckend. »Nee, das ist nur Teddy. Eigentlich hätte ich auf die staatliche Schule in derselben Straße wie die CAS gehen sollen, aber ich wurde auch per Losverfahren ausgewählt.« So funktioniert das an der CAS – man kann sich von Anfang an auf Kunst oder Wissenschaft spezialisieren, aber es ist trotzdem eine staatliche Schule. Dabei ist es egal, wo in der Stadt man lebt. Die Schülerinnen und Schüler werden jedes Jahr zufällig ausgewählt. »Es ist eine großartige Schule. Sie wird es dort lieben.«

Zumindest wird sie sie lieben, wie sie jetzt ist. Meine Freude, als ich in der achten Klasse ausgewählt wurde, konnte mich nicht auf die Hungerspiele vorbereiten, die am Anfang auf uns warteten. Aber inzwischen ist die Schule wesentlich Chloe-freundlicher geworden.

»Ach, das versüßt mir den Tag«, sagt Beth. »Es macht dir doch nichts aus, ein wenig auf sie aufzupassen, oder? Könntest du sie vielleicht auf dem Campus herumführen?«

»Das würde ich gern. Aber … ich …«

Ich fühle mich, als hätte ich einen Stein verschluckt.

»Ich werde nächste Jahr nicht mehr da sein. Glaube ich.«

Beth versucht, sich nichts anmerken zu lassen, aber ich sehe ihr die Enttäuschung trotzdem an. »Oh?«

»Ich wurde am Madison Precollege angenommen.«

Beth reagiert nicht, wie ich erhofft hatte. Eigentlich reagiert sie überhaupt nicht.

»Für Musicaltheater«, erkläre ich. »Es ist ein hart umkämpftes Programm. Mein letztes Highschooljahr wäre dann auch automatisch mein erstes Collegejahr. Dann komme ich sogar noch früher raus.«

»Oh!« Beth richtet sich auf. »Nun … das ist ja fantastisch. Glückwunsch.«

Das ist es, worauf ich gehofft habe. Jetzt habe ich wenigstens eine potenzielle Mom auf meiner Seite.

»Aber ich habe an der CAS sehr viele Freunde, die Chloe bestimmt gern kennenlernen würden«, sage ich schnell, bevor mich der Gedanke aus dem Konzept bringen kann. »Manche sind in der Theaterabteilung, im Chor, im Tanz …«

»Chloe liebt es zu tanzen. Aber sie belegt nur Kurse, für die sich ihre Cousinen auch angemeldet haben.« Beth fährt sich durch den Pony. »Es ist toll, dass wir Familie in der Nähe haben. Aber ich wünschte, sie würde auch außerhalb mehr Kontakte knüpfen.«

»Nun … diesen Sommer bin ich auch in einem Tanzkurs«, sage ich. »Er findet zweimal pro Woche in Brooklyn statt. Es gibt noch freie Plätze. Und wir tanzen nur Broadway-Stücke. Wahrscheinlich würde es Chloe total gefallen.«

»Und dir würde es nichts ausmachen, wenn sie mitmachen würde?«

Ich denke den Gedanken nicht mal zu Ende. »Natürlich nicht«, platze ich heraus, denn ich will unbedingt, dass Beth mich mag, sodass ich vollkommen vergesse, dass ich den Kurs eigentlich nur mache, um *Farrah* dazu zu bringen, mich zu mögen.

Okay. Na ja. Es würde die Sache komplizierter machen, aber nur ein bisschen. Und wenn Chloe meine Schwester ist, dann ist es quasi meine Pflicht, ihr zu helfen, oder nicht? Ich meine, ich war noch nie die Schwester von jemandem, aber so schwer kann das ja nicht sein. Ich muss nur sichergehen, dass sie im L-Zug von niemandem aufgefressen wird, und einen extra Snack einpacken.

»Außerdem«, sage ich, »könnte ich eine Verbündete wirklich gut gebrauchen. Ich bin nicht gerade die beste Tänzerin.«

Beth atmet laut aus. »Was du nicht sagst. Zwei linke Füße«, sagt sie und deutet auf sich selbst. Dann greift sie unerwartet über den Tisch und drückt meinen Arm. »Danke, Millie. Ich kann dir gar nicht sagen, wie erleichtert ich bin.«

Ich wünschte, ich könnte ihr sagen, wer ich bin. In mir rumort alles gleichzeitig – ebenfalls Erleichterung, aber auch Enttäuschung. Und das schlechte Gewissen, das unter der Oberfläche brodelt, seit mein Dad gegangen ist.

Vielleicht liegt es aber auch nur am Koffein und am Zucker.

»Gib mir mal deine Nummer«, sagt sie. »Wie ist dein Nachname?«

Ich könnte ihn ihr sagen. Ich könnte einfach den Namen »Price« aussprechen und sehen, wie sie reagiert. Ich könnte sie einfach fragen, ob sie meine Mom ist – so, wie ich jede von ihnen fragen könnte.

Der Gedanke lässt mich schaudern. Ich rede mir ein, dass es nur daran liegt, weil ich gerade keine Zeit habe. Ich muss zu meinem Praktikum.

»Queller«, erwidere ich. Es ist der Mädchenname von Teddys Mutter. Den habe ich auch benutzt, als ich mich für Farrahs Tanzkurs angemeldet habe.

»Millie Queller«, sagt sie. »Das klingt schön.«

Und das tut es. Aber alle Namen klingen schön, die ich mir im Laufe der Jahre zugelegt habe. Seit dem »Little Jo«-Debakel habe ich mich so sehr in ein Chamäleon verwandelt, dass es sich fast natürlich anfühlt, eine weitere Version von mir zu kreieren.

Doch nachdem wir uns verabschiedet haben und ich ein wenig Abstand zu ihr gewonnen habe, beginnt das schlechte Gewissen, an mir zu nagen. Und ich weiß genau warum. Die Versionen waren Lügen, die ich mir selbst erzählt habe. Und jetzt sieht es ganz so aus, als wäre ich bereit, auch alle anderen anzulügen.

Kapitel 10

»Du bist ein *Engel.* Woher wusstest du, wie dringend ich das gebraucht habe?«, fragt Steph, nimmt den Iced Vanilla Latte entgegen und saugt am Strohhalm, als wäre es eine lebensrettende Infusion.

Ich bin früh dran. Und eigentlich soll ich Steph keinen Kaffee mitbringen, es sei denn, es steht auf meiner Aufgabenliste. Doch die erste Praktikumswoche ist fast vorbei, und ich habe kaum zwei Worte mit ihr gewechselt, von »Hi«, »Tschüss« und »Heißt das Macaron oder Macaroon?« einmal abgesehen. (Was Süßspeisen angeht, hat Georgie einen *sehr* spezifischen Geschmack.) Wenn ich mich mit Steph unterhalten will, muss es außerhalb der Arbeitszeiten sein.

»Lange Nacht?«, frage ich und plumpse auf den grünen Sessel, der ihrem Empfangstresen am nächsten steht.

Steph beäugt den Aufzug, aber Georgie ist noch nicht da. Verschwörerisch lehnt sie sich nach vorn, ihre blauen Augen bilden einen hübschen Kontrast zum hellgelben Blumenmuster ihres Kleids. »So in der Art.«

Ich hebe die Augenbraue.

»Ich bitte dich«, sagt Steph grinsend. »Es war ein Geschäftsessen.«

»Was für eine Art von Geschäft?«

»Ein Freund eines Freunds, der so etwas wie …« Ich sehe ihr an, dass sie überlegt, ob sie einen Namen nennen soll. Ich kenne dieses Gesicht, denn ich habe schon genügend Interviews mit Schauspielerinnen und Schauspielern auf YouTube gesehen, um es auf einen Kilometer Entfernung zu erkennen. »Er ist ziemlich bekannt«, sagt sie schließlich. »Versucht, eine Show ins Leben zu rufen, und wollte ein paar Leute für eine Leseprobe casten.«

Dass ich emotional so in Stephs Karriere involviert bin, ist vielleicht unangebracht, aber ich kann nichts dagegen tun. Nicht, wenn sie das ist, was einem Blick in die Kristallkugel am nächsten kommt. »Und?«

»Und«, sagt Steph mürrisch, »er wollte, dass ich die *Mutterrolle* lese.«

Mein Gehirn schnappt sich das Wort *Mutter* wie ein Hund einen Knochen. »Okay, aber … was für eine Mutter?«

»Eine mütterliche Mutter«, erwidert sie und setzt ihren Kaffee ab.

»Nein, ich meine … Es gibt ja ein gewisses Spektrum.« Ich breite die Arme aus, um es zu demonstrieren. »Reden wir hier von einer jungen, sportlichen Mom mit Kleinkindern oder von einer fiesen, kettenrauchenden Mom mit erwachsenen Kindern, die fluchtartig das Nest verlassen haben?«

Steph zieht die Nase kraus. »Ich weiß nicht. Ehrlich gesagt habe ich danach nicht mehr richtig zugehört.« Dann fügt sie hinzu: »Ich sollte schon so etwas wie eine Karriere haben, bevor die erste große Rolle in meinem Lebenslauf *Mutter* ist.«

Vielleicht hat mir das Universum diese Möglichkeit gerade auf dem Silbertablett präsentiert. Eine einzige Frage wäre alles, was nötig wäre. *Warum ist die Vorstellung, eine Mutter zu spielen, so schlimm?*

Ich zucke zusammen, denn irgendwie versetzt mir dieser Gedanke einen Stich ins Herz.

»Dann könnte es also eine ziemlich große Show werden, meintest du?«, frage ich stattdessen.

»Ja. Wahrscheinlich.«

»Warum willst du dann nicht …«

Würde Georgie Check nicht die Hälfte aller Broadway-Stars managen, hätte sie eine gute Auftragsmörderin abgegeben. Steph und ich bemerken sie erst, als sie direkt vor uns steht und mich skeptisch mustert. Heute trägt sie eine weitere Variante dessen, was ich als ihre Uniform ausgemacht habe, bestehend aus stilvollen, edlen maßgeschneiderten Stücken und großem Schmuck. Heute sind es ein ärmelloses, hüftumschmeichelndes smaragdgrünes Kleid und birnenförmige lilafarbene Ohrringe. Das Haar trägt sie in einem tiefen Dutt.

»Oh, hey, Georgie«, sagt Steph.

»Hey«, erwidert sie, den Blick immer noch auf mich gerichtet.

»Ich habe sie gebeten, früher zu kommen«, erklärt Steph.

Georgie beäugt mich immer noch. Sie hat mich dabei erwischt, wie ich lässig und mit übereinandergeschlagenen Beinen und einem Kaffee in der Hand auf dem Sessel saß, und ich dachte, es wäre das Beste, mich nicht wie ein kleines Tier an einem Wasserloch zu verhalten, das gerade von einem Löwen entdeckt wurde.

Zum Glück werden wir unterbrochen. »Ähm … bin ich …«

Georgie reißt den Blick von mir los und sieht hinüber zu Oliver, der gerade aus dem anderen Aufzug gestiegen sein muss. Ich beobachte, wie sich sein Gesichtsausdruck so schnell von verwirrt in nervös und dann in misstrauisch verwandelt, dass es den anderen wahrscheinlich gar nicht aufgefallen ist.

Dann klingelt Stephs Telefon, und Georgie verschwindet in ihrem Büro, wahrscheinlich, um unsere Aufgabenlisten zu holen.

»Was machst du da?«, fragt Oliver durch zusammengepresste Zähne.

»Kaffee trinken. Sitzen. Die Ölflecken von der Fahrradkette auf deiner Hose anstarren.«

»Was?«

Oliver blickt sofort herunter auf seine perfekt gebügelten, fleckenfreien Hosenbeine.

»Du hast nachgesehen.«

Er wird vollkommen regungslos. »Irgendeine höhere Macht will mich auf die Probe stellen.«

»Patti LuPone?«

»Jetzt mal im Ernst«, sagt Oliver und nimmt so schnell neben mir Platz, dass ich überrascht bin von seiner plötzlichen Nähe. »Warum bist du so früh hier? Was führst du …«

Georgie kommt aus ihrem Büro, und Oliver schließt den Mund. »Eure Listen«, sagt sie, zwei der wenigen Worte, die sie täglich zu uns sagt (meine Lieblingsworte sind »Macht jetzt Pause« und »Geht nach Hause«, denn obwohl Georgie äußerst angsteinflößend ist, achtet sie streng auf die Gesetze, die Kinderarbeit verbieten). »Heute müsst ihr die Aufgaben nicht jedes Mal von Steph abhaken lassen. Schickt mir eine Nachricht als Beweis, sobald ihr fertig seid.«

Sie überreicht uns die Listen so willkürlich, dass mir langsam klar wird, dass kein Konzept dahintersteckt, wer welche Aufgaben bekommt. So zögerlich, wie sie mich eingestellt hat, bin ich ziemlich sicher, dass sie in uns nur zwei unförmige jugendliche Klumpen sieht, wenn sie morgens aus ihrem Büro kommt. Das erhöht jedoch nur den Einsatz. Wie soll man sich denn jemandem gegenüber beweisen, wenn derjenige kaum registriert, dass man überhaupt existiert?

Und der Einsatz ist mittlerweile ziemlich hoch, denn der Sommer ist schon so weit fortgeschritten, dass ich nirgendwo anders einen Job bekomme. Wenn ich für die Studiengebühren aufkommen will, muss ich ihre Mätzchen wohl oder übel ertragen.

Ich werfe einen Blick auf meine Aufgabenliste, und all meine Entschlossenheit ist schlagartig dahin.

»Mein Leben ist ein schlechter Scherz«, bemerkt Oliver nüchtern.

Unsere Listen sind von oben bis unten mit Leuchtstift markiert, was bedeutet, dass wir alle Aufgaben gemeinsam erledigen müssen.

Zuerst müssen wir zwei riesige Blechkuchen abholen und sie bei einer Abschlussparty für einen Indie-Musicalfilm abliefern, bei dem einer von Georgies Klienten die Hauptrolle bekommen hat. Danach müssen wir zur Technikprobe für eine Gala in der Carnegie Hall und als Lichtdouble für Saundra Donald und Phil Fenton herhalten, einem Broadway-Power-Duo, das gerade für eine Off-Broadway-Produktion von *The Last Five Years* probt. Als

Drittes müssen wir einer älteren Klientin mit ihren Instagram-Posts helfen, indem wir Fotos von ihr bei einer Kundgebung machen, die für später angesetzt ist. Das wird wahrscheinlich das Sahnehäubchen auf der »Millie und Oliver werden sich gegenseitig umbringen«-Torte.

Rein objektiv betrachtet sind die Aufgaben alle ziemlich cool – trotzdem sind wir dem Untergang geweiht.

»Nun«, sage ich und springe auf, »an die Arbeit, Sonnenschein.«

Die Bäckerei ist ganz in der Nähe. Während wir im schnellen Schritt dorthin gehen, mache ich mir einen Spaß daraus, Oliver zehnmal nach dem Namen der Band seiner Brüder zu fragen. Und er macht sich einen Spaß daraus, nach dem fünften Mal so zu tun, als würde ich nicht existieren. Die Blechkuchen abzuholen ist relativ einfach – zumindest, bis es Zeit wird zu gehen.

»Warte, ich bestelle uns ein Uber.«

Oliver stellt seinen Blechkuchen auf die Bäckertheke. »Das soll wohl ein Witz sein.«

»Der Kuchen ist so breit wie meine Spannweite. Nein, ich mache keine Witze.«

»Wir werden es niemals durch diesen Verkehr schaffen.« Er starrt aus dem Fenster und runzelt die Stirn. »Was ist da draußen überhaupt los?«

»Es ist Pride-Wochenende«, erinnere ich ihn.

»Stimmt doch gar nicht. Das ist Ende Juni.«

»Es *ist* Ende Juni.«

Ich muss zugeben, dass ich mittlerweile auch jegliches Gefühl für Raum und Zeit verloren habe, aber der Milkshake Club ist schon den ganzen Monat in Regenbogenfarben geschmückt. Das letzte Wochenende mit der Parade und den Demos zieht immer so viele Leute an, dass ich noch weit bis in den Juli hinein in unserer Wohnung Glitzer finde.

»Also, ich nehme die Bahn«, sagt Oliver stur.

Jedoch bewegt er sich kein Stück und wartet auf mein Stichwort.

Ich seufze. Es ist noch zu früh am Morgen, um den Selbstzerstörungsmechanismus zu aktivieren. »Na schön«, sage ich. »Aber nur, weil mir im Auto sowieso schlecht wird.«

»Vielen Dank, Eure Majestät«, erwidert Oliver.

Ich verdrehe die Augen und schicke Patti LuPone ein Stoßgebet, dass uns die Kuchen nicht als Opfergabe an die Ratten auf die Gleise des Einser-Zuges fallen.

»Warte«, sagt Oliver, als wir die Haltestelle erreichen. »Ich frage den Typen, ob er uns durch den Notausgang reinlässt.«

Brav warte ich am Drehkreuz, als ich eine Gruppe von Pride-Narren entdecke, die alle die gleichen glitzernden Regenbogen-Schuhe und Klebetattoos tragen. Bis sich Oliver umgedreht hat, hat mir eine Gruppe Männer den Kuchen abgenommen, ihn durchs Drehkreuz und die Treppe zum Bahnsteig hinuntergetragen und stellt sicher, dass ich ihn wieder fest im Griff habe, bevor sie mir eine Kusshand zuwerfen und gehen.

Als er mich eingeholt hat, schüttelt Oliver ungläubig den Kopf. »Dein Leben ist der reinste Disney-Film.«

»Und deins stelle ich mir vor, als würde man in einer Tagesdisposition leben.«

Oliver seufzt.

Auf wundersame Weise schaffen wir es zur Party, ohne

dass die Kuchen kaputtgehen. Was jedoch nicht verwunderlich ist, ist die Tatsache, dass sie uns weder die Schauspieler noch das Set sehen lassen. Oliver muss mich förmlich rauszerren, bevor ich noch spionieren gehe, indem ich meine übliche Taktik anwende: so tun, als müsste ich aufs Klo.

»Ich habe schon gesehen, wie du während *Jersey Boys* eine ganze Flasche Wasser getrunken hast und kein einziges Mal aufs Klo gegangen bist«, sagt er. »Netter Versuch.« Statt mich ans Set zu schleichen und ein Foto mit einem berühmten Schauspieler zu machen, um es später Heather zu zeigen, finden wir uns direkt im vollgestopften Einser-Zug wieder. Zwar klammern wir uns an derselben Haltestange fest, schaffen es aber ziemlich gut, jeglichen Blickkontakt zu vermeiden. Oder zumindest *versuchen* wir es. Es ist schwierig, meine Augen auf etwas anderes zu fokussieren, immer wieder bleiben sie an Dingen kleben, an denen sie nicht kleben bleiben sollten. Dinge wie Olivers Bizeps. Oder der leichte Schweißfilm auf seiner Stirn. Oder …

Der Zug kommt so ruckartig zum Stehen, dass meine Hand abrutscht. Und dann passiert mir das Zweitpeinlichste, was einem New Yorker passieren kann (das Peinlichste ist, dabei erwischt zu werden, wie man bei Domino's Pizza bestellt): Ich falle. In der U-Bahn.

Oder zumindest beginne ich zu fallen. Meine Füße verlieren die Bodenhaftung. Ich kneife die Augen zu und bereite mich schon mal darauf vor, mich zehntausendmal bei demjenigen zu entschuldigen, auf dessen Schoß ich gleich landen werde, als ich stattdessen nach hinten gegen eine starke Brust kippe und spüre, wie sich ebenjener Bizeps, den ich gerade angestarrt habe, um meine Taille legt und mich festhält.

Ein Moment vergeht. Alle um uns herum beginnen zu murmeln und sich wieder in Ordnung zu bringen. Doch Oliver und ich halten regungslos inne. Er hat mich immer noch fest im Griff, und ich klammere mich instinktiv an seinen Unterarm.

»Alles okay?«

Ich schlucke schwer. »Ja.« Er stellt mich wieder auf meine Füße und mustert mich von oben bis unten. Komischerweise kann ich ihm nicht in die Augen sehen. »Danke.«

Die Bahn fährt wieder los, und ich greife schnell nach der Haltestange, bevor sie zu schnell wird, aber Oliver steht immer noch direkt neben mir. Wir sind uns nahe. So nahe, dass ich die Wärme seiner Brust an meinem nackten Arm spüren kann. Aber ich weiß nicht, ob es unabsichtlich ist oder ob wir schon wieder einen Wettkampf führen, bei dem der eine wartet, bis sich der andere zuerst bewegt.

Nun. Ich werde jedenfalls nicht verlieren, ganz egal, wie merkwürdig und absurd die Situation auch ist. Im Gegenteil. Ich lehne mich noch näher zu ihm. Und Oliver weicht nicht zurück.

»Ihr zwei seid ein süßes Paar«, sagt die ältere Dame, die vor uns sitzt.

Ich bin so abgelenkt vom Duft von Olivers Shampoo, dass ich nicht schnell genug reagiere. Stattdessen erwidert Oliver: »Danke. Wenn ich sie doch nur dazu bringen könnte, mich nicht ständig zu betrügen.«

Ich schnaube entrüstet, während der Dame die Kinnlade herunterklappt.

»Oh, unsere Haltestelle«, sagt Oliver und zieht mich am Arm aus der Bahn.

»Hey!«, protestiere ich und lehne mich zu der Dame. »Ich habe ihn überhaupt nicht betrogen!«

Die Türen schließen sich bereits, aber jetzt starrt mich die Hälfte aller Passagiere an, als wäre mir eine dritte Hand gewachsen. Ich befreie mich aus Olivers Griff.

»Wofür war *das* denn?«

»Karma für Stephs Vermieter.«

Er grinst – und zwar frech und breit. Bestimmt war er ein wirklich süßes Kind.

»Na schön«, sage ich und werfe mein Haar über die Schultern. »Aber fürs Protokoll: Ich habe dich mit Tom Holland betrogen.«

»Dann werde ich ab jetzt jedes Mal eine einzige Träne vergießen, wenn ich ein *Spider Man*-Plakat sehe.«

Und innerhalb weniger Minuten sind wir dort, wo ich mich frühestens in fünf Jahren gesehen habe. Vielleicht vier mit ein wenig Glück: im Backstage-Bereich der Carnegie Hall. Nachdem wir durch die Security gegangen sind, gehen wir durch eine Seitentür, die in einen schmalen Gang parallel zum Theater führt. Wir gehen immer weiter, bis wir uns in einem Aufenthaltsraum wiederfinden.

Staunend beobachtet Oliver das organisierte Chaos der Bühnenhelfer und Crew-Mitglieder, die an uns vorbeiflitzen. Seine Augen folgen der Ausstattung, den mit Leuchtstiften markierten Klemmbrettern und Assistenten, die in ihre Headsets murmeln. Mein Blick bleibt starr auf die Tür gerichtet, die hinaus auf die Bühne führt.

Kurz stehen wir einfach nur da und staunen, in einer

Welt, in der wir wissen, was wir bereits sind, und noch nicht wissen, was wir mal sein werden. Gleichzeitig hauchen wir beide ein *Wow*.

Überrascht sehen wir einander an, und ich frage mich, ob er sich auch in die Vergangenheit zurückversetzt fühlt – damals vor drei Jahren. Fast auf den Tag.

Ich hatte gerade die Junior High beendet, war gerade meine Zahnspange losgeworden – und das Wichtigste: Ich hatte gerade meinen Dad überredet, mir die Haare färben zu dürfen. Nach »Little Jo« hatte es ein ganzes Jahr gedauert, ihn davon zu überzeugen, und das Timing hätte nicht perfekter sein können. In jenem Sommer durften die Neulinge zum Schnuppertag an die Cornelia kommen, um herauszufinden, wo ihre jeweiligen Vorlieben lagen. Wenn ich nun in der Theaterabteilung auftauchte, würde mich niemand von dem Video erkennen, das mir bei jedem Vorsingen in der Stadt so viel Häme bescherte.

Ich erinnere mich noch genau daran, was ich damals anhatte, denn ich steckte mitten in meiner Hippie-Phase, und Heather hatte mir vorzeitig zum Geburtstag eine Fransenweste geschenkt. Ich trug sie über einem schrillen Batikkleid, das ich mit einem breiten Stirnband und Heathers Boots kombinierte, und ich fühlte mich unbesiegbar. Brandneu. Mutig sogar.

So mutig, dass ich auf die Gruppe nervöser Neulinge, die vor dem Schultheater wartete, zuging und die Führung übernahm.

»Stellen wir uns doch der Reihe nach vor. Ich fange an. Ich bin Millie.«

Ich wandte mich dem Mädchen neben mir zu, das sich ebenfalls vorstellte. So ging es weiter, bis die Reihe an einen Jungen kam, der sich nicht vorstellen wollte. Stattdessen starrte er mich einfach an.

»Kennen wir uns von irgendwoher?«, fragte er.

Bei jedem anderen Jungen hätte es vermutlich wie ein dummer Anmachspruch geklungen, aber selbst in einer Gruppe wild zusammengewürfelter Theaternerds in unterschiedlichen Pubertätsstadien hatte er eine Selbstbeherrschung, die ihn von den anderen unterschied. Es war die Art, wie er mir unbefangen in die Augen sah, seine selbstbewusste Haltung, sogar die Art, wie er die Arme vor der Brust verschränkte. Als wüsste er bereits, wer er war, und als wäre er sich dessen so sicher, dass es ihm noch nie in den Sinn gekommen war, dass es anders sein könnte.

Das wollte ich auch. Es war das, was jede Millie-Version zu erreichen versuchte. Und so, wie er mich stirnrunzelnd ansah, war es leider offensichtlich, dass ich mich nicht einmal *annähernd* genug verändert hatte.

»Nope«, erwiderte ich schnell. »Und du bist?«

»Oliver.« Er verengte die Augen zu Schlitzen. »Hm.«

Ich biss die Zähne zusammen. »Schön, dich kennenzulernen«, sagte ich mit fester Stimme, bevor ich mich der Nächsten zuwandte.

Als die Lehrerin auftauchte, richtete ich ein Auge auf sie und eines auf diesen Oliver, als wäre er eine tickende Zeitbombe. Ich war nicht egozentrisch genug, um davon auszugehen, dass er mich von dem Video erkannt hatte, aber ich war paranoid genug. Bis ich ganz sichergehen konnte, musste ich so weit wie möglich auf Abstand zu ihm bleiben.

Damit war es allerdings schlagartig vorbei, als wir ins Theater hineingelassen wurden.

Die anderen folgten der Lehrerin, um die Garderobe und die Requisite zu besichtigen, aber ich trödelte, um mir alles genauer anzusehen – und Oliver auch. Für einen kurzen Moment standen wir da auf der Bühne, ich hatte den Blick ins Publikum gerichtet, Oliver bestaunte die Traversen über uns. Gleichzeitig hauchten wir beide ein *Wow*.

Unsere Blicke trafen sich. Ich grinste so breit, dass meine Wangen schmerzten, und er grinste zurück. Selbst da wusste ich schon, dass er das nicht oft tat. Dass ich Zeugin von etwas Seltenem wurde.

Das klingt so dumm, aber für einen kurzen Moment vergaß ich die Fransenweste, die neue Haarfarbe und die neuen glänzenden Zähne. Ich vergaß den ersten Eindruck, die Casting-Direktoren, die mir den Kopf tätschelten, die unüberwindbare Distanz, die noch zwischen mir und der Erfüllung meines Traums lag. Für einen kurzen Moment konnte ich es bereits sehen. Da draußen auf den leeren Publikumsrängen, im Glanz der Scheinwerfer, im verblassten Klebeband am Bühnenrand, das im Dunkeln leuchtete: Es war nicht nur ein Traum, sondern ein Versprechen. Ein Versprechen, das ich zu halten wusste.

Dann öffnete Oliver auf der Bühne vor all unseren zukünftigen Mitschülern sein großes dummes Mundwerk und rief: »Oh! Du bist das Mädchen von dem ›Astonishing‹-Video.«

Hätte er mich von der Bühne geschubst, hätte es weniger wehgetan. »Nein, bin ich nicht.«

Er nickte. »Doch. Du bist …«

»Pssst«, zischte ich und sprintete auf ihn zu.

»Little Jmmmf!«

So klingt »Little Jo«, wenn man einem fremden Jungen

den Mund zuhält, in dem verzweifelten Versuch, ihn zum Schweigen zu bringen, bevor er einem den gesamten Highschool-Ruf ruiniert. Und ja, vielleicht war das ein bisschen extrem. Aber erzähl das mal einem dreizehnjährigen Mädchen, das sich an den letzten Rest seiner kastanienbraun gefärbten Würde klammert.

Oliver riss sich von mir los, in seinem Gesicht pures Entsetzen. »Was zur *Hölle?*«

Genau in dem Moment steckte die Lehrerin, die gleichzeitig unsere zukünftige Sportlehrerin sein würde, den Kopf hinter der Seitenbühne hervor.

»Entschuldige bitte, junger Mann. Achte auf deinen Ausdruck«, schimpfte sie.

Oliver klappte die Kinnlade herunter, aber in dem Moment war ich zu sehr mit meinem eigenen Entsetzen beschäftigt, um darauf zu achten. »Aber natürlich«, stammelte er. »Ich habe nur …«

Doch die Lehrerin war bereits gegangen und ließ uns zurück mit einer Handvoll Klassenkameraden, die versuchten herauszufinden, was den Tumult verursacht hatte. Oliver wandte sich mir zu, und die erste Version seines finsteren Bühnenmeisterblicks war geboren – die zusammengepressten Lippen, die gerunzelte Stirn, der funkelnde Blick, der mir ab diesem Moment öfter gelten sollte, als ich zählen konnte.

»Was ist nur los mit dir?«, zischte er.

Ich warf einen Blick auf die anderen Schüler. »*Du* bist derjenige, der wegen der ›Little Jo‹-Sache den Mund aufgerissen hat.«

»Ich wusste nicht, dass es ein Verbrechen ist, jemanden aus dem Internet zu erkennen«, erwiderte er, machte vorsichtshalber einen Schritt rückwärts und wischte sich mit dem Ärmel über den Mund.

»Ich *will* aber nicht erkannt werden.«

Oliver blickte ungläubig drein. »Glaubst du etwa, du bist ein Promi oder so?«

Nein. Ich glaubte überhaupt nichts – ich *wusste* gewisse Dinge. Ich wusste, dass man in der Musical-Ecke des Internets schon zu oft ein Meme aus mir gemacht hatte, mich zu oft in die Wange gekniffen und sich zu oft über mich lustig gemacht hatte. Ich wusste, dass es über mich auf einer Seite für Theaternerds eine Twitter-Zusammenfassung gab. Ich wusste, dass ich dem niemals entkommen würde, wenn mir dieser Oliver es jetzt vermasselte.

Doch inzwischen hatte mich mal wieder eine meiner Millie-Launen fest im Griff, und sie ließ mir keinen Raum, mich zu erklären. Ich war wütend. Sehr wütend. Wütend auf dieses dumme Plappermaul mit seinem arroganten Selbstbewusstsein. Wütend darauf, wie er mich in dem Moment ansah. Als hätte ich gerade meine letzte Murmel verloren.

»Ganz genau. Ich will nicht, dass die Leute nach Autogrammen fragen«, erwiderte ich bissig. »Es ist so anstrengend zu versuchen, all meinen *Fans* aus dem Weg zu gehen.«

Doch ganz offensichtlich war Oliver immun gegen meinen Sarkasmus. »Moment mal, im Ernst?«

»Nein. Meine Güte«, sagte ich und machte eine übertriebene, ungläubige Geste. »*So* egozentrisch bin ich jetzt auch wieder nicht.«

»Nun, was auch immer du bist … Halt dich einfach von mir fern, okay?«

Meine Millie-Laune holte bereits zum Peitschenhieb aus, wie sie es immer zu tun pflegte. Als wäre eine große Welle von einer noch größeren verschluckt worden. Es entzog mir all meine Wut, kroch meine Kehle hinauf, brannte mir in den Augen. Oliver würde es später selbst sagen: *Du willst, dass alle dich mögen. Immer.*

Oliver merkte, dass ich gleich anfangen würde zu weinen, bevor ich es selbst merkte, denn er murmelte ein leises »Scheiße« und schien ein wenig seinen Schutzwall herunterzulassen. Aber es war bereits zu spät.

»Kein Problem«, presste ich hervor. Damals war ich noch nicht richtig an Retourkutschen gewöhnt, und Oliver war mein erster richtiger Widersacher. Deshalb war das alles, was ich sagte, bevor ich hinter der Bühne verschwand, den Flur in Richtung Ausgang hinabstapfte und ging.

Dies war die erste Begegnung, die die Basis für alle weiteren legte: Ich, die zu sehr drückte, und er, der zu fest zog. Eine unaufhaltsame Kraft. Ein unzerstörbares Konstrukt. Unsere Streitereien sind inzwischen so legendär, dass ich schon Gerüchte gehört habe, dass die Schüler in den Jahrgängen unter uns immer einen Sieger wählen und eine heimliche Strichliste führen.

Nur dass die Strichliste inzwischen nicht mehr geheim ist. Nun kämpfen wir Zahn um Zahn um ein Praktikum, und alles zählt. Normalerweise wendet immer einer irgendwann den Blick ab. So wissen wir, wer gewonnen und wer verloren hat – ohne dass es ein Schüler aus der Unterstufe in einer App auf seinem Smartphone notieren muss. Doch diesmal wendet keiner den Blick ab, und es fühlt sich an, als wäre es ein Übergang von den Kindern, die wir mal waren, und den Menschen, die wir jetzt sind. Wie das

Ende eines Kapitels. Als würde sich das Universum selbst zusammennähen, nachdem wir die letzten Jahre damit zugebracht haben, es auseinanderzureißen. Ein stilles Ende.

Eine zweite Chance.

Zum ersten Mal spüre ich so etwas wie Reue wegen des Praktikums. Es ist unumgänglich, dass wir es irgendwann wieder vermasseln – und ich kann es nicht gebrauchen, dass auch nur eine meiner Millie-Launen weiß, dass es dann viel schlimmer sein wird.

Kapitel 11

Ich traue mich nicht zu blinzeln, denn ich will keinen einzigen Moment verpassen, während ich von der Bühne aus das Ausmaß der Carnegie Hall betrachte. Ich bin schon mal hier gewesen, an Weihnachten vor zwei Jahren, ganz oben auf den höchsten Balkonen, um The New York Pops zu sehen. Aber nichts kann einen darauf vorbereiten, wie enorm der Saal ist – die beeindruckende goldene Decke, die unendlich vielen schillernden Lichter, die Höhe der Zuschauertribüne. Es fühlt sich an, als könnte man einen Ton singen, und sein Echo würde bis in alle Ewigkeit durch den Raum schallen. Als würde die gesamte Halle pulsieren, weil sich die Musik über all die Jahre in den Wänden niedergelassen hat.

»Okay, das Saundra-Double hier rüber.«

Ich gehe hinüber zu der Stelle, auf die die Dame gedeutet hat, und bestaune immer noch meine Umgebung, während sie mit einer Handbewegung andeutet, dass sie an meinem Kleid ein Ansteckmikrofon befestigen will. Ich hebe die Arme, damit sie ihre Arbeit verrichten kann.

»Und das Phil-Double da rüber«, sagt jemand anderes.

»Moment mal, nein«, sagt Oliver und weicht dem Crew-Mitglied aus. »Wir sind nur die Doubles. Wir brauchen keine Mikrofone.«

»Wir müssen nur hineinsprechen, damit sie den Sound checken können«, erkläre ich.

Oliver führt an der Highschool zwischen Cast und Crew ein strenges Regiment. Er wird doch bestimmt wissen, dass das zum Prozess dazugehört. Aber Oliver ist schon immer bühnenscheu gewesen und weigert sich inständig, vor der Show eine Rede zu halten. Das überlässt er lieber den anderen.

Doch dann wendet sich das Crew-Mitglied, das mit Oliver beschäftigt ist, mir zu. »Was? Nein. Ihr müsst singen.«

Wenn ein Herz sabbern könnte, würde es meines gerade tun. »Wirklich?«, frage ich, denn ich habe beinahe das Gefühl, dass uns hier jemand einen Streich spielt.

Oliver andererseits wird so blass, dass vermutlich sein Blut einfach aus seinem Körper verdampft ist. »Ganz sicher nicht.«

Das Crew-Mitglied sieht Oliver so genervt an, dass mir klar wird, dass es sich nicht um einen Scherz handelt.

»Was denn singen?«, frage ich und zerre mein Haar unter dem Mikrofonkabel hervor. Aber ganz ehrlich, sie könnten sogar von mir verlangen, meine Sozialversicherungsnummer zu rappen, und ich würde nicht mal mit der Wimper zucken.

»Lay All Your Love on Me«, sagt die Technikerin, die mir das Mikro angelegt hat.

Ich schnappe nach Luft. Oliver entweicht ein schrilles Lachen.

Der Kerl von der Crew stößt genervt die Luft aus. »Es ist eine Technikprobe. Wir müssen sicherstellen, dass der Sound gut ist, ansonsten …«

»Das werde ich auf keinen Fall machen. Nope.«

Der Technik-Typ seufzt. »Hör mal, Junge. Wir haben

einen sehr engen Zeitplan. Ihr müsst ja keinen Tony-Award gewinnen. Sing einfach.«

»Das ist aber nicht unsere Aufgabe!«, protestiert Oliver. »Sucht euch einen anderen.«

»Es *gibt* aber keinen anderen.«

»Ich mache es.«

Vier Augenpaare richten sich auf Baron Levait, der wie immer so attraktiv ist, dass selbst die Pianistin innehält und den Kopf dreht. Scheinbar aus dem Nichts betritt er die Bühne. Als hätte sich der Himmel geöffnet und ihn zu uns herabgesandt.

»Hey, Millie«, sagt er und nickt mir zu. »Was meinst du? Gestern Abend war die letzte Vorstellung, aber ich glaube, ich kann mich noch an den Text erinnern.«

Er unterstreicht das Gesagte mit einem Zwinkern. Ich glaube, ich bin tot. Bestimmt habe ich mir in der U-Bahn so heftig den Kopf gestoßen, als ich gefallen bin, dass ich gestorben bin. Und jetzt bin ich im Himmel. Dorthin kommt man also, wenn man vor aller Augen im Einser-Zug ins Gras beißt.

»Sie ist dabei«, antwortet Oliver für mich.

Der Bühnenhelfer erklärt mir kurz das Arrangement, damit uns der Lichttechniker folgen kann. »Muss gar nichts Weltbewegendes sein«, sagt die Dame von der Crew, die mir das Mikro angelegt hat, doch Baron schenkt mir über ihren Kopf hinweg ein Lächeln, während er ebenfalls mit einem Mikrofon ausgestattet wird.

Dann fängt die Pianistin an zu spielen, und plötzlich sind wir nicht länger Baron und Millie, sondern Sky und Sophie. Spielerisch und frech schreiten wir über die Bühne, als würden wir ein Katz-und-Maus-Spiel spielen. Die erste Strophe singt Baron. Er gibt den Ton an, umkreist mich auf der Bühne, bevor er auf Knien auf mich zurutscht und »And all I've learned has overturned, I beg of you …« singt.

Ich zögere keine Sekunde, hebe meinen Stiefel und tue, als würde ich ihn zurückstoßen. Er tut, als hätte ich ihn getroffen, und ich werfe in dem Moment das Haar zurück und gehe von ihm weg, als der Refrain einsetzt. Inzwischen sind wir so in unseren Rollen, dass ich gar nicht mehr das Gefühl habe, einen fiktiven Charakter zu spielen. Ich habe noch nie in einem Theater mit einem so klaren Sound gearbeitet. Oder mit einem so erfahrenen Schauspielkollegen. Ich bin voll drin. So drin bin ich eigentlich immer erst so kurz vor der ersten Show, dass es vielmehr eine Erleichterung ist als alles andere.

Es ist, als habe man sein ganzes Leben lang Haferbrei zum Frühstück gegessen und bekäme nun seinen ersten Bagel mit Ei und Käse. Als würde man in Coney Island aus der Q-Linie steigen und aufs offene Meer starren, nachdem man monatelang von Wolkenkratzern umgeben war. Die Sachen, die ich bisher gemacht habe, waren *gut*, aber da draußen gibt es noch eine ganz andere Welt. Eine Welt mit dem Potenzial, *großartig* zu sein.

Wir beenden den Song einander zugewandt auf der Mitte der Bühne. Das Klavier verstummt, und da ist kein Applaus, kein Tusch. Es ist nur eine Technikprobe – aber ich brauche nichts davon. Denn Baron Levait grinst mich an, hebt die Hand zu einem High five und sagt: »Verdammt, Mädchen. Du wirst die Szene im Sturm erobern.«

Ich habe keine Ahnung, wie ich von der Bühne gekommen bin. Ob ich gegangen oder geschwebt bin. Oder ob ich von einem Assistenten heruntergeschoben wurde. Ich bin immer noch wie im Nebel, als hätte mir jemand Traumstaub in die Augen gepustet, und jetzt ist die reale Welt etwas, das für mich nicht mehr gilt. Ich komme erst zurück in die Realität, als ich Oliver in die Augen sehe und in ihnen etwas erkenne, das mich innehalten lässt.

Es ist keine Bewunderung oder Überraschung oder sonst etwas, das man sehen will, wenn man von der Bühne kommt. Doch es ist sogar noch besser. Es ist Vertrautheit. Sogar Belustigung. Als wäre es nichts, was er nicht sowieso erwartet hätte.

»Heilige *Scheiße*«, flüstere ich. Meine Haut kribbelt. »Ich fasse nicht, dass ich das gerade getan habe.«

Oliver lacht. »Ich schon.«

Ich eile auf ihn zu, größtenteils, weil mein Körper voller Adrenalin ist. Er macht ebenfalls ein paar Schritte auf mich zu, und kurz denke ich, ich würde ihn umarmen. Doch dann stellt sich ein Crew-Mitglied zwischen uns, und wir bleiben beide merkwürdig stehen. Ich strahle, als hätte ich die Sonne verschluckt, während Oliver einfach lächelt.

»Ich wünschte nur …«

Mein Dad hätte es gesehen, sage ich fast. Ich brauche kein Video, um mich an das Gefühl zu erinnern, aber ich wünschte, ich hätte eins, um es ihm zu schicken. Ich werfe einen Blick auf mein Handy und überlege, ihm wenigstens zu schreiben, sobald ich die Zeit finde. Da entdecke ich zwei verpasste Anrufe von einer unbekannten Nummer.

Dann beginnt Olivers Smartphone in seiner Hand zu vibrieren. »Georgie sagt, wir sollen Mittagspause machen.«

»Oh.« Plötzlich habe ich solch einen Bärenhunger, dass

ich locker einen von diesen Blechkuchen verdrücken könnte. »Sollen wir zu Big League Burger?«

Oliver legt den Kopf schief. Fast fange ich an zu lachen, um so zu tun, als hätte ich einen Witz gemacht. Doch dann zuckt er mit den Schultern. »Okay.«

Ein paar Minuten später sitzen wir an einem Fensterplatz eines BLB. Während ich zwischen Grilled Cheese und einem Berg Fritten hin und her springe, hat sich Oliver für einen Cheeseburger und einen Beilagensalat entschieden. Wir könnten ein wenig Small Talk machen, aber das erscheint mir nach dem bisherigen Tag zu langweilig. Also mache ich das, was wir nun mal am besten können: sofort zur Sache kommen.

»Warum hast du so Angst vor dem Rampenlicht?«

Oliver schnaubt. »Ich habe keine Angst.«

Er sagt es nicht abwehrend, sondern eher herablassend, also beschließe ich, ihm zu glauben.

»Und was dann? Ich meine, du hast kein Problem mit Menschenmassen. Und du bist heiß.«

Oliver verschluckt sich beinahe an einem Salatblatt.

»Was denn?«

Sein Gesichtsausdruck bleibt neutral, aber mir entgeht nicht das Blinzeln.

»Du hast mich gerade heiß genannt.«

Ich funkle ihn böse an. »Das ist eine objektive Tatsache. Also? Woran liegt es?«

Er räuspert sich. Anscheinend muss er sich immer noch von meinem Kompliment erholen. »Ich bin einfach … Ich mag es nicht zu singen. Und ich bin ein schlechter Schauspieler«, erklärt er. »Ich habe noch nie einen Sinn darin gesehen, Dinge zu tun, in denen ich schlecht bin.«

Ich betrachte unser Spiegelbild in der Scheibe, damit ich ihn nicht direkt ansehen muss. Es ist komisch, etwas mit Oliver gemeinsam zu haben. Aber ich nehme an, es ist das Einzige, was wir immer gemeinsam haben werden – wir haben beide hohe Ansprüche und geben uns mit nichts Geringerem zufrieden.

»Wie kann es sein, dass jemand nicht gern singt?« Ich rümpfe die Nase. »Das ist ja wie … als würdest du sagen, du isst nicht gern. Oder atmest nicht gern.«

Er schnaubt. »Für dich vielleicht.«

»Außerdem hast du Brüder, die in einer Band spielen«, sage ich und widme mich der zweiten Hälfte meines Grilled Cheese. »Wie passt das denn zusammen?«

Oliver stöhnt. »Ich wusste, dass du nicht lockerlassen würdest.«

»Offensichtlich nicht. Und wenn du mir nicht ihren Namen verrätst, schreibe ich meinem Freund Teddy. Der findet ihn wahrscheinlich innerhalb von dreißig Sekunden heraus.«

»Und warum hast du ihm dann nicht längst geschrieben?«

Ich wende mich ihm mit meinem ganzen Körper zu. »Weil ich dir dann nicht so auf die Nerven gehen könnte.«

»Ha ha«, erwidert Oliver trocken. Aber ich merke, dass ich ihn geknackt habe, als er sich innerlich wappnet und leise sagt: »Sie nennen sich The Four Suns.«

»Sons wie Söhne? Oder Suns wie Sonne?«

Olivers Kiefermuskeln entspannen sich ein wenig. »Irgendwie beides«, erwidert er, zufrieden, dass ich gefragt habe. »Unser jüngster Bruder hat einen Aufsatz darüber geschrieben, dass unsere Mom eigentlich eine Tochter wollte und stattdessen ›vier Söhne‹ bekommen hat. Aber er hat ›Sonnen‹ geschrieben. Meine Eltern fanden es so lustig, dass der Witz irgendwie hängen geblieben ist. Jedenfalls besser als Power Yangers, was aus irgendeinem Grund auch zur Wahl stand.«

Mir entweicht ein Schnauben. »Ja. Gerade noch mal gut gegangen.« Unsere Blicke treffen sich, und wir grinsen beide. »Aber The Four Suns … Das gefällt mir.«

Kurz hält er meinem Blick noch stand, bevor wir schnell herunter auf unsere Teller sehen. »Ich werde sie wissen lassen, dass du einverstanden bist.«

Ich schiebe mir noch mehr Pommes in den Mund, und weil ich meine Essgewohnheiten von Heather geerbt habe, sage ich: »Drei Brüder. Kein Wunder, dass du im Chaos so aufblühst. Der wievielte bist du denn?«

Oliver schluckt zuerst, bevor er antwortet, denn im Gegensatz zu mir ist er kein Monster. »Der Dritte. Zuerst Hunter, dann David, dann ich, dann Elliot.«

»Nett von ihnen, dass sie dich im Bandnamen berücksichtigt haben, obwohl du Lampenfieber hast.«

»Ich habe kein …« Oliver winkt ab. »Ich bin trotzdem ziemlich involviert.«

»Spielst du die Triangel?«

Olivers Gabel schwebt über seiner Schüssel. »Ich bin ihr Manager. Zumindest für jetzt.«

»Wie jetzt? Zu sehr damit beschäftigt, die ganze Theaterabteilung und den Club für Straßensicherheit zu schmeißen?« Den hat Oliver ins Leben gerufen, und wahrscheinlich wäre er das einzige Mitglied, wenn die Schülerinnen aus der Unterstufe keine Ausrede bräuchten, um sich mit ihm zu unterhalten.

»Nein, das ist es nicht. Es ist nur so … Sie sind gut.« Diesmal sieht er mich nicht nur an, sondern dreht sich mit dem ganzen Körper zu mir, als wollte er, dass ich es auch wirklich verstehe. »Sie haben erst vor etwa einem Jahr angefangen, aber in der Stadt sind sie schon relativ bekannt, und sie nehmen gerade ihr erstes Demo auf. Die Leute kommen jetzt auf sie zu.«

»Oh. Scheiße«, sage ich vorsichtig – für mich ein völlig unbekanntes Terrain, denn normalerweise ist es mein Ziel, Oliver auf die Nerven zu gehen. »Und du … willst das nicht für sie?«

Oliver runzelt die Stirn. »Ich meine … ich will, dass sie Erfolg haben. Aber ich bin nicht einverstanden mit den Visionen der anderen Manager. Sie wollen sie auf bestimmte Weise vermarkten, diese ganze erfundene Geschichte stricken … Hunter, der stille mysteriöse Typ, David, der Punk-Rebell, und Elliot als ausgekotzter Disney-Channel-Wannabe. Und ich finde, sie sollten sich einfach an das halten, was sie schon sind.«

Ich stütze den Ellbogen auf den Tisch und das Kinn in die Handfläche. Es macht Spaß zu beobachten, wie sich Oliver in etwas hineinsteigert, selbst wenn ich nicht der Grund dafür bin. »Und das wäre?«

»Einfach … sie selbst.« Er zupft an seiner Pappschale herum und reißt sie ein wenig ein. »Und keine Rolle spielen wie die chinesischen Jonas Brothers.«

»Aber was ist denn ›ihr Ding‹?«

Oliver lehnt sich zurück und lächelt ein wenig. »Ganz ehrlich? Sie sind alle Streber.«

»Deine Brüder? Streber?«

Oliver verdreht wie immer die Augen. »Aber ich glaube, genau darum geht es. Die Leute mögen sie. Sie sind seltsam und lustig und echt. Und Hunter stimmt mir zu. Aber ich glaube, die anderen sind so aus dem Häuschen, weil sie gesehen werden, dass sie eher kurzfristig denken, wie unter Vertrag genommen zu werden und an Bekanntheit zu gewinnen, statt langfristig. Wie die Band auftreten müsste, wenn sie nicht das Originalkonzept beibehalten.«

Fast will ich nicht fragen. Ich weiß schon, wie die Antwort ausfallen wird und dass ich mir dann vorkomme wie ein Arsch. »Willst du dieses Praktikum deshalb so dringend?«, frage ich trotzdem. »Damit du sie managen kannst?«

»Nun, das auch, ja.« Er sieht immer noch aus dem Fenster, vollkommen regungslos. »Ich will einfach … Ich will uns zusammenhalten. Es ist eh schon alles so komisch. Mit der Scheidung und so. Jedes Wochenende werden wir hin und her geschoben. Aber wir sind immer zusammen. Und ich will, dass es so bleibt.«

Als er mich wieder ansieht, liegt etwas Unsicheres in seinem Gesichtsausdruck, und mir wird bewusst, dass ich ebenfalls verunsichert dreinblicken muss. So haben wir uns noch nie unterhalten. Und es ist nicht so, als hätte einer von uns etwas dagegen. Es ist nur so, dass es jetzt keinen natürlichen Rhythmus mehr gibt, dem wir folgen können.

»Das ergibt Sinn«, erwidere ich und halte das Gespräch am Laufen. »Aber eines verstehe ich trotzdem nicht. Alle in deiner Familie sind in einer Band, und du bist der Einzige, der Theater liebt?«

Oliver greift über den Tisch, schnappt sich eine von meinen Pommes und tunkt sie in das Ketchup neben seinem Burger. »Nicht der Einzige. Meine Mom hat das Theater auch schon immer geliebt.«

Ich richte mich auf meinem Stuhl auf. Ich habe Olivers Mom schon immer gemocht – oder zumindest das, was ich von ihr kenne. Sie bringt uns immer Süßigkeiten für die Pausen mit und macht heimlich Videos von unseren Aufführungen, die tatsächlich brauchbar sind – im Gegensatz zu den Videos meines Dads, der den halben Daumen über die Kamera hält. Aber mehr weiß ich eigentlich nicht über sie, denn es ist ziemlich schwierig, jemanden kennenzulernen, wenn man immer damit beschäftigt ist, dessen Sohn mit Todesblicken zu strafen.

»Spielt sie auch Theater?«

»Früher mal. Auf dem College hat sie es als Nebenfach belegt und semiprofessionell gespielt. Sogar noch nach unserer Geburt. Früher dröhnten immer irgendwelche Soundtracks durchs ganze Haus. Vor allem, bevor ihr Agent sie irgendwohin schickte.«

Ich spüre einen Stich im Herzen und frage mich, wie das wohl sein muss: mit der eigenen Mutter Musical-Soundtracks zu hören. Es ist ein Schmerz, mit dem ich nicht vertraut bin, aber ich schätze, ich bin es auch nicht gewohnt, meiner Mom plötzlich verschiedene Gesichter geben zu können.

»Das war bestimmt schön«, sage ich schnell und gebiete meinem Gehirn Einhalt, bevor es sich noch etwas zusammenspinnen kann.

»Ja, war es«, erwidert Oliver. »Auch wenn das Dialoge-Üben mit meinem sechsjährigen Ich für ihre Karriere nicht unbedingt, ähm, förderlich war.«

Da muss irgendwas im Ketchup sein, denn ich kann

mich nicht daran erinnern, dass Oliver jemals so offen zu mir gewesen ist. »Das habt ihr gemacht?«

Oliver versucht, sich das Grinsen zu verkneifen, und wendet den Blick ab, als hätte er Angst, ich könnte ebenfalls lächeln. Aber er muss trotzdem grinsen, und als er mich wieder ansieht und meinen erwartungsvollen Blick sieht, lehnt er sich seufzend zurück.

»Ich konnte schneller lesen als David und hielt damit auch nicht hinterm Berg. Irgendwo in den Yang-Katakomben mit Erpressungsvideos befindet sich ein Video von mir, wie ich den Text von ›Love Song‹ trällere, um mich für ein Off-Broadway-Vorsingen für *Pippin* vorzubereiten.« Er sieht mich mit hochgezogenen Augenbrauen an. »Sie hat die Rolle bekommen. Ich nicht.«

»Hach. Du hättest einen süßen kleinen Pippin abgegeben.« Ich räche mich für die geklaute Pommes, indem ich einen Crouton von seinem Salat klaue. »Ich frage mich, warum sie damit aufgehört hat.«

»Ja. Das habe ich mich auch lange gefragt.«

Er starrt auf den Rest seines Burgers und schweigt kurz, als würde er in Erinnerungen schwelgen, obwohl er es eigentlich nicht will. Ich rechne fest damit, dass er sich gleich räuspert und das Thema wechselt, vielleicht mit unseren üblichen Reibereien fortfährt, doch stattdessen zieht er die Stirn kraus.

»Größtenteils lag es daran, dass andere Dinge dazwischengekommen sind. Sie ist in der Chor-Szene ziemlich aktiv. Und sie hat uns vier bekommen. Und irgendwann hat die Band den ersten Platz eingenommen. Aber ich glaube, es lag vor allem an der Branche an sich.« Er drückt seine Gabel in die Schüssel und hinterlässt kleine Abdrücke in der Pappe. »Manchmal war sie ziemlich frustriert, weil einige der großen Casting-Direktoren sie nicht für Rollen in Betracht zogen, die nicht von vornherein für Asiatinnen gedacht waren.«

»Moment mal, ernsthaft?«, frage ich. Wir hatten an der Cornelia Vorlesungen über Theatergeschichte, in denen es um Rassismus in früheren Broadwayshows und die darauffolgenden Probleme beim Casting ging, aber ich dachte immer, es wäre genau das – Geschichte. Etwas, das wir lernen, damit es nicht noch mal passiert. Und vor allem jetzt nicht mehr.

Oliver zuckt mit den Schultern. »Ihr wurden Rollen angeboten, aber keine, für die sie sich beworben hatte. Die Leute in der Industrie behaupten immer, alles sei so tolerant, aber das stimmt nicht.«

Ich denke an die Liste mit meinen Traumrollen. Jeden Abend gehe ich sie im Kopf durch, sodass es inzwischen wie Schafe zählen geworden ist. Die Frage war immer, ob ich talentiert genug bin oder nicht, um sie zu spielen. Ich musste mir noch nie die Frage stellen, ob es auch noch andere Faktoren gibt, die mir in die Quere kommen könnten.

»Das ist so unfair.«

Oliver nickt. »Ja. Ich meine, es hat sich viel getan am Broadway. Aber in einigen Bereichen besteht immer noch Nachholbedarf.« Er starrt hinaus auf die Straße, als hätte die Unterhaltung nun zu ihrem Ende gefunden, doch dann atmet er tief ein. Als hätte er mir schon so viel erzählt, dass er mir den Rest jetzt auch noch sagen kann. »Und ich weiß, dass so etwas meinen Brüdern auch passieren könnte. Ich glaube, deshalb war meine Mom schon immer damit einverstanden, dass ich sie manage. Ich glaube, das ist der Grund, warum sie mir das alles überhaupt erzählt hat. Ich weiß nicht mal, ob sie es meinen Brüdern erzählt hat.«

Ich bezweifle nicht, dass das einer der Gründe ist, aber ich glaube, es steckt noch mehr dahinter. Oliver hatte schon immer eine besondere Art an sich – mit ihm kann man sich gut unterhalten, man kann ihm vertrauen. Deshalb hat ihm Mrs Cooke schon immer alle Interna der Kunstabteilung anvertraut. Deshalb kommen alle Neulinge zu ihm, wenn es Probleme gibt. Er sagt den Leuten nicht nur, was sie zu tun haben – er macht ihre Probleme auch zu seinen eigenen.

Ich glaube, bisher waren wir zu sehr damit beschäftigt, dem jeweils anderen Probleme zu bereiten, um es wirklich wertzuschätzen. Aber zu erfahren, dass er mit seiner eigenen Familie auch so umgeht, überrascht mich kein bisschen.

»Und was macht deine Mom jetzt?«, frage ich.

Oliver blinzelt. Anscheinend habe ich ihn gerade aus seinen Gedanken gerissen. »Irgendwann war sie so in den Midtown Chorus involviert, dass sie nur noch das gemacht hat.«

Ich schiebe mein Tablett beiseite und lehne mich so schnell nach vorn, dass jeder, der mich nicht kennt, erschrecken würde. »Deine Mom ist im Midtown Chorus?«

Ich habe mit Chören nicht sonderlich viel am Hut, aber der Midtown Chorus ist legendär. Jedes Jahr geben sie für drei Monate jedes Wochenende eine Vorstellung, aber die Tickets sind immer so schnell vergriffen, dass ich noch nie eins ergattern konnte. Die Arrangements sind so präzise und die Solos so atemberaubend, dass man Gänsehaut bekommt – und das sogar ohne Bühnenbeleuchtung und Nebelmaschine.

»Moment mal«, hake ich nach. »Ist deine Mom auf *Spotify?*«

Oliver kann nicht mal so tun, als wäre er von mir genervt, und versucht, sich ein stolzes Grinsen zu verkneifen. Dann zieht er mein Tablett zurück, bevor mein Grilled Cheese noch auf dem Fußboden landet.

»Wahrscheinlich. Sie gehört jetzt zu den Ko-Vorsitzenden. Und sie liebt es. Sie ist viel international auf Reisen und tritt in den coolsten Locations auf. Sie hat uns immer eingeladen, backstage zu kommen, und ich … Es hat mich einfach jedes Mal umgehauen. Wie viel Aufwand hinter den Shows steckt. Meine Brüder wollten immer mit unserem Dad in der ersten Reihe sitzen, aber ich wollte immer von der Seitenbühne zusehen.«

Ich höre ein wenig von der Faszination in seiner Stimme, die ich auch vorhin in der Carnegie Hall gehört habe. Ich erinnere mich noch daran, als ich sie an der Cornelia zum ersten Mal gehört habe. Doch diesmal erkenne ich darin nicht nur Oliver wieder, sondern auch mich selbst. So klingt man, wenn man etwas über alles liebt und es dennoch nie in Worte fassen kann, ganz egal, wie sehr man es auch versucht.

»Hm. Das ist also deine Geschichte«, sinniere ich und tunke eine weitere Pommes in sein Ketchup. »Wie das mit der Bühnenmanager-Sache angefangen hat.«

Oliver hat die ganze Zeit aus dem Fenster gestarrt, deshalb bin ich nicht vorbereitet, als er sich mir zuwendet und die volle Wucht seiner Leidenschaft an mich gerichtet ist.

Er ist jetzt lockerer, hat seinen Schutzwall ein wenig heruntergelassen. Er ist ein bisschen weniger Oliver der Widersacher und ein bisschen mehr der Oliver, den ich kennengelernt habe.

»Ich weiß, dass die Leute nicht gern an die Arbeit im Backstage-Bereich denken, weil es dem Ganzen ein wenig den Zauber nimmt. Aber mir hat dieser Teil schon immer am besten gefallen«, sagt er. »Das Endergebnis zu sehen und zu wissen, wer und was daran beteiligt war.«

Erst als er fertig erzählt hat, scheint ihm in den Sinn zu kommen, dass ich es gegen ihn verwenden könnte – so, wie wir es bisher immer getan haben, sobald wir etwas vom jeweils anderen erfahren haben. Er versteift sich kaum merklich. Aber ich verstehe ihn voll und ganz. Der Rausch, wenn die Scheinwerfer angehen und man endlich das zu sehen bekommt, woran man so viele Wochen gearbeitet hat. Wir stehen zwar auf unterschiedlichen Seiten der Bühne, wenn es so weit ist, doch jetzt da ich ihn so ansehe, weiß ich, dass wir genau dasselbe Gefühl von Magie empfinden. Dass wir es schon die ganze Zeit empfunden haben.

»Ich wette, die Arbeit macht noch viel mehr Spaß, wenn das Budget nicht davon abhängt, wie viele Cupcakes in der Pause gekauft werden«, sage ich.

Oliver entspannt sich ein wenig und fängt an zu lachen. »Ja. Allein für ein paar Minuten in der Carnegie Hall zu stehen war schon ziemlich abgefahren.« Er blickt aus dem Fenster und in die Richtung, aus der wir eben gekommen sind. »Meine Mom wird ausflippen, wenn ich es ihr heute Abend erzähle.«

Ich schenke ihm ein schiefes Lächeln. »Das muss schön

sein«, sage ich und rühre mein Getränk mit meinem Strohhalm um. »Ich bin ziemlich sicher, mein Dad hat die Carnegie Hall für eine Spielhalle gehalten, bevor ich ihn aufgeklärt habe.«

»Ja.« Oliver schweigt einen Moment lang. Reflektiert. »Ich meine … ich weiß, dass deine Situation anders ist. Mit deiner Mom …«

Er hält inne, als wüsste er nicht, wie er den Satz beenden soll. Oder als würde er bereuen, es überhaupt angesprochen zu haben. Und ich muss sagen, dass es mich ein wenig überrascht, dass er es getan hat. Über gemeinsame Freunde wissen wir einiges voneinander, aber wir haben uns nie darüber unterhalten.

»Oh.« Ich schüttle den Kopf. »Na ja, ähm … eigentlich ist es gar keine Situation. Ich habe sie nie gekannt.«

»Das tut mir leid«, sagt er leise.

»Sie ist ja nicht gestorben oder irgendwas. Sie hat einfach, ähm … einen auf Dumbledore gemacht, mich vor der Tür meines Dads abgesetzt und ist abgehauen.«

Der Witz ist inzwischen abgenutzt, denn ich habe ihn schon tausendmal erzählt. Schon in jungen Jahren habe ich festgestellt, dass es zu unangenehmem Schweigen führt, wenn ich sage, dass mich meine Mom verlassen hat. Aber der Spruch macht es ein bisschen einfacher. Dann fühlen sich die anderen nicht so unwohl und können darüber lachen.

Doch Oliver lacht nicht. Er tut nicht mal das, was die meisten machen – und zwar mitfühlend zu lächeln. Er sieht mich einfach nur an. Als hätte er gehört, was ich gesagt habe, und auch, was ich nicht gesagt habe.

»Das wusste ich nicht«, sagt er nach einer Weile. Und

mittlerweile kenne ich ihn gut genug, um ebenfalls zu hören, was er nicht gesagt hat – dass er sich freut, es nun zu wissen. Dass er weiß, dass die Sache komplizierter ist, als sie nach außen scheint.

»Ich meine … ich habe meinen Dad. Und meine Tante. Wir sind ein gutes Team.« Ich nehme einen riesigen Bissen von meinem Grilled Cheese, um nicht aus Versehen irgendwelche Geheimnisse auszuplaudern.

Oliver nickt nachdenklich und gibt mir zu verstehen, dass das Thema hiermit beendet ist. Nach einem Moment schüttelt er den Kopf und blinzelt, als würde er versuchen, einen Gedanken abzuschütteln.

»Und … warum willst du das Praktikum?«

Ich kann es ihm nicht erklären, aber kurz hole ich Luft, als wäre ich drauf und dran, ihm die Wahrheit zu sagen. Und das Schlimme wäre nicht, es ihm zu sagen. Das Schlimme ist, dass es sein könnte, dass ich es ihm sagen *will.* Vielleicht wäre es sogar eine Erleichterung. Ich bin im Blindflug unterwegs, während Oliver einen konkreten Plan hat. Außerdem hat er mir gerade seine Geschichte anvertraut. Also sollte ich ihm auch meine anvertrauen.

Das Problem ist jedoch nicht, dass ich Oliver nicht vertraue. Das Problem ist, dass ich nicht weiß, ob ich mir selbst trauen kann.

»Vor allem, ähm … weil ich Erfahrung in der Branche sammeln will«, sage ich und starre auf meine restlichen Pommes. »Und das Geld. Ich brauche es fürs Precollege.«

Oliver schweigt für einen Moment, aber ich spüre, wie er mich beobachtet. »Das glaube ich dir nicht.«

Seine Worte klingen nicht verärgert. Eher neugierig. Was mich dazu bringt, ihn wieder anzusehen.

»Warum nicht?«, frage ich nun ebenfalls neugierig.

Wieder lächelt er dieses kleine Lächeln. »Du bist eine großartige Schauspielerin, Millie, aber eine ziemlich schlechte Lügnerin.«

»Ha!«, rufe ich und pflücke die Worte aus der Luft wie Bonbons aus einer Piñata. »Dann gibst du also zu, dass ich eine großartige Schauspielerin bin.«

Oliver verdreht die Augen und lehnt sich über den Tisch. »Das ist eine objektive Tatsache«, sagt er neckend.

Meine Ohren fangen an zu glühen. Ich dachte immer, es wäre unmöglich, von Oliver ein aufrichtiges Kompliment zu bekommen, doch jetzt da ich tatsächlich eins bekommen habe, weiß ich nicht, wie ich damit umgehen soll.

»Nun«, murmle ich, »so ist es aber nicht immer gewesen.«

Ich erwarte von Oliver keine Antwort. Ja, es klingt, als wollte ich noch mehr Komplimente, was total zu mir passen würde. Aber stattdessen nimmt er einen Schluck von seinem Getränk, das er am Automaten gezapft hat.

»Hör zu, ich weiß, dass du ziemlich sensibel bist, was diese ganze … ›Little Jo‹-Sache angeht.«

Diese Worte haben wir seit drei Jahren nicht mehr in den Mund genommen. Es überrascht mich, dass er sich überhaupt noch daran erinnert.

»Bin ich das?«, frage ich und hebe warnend die Augenbrauen.

Abwehrend hebt er die Hände. »Ich frage mich einfach, warum du danach nichts mehr gemacht hast. An der Schule bist du der Star, aber hast du noch mal irgendwas in der Stadt versucht?«

»Als Kind schon, aber jetzt muss ich warten, bis meine Zeit reif ist«, erwidere ich verteidigend. »Ich muss warten, bis sich auch noch der letzte Rest des Memes in Rauch aufgelöst hat.«

»Scheiß drauf«, sagt er. »Sei stolz auf das Meme.«

»Darauf stolz sein?«, schnaube ich. »Wie das denn?«

»Geh damit auf TikTok.« Ich halte es nur für dahergesagt, doch als ich eine Augenbraue hebe, wird Oliver noch beharrlicher. »Du bist nicht nur eine tolle Sängerin, Millie. Du bist auch witzig. Und du hast in den letzten Jahren so viele bizarre Verwandlungen durchgemacht, dass ich mir sicher bin, dass dein Kleiderschrank von Klamotten und Accessoires überquillt. Du könntest mit dem, was du schon hast, so viel machen.« Inzwischen hat er sich in Rage geredet, ist so voller Eifer, dass er mich gar nicht ansieht, sondern an mir vorbei, als würde er beobachten, wie alles zusammenkommt. »Dieses eine Semester, als du wie ein Emo rumgelaufen bist? Oder als du ausgesehen hast, als wärst du in der Leichtathletikmannschaft? Mach daraus fiktive Charaktere oder irgendwas. Lass sie in ihrem eigenen Stil singen. Mach daraus eine ganze Serie oder *Ratatouille: The Musical.* Dir steht alles offen.«

Es ist schon komisch. Immer wenn ich »das Kostüm« gewechselt habe, habe ich darauf gezählt, dass es den Leuten auffällt. Doch es war immer nur eine Ablenkung. Meine Art, mein wahres Ich zu verbergen.

Doch Oliver sind meine Verwandlungen nicht einfach nur aufgefallen. Er hat hinter die Fassade geblickt und den Menschen gesehen, der ich schon war, bevor wir uns kennengelernt haben. Und aus irgendeinem Grund jagt es mir nicht mal halb so viel Angst ein, wie es vielleicht sollte.

»Was denn?«, fragt er.

Mir wird bewusst, dass ich ihn die ganze Zeit angestarrt habe. Ich schüttle den Kopf. »Nichts«, sage ich. »Es ist nur … Du wirst mal einen hervorragenden Manager abgeben. Das ist alles.«

Er senkt den Blick auf sein Burger-Papier, dennoch entgeht mir nicht sein Grinsen. »Sag das lieber meinen Brüdern.«

»Klar. Nachdem ich sie gezwungen habe, das *Pippin*-Video rauszurücken, damit ich es der halben Schule per AirDrop schicken kann.«

Stöhnend schnappt sich Oliver unsere Körbe und sammelt den Müll ein. »Du bist echt fürchterlich.«

Ich springe auf und folge ihm zum Tresen. »Du liebst es doch.«

Oliver seufzt, was quasi einem Zugeständnis gleichkommt.

Kapitel 12

Auf der Liste von Dingen, die ich dieses Wochenende mit Teddy gefunden habe, steht unter anderem: ein Zettel mit einem Code darauf, um GeoPoints zu sammeln; ein glänzendes Stück Katzengold; ein Schlüsselanhänger mit dem Hintern eines Corgis und ein Haufen Energyriegel, von denen ich Teddy förmlich wegzerren musste, bevor er sich mehr als fünf davon nehmen konnte (schließlich existiert GeoTeen dank der Sponsorengelder).

Sonntagnachmittag schmerzen unsere Füße, wir haben beide einen leichten Sonnenbrand, und wir ruinieren uns das Abendessen, indem wir auf der High Line die Clif-Bars-Energyriegel verspeisen.

»Ich sollte jetzt besser los«, seufze ich. Ich glaube, wir haben genug Schritte zusammen, um Heathers Fitness-Tracker zu zerstören. Ich bin so hundemüde, dass ich mich glatt unter dem Tresen des Eiswagens hinter uns zusammenrollen und ein Nickerchen halten könnte. »Ich muss zu Farrahs Tanzkurs.«

»Ich glaube, ich setze mein Geld auf sie.«

»Und warum?«

Er zückt sein Smartphone und offenbart mir, dass es nicht nur eine LiveJournal-App gibt, sondern dass er sie sogar heruntergeladen hat.

Ich schnappe nach Luft. »Teddy, *nein.*«

»Teddy, ja«, sagt er, klickt sie an und öffnet die Seite

meines Dads. »Seit dem Smirnoff-Ice-Debakel gab es so gut wie keine Posts mehr. Was wir uns aber nicht angesehen haben, sind die Posts von davor. Posts vom Sommer.«

Ich rücke näher an ihn heran und blicke mit zusammengekniffenen Augen auf das Display, während er scrollt.

»Es sind nur ein paar. Hauptsächlich nerdiges Zeug. In einem schwärmt er von Beth, und hier ist einer, in dem er von einem Streit zwischen ihm und Steph schreibt, ob sie sich lieber eine Raubkopie von *Rent* oder einen Horrorfilm namens *Signs* ansehen sollen.«

»Das sind alles Fährten«, sage ich und deute ein Seufzen an.

»Aber Farrah erwähnt er nicht wirklich. Sie ist die meiste Zeit nicht in der Stadt, richtig?«, fragt Teddy. »Deshalb kommt von allen, die plötzlich mit einem Kind auftauchen könnten, am ehesten … sie infrage.«

Ich kaue auf meiner Unterlippe herum und versuche, mich an alles zu erinnern, was wir in den vorherigen Posts gelesen haben. »Ich schätze schon. Aber …«

Aber so vieles. Aber Steph und ich gehen gleichermaßen einer Leidenschaft nach, wie es kaum einer versteht. Aber mit Beth kann ich mich so locker unterhalten, als würden wir uns seit Jahren kennen. Aber Farrah hat verstanden, wo das Problem beim Tanzen liegt, bevor ich es überhaupt selbst in Worte fassen konnte.

»Ich weiß nicht«, beende ich den Satz schließlich, weil mir nichts Besseres einfällt.

Aber Teddy hat bereits das Handy gesenkt und lässt den Blick über den Park schweifen. »Hmmm.«

Ich richte mich auf und versuche, seinem Blick zu folgen. Die GeoTeen-Leute, die den Energyriegelvorrat überwacht haben, sind schon längst gegangen. Hier ist also niemand mehr außer den Touristen und der Skyline. »Wonach suchst du?«

Er wendet sich mir zu, das Handy ist vergessen. »Es wäre irgendwie komisch zu versuchen … einen GeoTeen zu geocachen, oder?«

Ich hebe eine Augenbraue. »Wäre das nicht Stalking?«

»Technisch gesehen, nein. Rechtlich gesehen, vielleicht.« Teddy atmet laut aus, lehnt sich auf der Bank zurück und vergisst dabei völlig, wie groß er eigentlich ist, bis er fast nach hinten umkippt. »Ich habe ParticularlyGoodFinders seit Tagen nicht mehr auf dem Message-Board gesehen.«

»Ah. Richtig. Dein GeoSchwarm.«

Teddy ist zu aufgelöst, um zu protestieren.

»Ich nehme an, dass sie dir auch nicht geschrieben hat?«, frage ich.

»Nein«, erwidert er niedergeschlagen und beißt in einen weiteren Riegel. »Vielleicht bin ich nur ein großer GeoNerd.«

»Ach, Teddy«, sage ich und lege einen Arm um seine Schultern. »Du bist nur ein ganz normaler Nerd.«

Er lehnt sich nicht an mich, wie er es für gewöhnlich tut. Er ist ganz verkrampft und lässt sich hängen. »Ein normaler Nerd ohne Freunde.«

»Und was bin ich? Gehackte Leber?«

»Du bist gehacktes Precollege«, erwidert er klagend. »Sobald du in Kalifornien bist, wirst du mich vergessen.«

»Theodore Rex Granger. Ich bitte dich.«

Eigentlich erwarte ich, dass er irgendein angewidertes

Geräusch macht, wie er es immer tut, wenn ich seinen vollständigen Namen benutze. Nur seine Großeltern nennen ihn Theodore, und er ist jetzt noch traumatisiert von der Woche, in der sie als Kind auf ihn aufgepasst und ihm verboten haben, Müsli mit Zucker zu essen. Doch er sagt nichts. Als ich mich ihm mit meinem ganzen Körper zuwende, um ihn anzusehen, ist da etwas Unsicheres in seinem Gesichtsausdruck. Irgendetwas zwischen ungestümem Hund und traurigem Welpen.

»Teddy …«

Mein Handy vibriert in meinem Schoß.

»Das ist Coop«, sagt Teddy.

Ich will das Smartphone in meine Handtasche stecken. »Ich kann ihn später zurückrufen.«

Doch Teddy reißt mir das Telefon aus der Hand. »Du kannst ihm nicht ewig aus dem Weg gehen.«

»Ich rufe ihn …«

»Ich habe dich das ganze Wochenende in Beschlag genommen. Jetzt ist Coop dran.« Bevor ich noch irgendetwas erwidern kann, wischt Teddy über das Display und nimmt den Anruf entgegen. »Millies Handy, hier ist *Theodore.*«

Stöhnend strecke ich die Hand aus, damit er es mir zurückgibt.

»Ah, ja, ich glaube, sie kann dich noch zwischen zwei Termine quetschen. Hier ist sie!«, sagt er zu meinem Dad, bevor er endlich das Handy herausrückt.

»Du bist ein fürchterlicher Assistent«, sage ich ihm.

Teddy salutiert. »Hören wir uns nach deinem Unterricht?«

Ich halte das Handy weg, damit mein Dad nicht hört,

wie ich sage: »Wenn ich mir nicht die Beine und vielleicht auch noch Chloes gebrochen habe, dann ja.« Während Teddy sich auf den Weg macht, betrachte ich kurz das Smartphone und beobachte, wie die Sekunden verstreichen. Es ist schon fast eine Woche her, seit ich das letzte Mal mit meinem Dad gesprochen habe. So lange ist zwischen uns noch nie Funkstille gewesen.

»Hey, Mil-a-mille.«

Ich spüre sofort, wie mein Kinn zu zittern beginnt. Das ist sein Spitzname für mich. Der, den er nur benutzt, wenn es nur ich, er und Heather sind – eine Anspielung auf meinen richtigen Vornamen, Camille, der so tief in der Millie-Geschichte versunken ist, dass bestimmt sogar Teddy ihn vergessen hat.

Jetzt fühle ich mich wieder wie ein kleines Kind. Die Gedanken, die in der letzten Woche wie ein Tornado durch mein Gehirn gefegt sind, beruhigen sich. Jetzt stehe ich im Auge des lautesten Gedankens von allen. Ich vermisse meinen Dad wirklich sehr.

Wäre heute ein gewöhnlicher Sonntag, würden wir gerade Pasta machen. Es ist Heathers einziger freier Abend, also macht sie die Soße, und ich gehe zu Chelsea Market und besorge frisches Brot, während Dad das Wasser zum Kochen bringt, denn mehr kann man ihm nicht anvertrauen. Sonst verliert er sich noch in Tagträumen und setzt die Wohnung in Brand. Dann genehmigen er und Heather sich Rotwein, während ich eine Kirschlimo trinke, und jeder erzählt, was er die Woche über gemacht hat.

Ich räuspere mich und blinzle schnell. Wahrscheinlich ist es besser, dass er gerade nicht da ist. Ich könnte ihm sowieso über nichts die Wahrheit erzählen.

»Hey, Dad«, sage ich fröhlich. »Wie ist es in Chicago?«

»Ähm … sonnig?« Es folgt eine kurze Pause. »Glaube ich?«

Ich ziehe die Stirn kraus, drücke mich von der Bank ab und schnappe mir meine Tasche mit den Tanzsachen, um zur Bahn zu gehen. »Versteckst du dich wieder in deinem Hotelzimmer, um der Menschheit aus dem Weg zu gehen?«

Typisch Cooper Price. Ohne Heather und mich würde er das Apartment wahrscheinlich nur hin und wieder für ein *Herr der Ringe*-Quiz verlassen.

»Dad. Geh raus! Lern ein paar Leute kennen!«

»Ich war im Museum«, protestiert er.

»Leute, die in *diesem* Jahrhundert leben.«

»Touché. Und? Wie läuft's mit dem Praktikum?«

»Läuft«, erwidere ich und weiche einer Gruppe Kids mit Skateboards aus, während ich die Treppe der High Line hinabsteige.

»Setzt du neue Standards für angehende Casting-Agenten?«

Ich verziehe das Gesicht. Im Laufe der Woche ist in unseren Textnachrichten klar geworden, dass mein Dad denkt, ich würde ein Praktikum bei einer Casting-Agentur machen – und ich habe ihn nicht berichtigt. Sollte er Steph in den letzten Jahren im Auge behalten haben, würde er sofort eins und eins zusammenzählen und mir einen Strich durch die Rechnung machen.

»Ich, ähm, gebe einfach mein Bestes«, erwidere ich unverfänglich. »Aber jetzt bin ich gerade auf dem Weg zum Tanzkurs.«

»Ach ja, richtig! Heather meinte, du hättest schon deine erste Stunde gehabt.«

»Hat sie auch erwähnt, dass ich mich in einer Gruppe voller Tänzerinnen wie eine menschliche Abrissbirne verhalten habe?«

»Sie *hat* erwähnt, dass du zu Übertreibungen neigst, ja«, sagt mein Dad lachend. »Aber du kämpfst dich trotzdem durch?«

»Ein armseliges Jeté nach dem anderen.« Ich beiße mir auf die Innenseite meiner Wange. »Aber ja. Ich glaube, der Kurs könnte mir helfen, besser zu werden. Also … danke für, ähm …«

»Aber natürlich«, sagt mein Dad. »Und hey, sieht ganz so aus, als wäre der Kurs genau dann fertig, wenn die Auditions fürs College losgehen.«

»Oh?«

»Ja. Ich habe mir die Aufnahmekriterien für die NYU, Pace und Marymount angesehen. Du solltest dir mal überlegen, an welchem Wochenende du dir welches College ansehen willst, damit wir sie uns freihalten können.«

Näher wird Cooper Price einem zertifizierten Bühnen-Dad niemals kommen – und das auch nur, weil er gern Pläne erstellt. Eigentlich wäre es liebenswürdig, hätte ich keinen Backstein im Magen.

»Nun, ich meine … wenn ich überhaupt zu den Auditions gehe«, sage ich vorsichtig.

»Ich dachte, die wären in deinen Top fünf?«

»Ich meine, ja, aber … das Precollege.«

»Oh.« Kurz schweigt mein Dad, und ich sehe förmlich seinen irritierten Gesichtsausdruck vor mir, den er manchmal hat, wenn er so weit weg ist. »Dann bist du also …«

Ich bleibe am Rand des Bürgersteigs stehen, sodass ich den anderen Passanten nicht im Weg stehe. Dann presse ich das Handy ein wenig fester ans Ohr.

»Ich dachte, wir würden uns das noch offenhalten, nicht wahr?« Ich will mich jetzt nicht mit ihm streiten. Ich weiß nicht mal genau, wie man mit ihm streitet. Als ich es einmal versucht habe, endete es in einem Gelage im Milkshake Club. Also halte ich die Stimme gesenkt und versuche, die Millie-Laune im Zaum zu halten. »Weil wir uns noch nicht entscheiden müssen?«

Ich bin es nicht gewohnt, dass mein Dad während einer Unterhaltung lange schweigt. Wir haben vielleicht nicht sonderlich viel gemeinsam, aber wenn wir in einem Gespräch sind, dann voll und ganz. Manchmal kommt Heather um zwei Uhr nachts vom Milkshake Club nach Hause und ich schimpfe darüber, dass irgendwelche Notenblätter für einen Song nicht vorrätig sind, oder mein Dad verschwindet stundenlang in einem Wurmloch, weil er die historische Korrektheit des Films *Tolkien* anzweifelt. Dann muss uns Heather förmlich ins Bett zerren.

»Aber Millie … Hast du denn wirklich gründlich darüber nachgedacht?«, fragt mein Dad. »Was es wirklich bedeutet, in zwei Monaten wegzuziehen und ganz von vorn zu beginnen?«

Was er nicht berücksichtigt, ist die Tatsache, dass ich bereits den Großteil meines Teenagerlebens damit zugebracht habe, von vorn zu beginnen. Ich habe mich selbst öfter neu gestartet als meinen Föhn. »Was denn? Glaubst du etwa, ich würde das nicht schaffen?«, frage ich.

»Ich weiß, dass du es schaffen würdest. Ich finde

nur …« Er lässt den Satz unvollendet in der Luft hängen, und ich spüre, wie wir uns beide krümmen. »Jedenfalls.«

Das ist die Cooper-Price-Version von »Lassen wir das Thema gut sein«, und ich bin nur allzu froh darum – zumindest für jetzt. Ich bin jetzt nicht bereit, mich mit ihm zu streiten. Nicht am Telefon. Und ganz sicher nicht, bevor ich nicht noch jemanden auf meiner Seite habe.

»Ich wollte nur … Ich meine, wie wir auseinandergegangen sind …«

Hier ist es nun. Das Gespräch, dem ich während unseres letzten Telefonats aus dem Weg gegangen bin. Und jetzt schleicht es sich von hinten an mich heran.

»Ich weiß, dass ich nicht immer ganz … ehrlich zu dir gewesen bin. Was deine Mutter angeht.«

Allein das Wort *Mutter* aus seinem Mund zu hören, fühlt sich für mich fremd an. Als würde man träumen und plötzlich fängt jemand an, in einer seltsamen Sprache zu reden. Irgendwie versteht man, was derjenige meint, selbst wenn man im wahren Leben keinen Kontext hat.

»Und ich wollte klarstellen, dass ich … es nicht absichtlich gemacht habe. Es ist nur … Ich dachte, es wäre einfacher, nehme ich an.«

Da hat er nicht ganz unrecht. Es war einfacher. Je weniger wir davon sprachen, desto kleiner war es. Mein ganzes Leben lang haben wir das Thema einfach unter den Teppich gekehrt. Nicht nur die Wahrheit darüber, was meine Mom getan hat – sondern *warum* sie es getan hat. Was auch immer sie vom Leben wollte – es beinhaltete nicht mich. Einen anderen Grund gibt es nicht.

»Es gibt so viele Fragen, auf die ich keine Antwort

habe. Aber wenn ich wieder da bin, werde ich dir alles erzählen, was ich weiß. Wenn du willst.«

»Ähm … ja. Ich, ähm, muss jetzt los, Dad. Ich springe gleich in den L-Zug.«

»Oh … gut. Gut. Dann … viel Spaß heute Abend.«

»Werde ich haben.« Noch eine Lüge, aber wer führt schon Strichliste? »Hab dich lieb.«

»Ich dich auch. Bald bin ich wieder zu Hause.«

Nachdem wir aufgelegt haben, habe ich die ganze Fahrt über ein schlechtes Gewissen und bade so sehr in Selbstmitleid, dass ich fast vergesse, an der richtigen Haltestelle auszusteigen. Als ich durch die Tür des Tanzstudios trete und sehe, wie sich Farrah angeregt mit Beth und Chloe, die in einer kurzen Sporthose und einem *Fun Home*-Shirt hinter ihr steht, unterhält, werde ich unsanft zurück in die Realität katapultiert.

»Millie! Hi!«, quietscht Chloe, die Augen aufgerissen wie ein Reh im Scheinwerferlicht. Sie kommt auf mich zu und zögert dann jedoch, also übernehme ich die Führung und breite die Arme aus, um sie zu umarmen. Sie drückt mich so fest, dass es mich irgendwie an Teddy erinnert, und sagt: »Ich fasse nicht, dass du auf die Cornelia gehst!«

»Na ja … gegangen bin.« Vielleicht lässt mich mein Dad doch aufs Precollege gehen, wenn ich es nur oft genug wiederhole.

»Ja, aber trotzdem!«, sagt Chloe.

Farrahs Blick wandert zu uns herüber, und mir wird bewusst, dass ich nicht nur vergessen habe, ihre Hausaufgaben zu machen, sondern auch, dass ich überhaupt Hausaufgaben hatte. Sie lächelt uns an, und ich erwidere es gezwungen. Plötzlich habe ich das Gefühl, von allen Seiten von Scheinwerfern angestrahlt zu werden – die Seite, die Farrah beeindrucken will, die, die will, dass Beth mich mag, die, die gerade Chloe zuhören sollte.

Richtig. Scheiße.

Ich blinzle und versuche, mich an das Gesagte zu erinnern. Sie wollte wissen, ob ich Tänzerin bin.

»Ich bin nämlich keine«, platzt Chloe heraus. »Ich meine, ja, ich tanze gern, aber …«

»Dann bist du auch eine Tänzerin«, sagt Farrah, bevor ich etwas erwidern kann. Dann legt sie die Hand auf meine Schulter und drückt sie. »So wie alle hier.«

Sie klatscht in die Hände, um die Aufmerksamkeit der Gruppe zu bekommen. Beth winkt zum Abschied und flüstert mir ein »Danke« zu, bevor sie im Treppenhaus verschwindet. Ich stelle mich in die letzte Reihe, damit ich niemandem in die Quere komme. Chloe folgt mir wie ein Entlein und beobachtet mich genauso intensiv wie Farrah.

Das Warm-up bringen wir ohne Vorfälle hinter uns, doch dann zeigt uns Farrah die ersten Schritte für »Waterloo« – ein einziges Chaos aus Bein- und Handbewegungen, die Chloe und mich ins Straucheln bringen, gefolgt von einer Wortkombination, die ich am allermeisten fürchte: »Alles klar, tauschen wir die Reihen, damit jede mal vor den Spiegel kann.«

Was so viel heißt wie: *Lasst uns die Leute von ganz hinten nach vorn holen, damit wir sie von allen Seiten betrachten und sehen können, wie schlecht sie tatsächlich tanzen.*

Ich recke das Kinn und bereite mich auf fünf Minuten vollkommener Erniedrigung vor, doch dann sehe ich aus dem Augenwinkel, dass ich eines meiner neongrünen Scrunchies verloren habe. Als ich mich umdrehe, sehe ich, wie Chloe immer noch wie angewurzelt in der hintersten Reihe steht.

»Was ist los?«, frage ich aus dem Mundwinkel.

»Ähm. Ich … bleibe einfach hier hinten.« Sie zerrt so fest am Saum ihres Shirts, dass sie dadurch ihre Schultern herunterzieht.

»Ähm …«

»Beeilt euch, meine Sonnenstrahlen!« Farrah klatscht in die Hände.

Mist. Jetzt hält mich Farrah nicht nur für eine wabbelige Nudel, sondern auch noch für eine Drückebergerin. »Komm schon«, flüstere ich und lege den Kopf schief.

Chloes Antwort ist so leise, dass ich sie fast nicht höre. »Ich bin nicht gut genug.«

Es ist, als hätte sie die Worte direkt aus meinem Gehirn gepflückt. Als ich Chloe ansehe, sehe ich in ihrem Gesicht dieselbe Scham, die auch ich empfinde. Als würde ich mich selbst vor zwei Jahren sehen.

Ich schlucke schwer. »Ja, na ja, ich auch nicht. Dann sind wir eben zusammen beschissen.«

Chloe schüttelt den Kopf. »Das glaube ich nicht.«

»Nein? Nun, du wirst es glauben, wenn du es siehst. Aber dafür musst du mit nach vorn kommen«, sage ich und hake mich bei ihr unter. Ich warte, bis sie den ersten Schritt macht, und als sie es tut, bewegen wir uns unter Farrahs aufmerksamem Blick in die erste Reihe.

Wäre das hier ein Film, würde mich Chloes Glauben an mich in eine *Footloose*-Tänzerin verwandeln, die keinen einzigen Schritt vergeigt. Aber da das hier nun mal die Realität ist, verpasse ich glatt den Einstieg und pralle beinahe gegen den Spiegel, als ich versuche aufzuholen.

Chloe bewegt sich kein Stück und beobachtet stattdessen mein Spiegelbild, als wäre es ein Autounfall, in den sie gleich verwickelt wird. Unsere Blicke treffen sich, und ich strecke ihr die Zunge heraus. Chloe entweicht ein Grunzen.

»Das ist der Spirit!«, ruft Farrah. »Jetzt lasst uns die Choreo durchgehen und noch mal von vorn beginnen.«

»Siehst du?«, frage ich Chloe. »Mit dir ist alles in bester Ordnung. Und wenn du immer neben mir bleibst, wirkst du sogar noch besser.«

Das ist zwar nicht die Hausaufgabe, die mir Farrah gegeben hat, aber vielleicht ist es sogar noch besser. Je mehr ich mich darauf konzentriere, Chloe zu helfen, locker zu bleiben, desto mehr vergesse ich, dass *ich* lockerer werden soll. Schon bald werden wir von den Qualen der ersten Reihe erlöst. Aber wir bleiben in der Nähe, vermasseln die Hälfte der Schritte, lachen uns gegenseitig aus und sehen uns immer wieder im Spiegel an, als wären wir unsere ganz eigene Gruppe.

Am Ende der Stunde quasselt Chloe wieder genauso aufgeregt wie neulich, als Teddy und ich bei ihr zu Hause waren, lächelt breit und führt so enthusiastisch einen Move aus, dass sie eine Sweatjacke von der Garderobe am Eingang fegt. Schnell hebe ich sie auf und hänge sie wieder auf, bevor sie es überhaupt merkt.

»Das hat so viel Spaß gemacht«, sagt Chloe mit rosigen Wangen und strahlenden Augen. »Ich muss nur noch kurz aufs Klo, dann können wir los.«

»Ich warte so lange hier«, erwidere ich und sammle meine Schuhe ein.

»Hey.« Farrahs Ton klingt so knapp, dass ich schon befürchte, dass wir jetzt Ärger bekommen, weil wir gestört haben. Doch als ich mich umdrehe, grinst sie gerissen. »Gute Arbeit heute.«

Ich kann mir das Grinsen nicht verkneifen. »Ich habe niemandem ein Auge ausgestochen.«

»Und den letzten Teil hast du total gerockt, falls du es nicht gemerkt hast«, sagt sie. »Verstehst du jetzt, was ich meine? Manchmal muss man einfach ein paar Schrauben lockern.« Sie schüttelt sich ein wenig, um das Gesagte zu unterstreichen. Lachend tue ich es ihr gleich. Ich öffne den Mund, um noch etwas zu sagen – ich weiß nicht mal was –, doch dann kommt Chloe zurück, zeigt mir auf ihrem Handy irgendein Musical-Meme, und dann sind wir weg.

Auf dem Weg nach draußen legen wir einen Stopp im Donut-Laden unterm Studio ein, denn irgendwie scheint mir das etwas zu sein, das man mit seiner potenziellen Halbschwester macht. Für Beth und Heather nehmen wir auch welche mit. Wir sind gerade drauf und dran, sie im L-Zug zu verspeisen, als mir drei Dinge gleichzeitig auffallen: Erstens könnte das der schönste traditionelle Sour-Cream-Donut sein, den ich je gesehen habe, zweitens steht Chloe direkt vor mir und wirkt total nervös, und drittens sitzt Farrah in derselben Bahn – und sie hat uns gerade entdeckt und kommt auf uns zu.

»Bist du mit Teddy zusammen?«, platzt Chloe heraus.

Die Frage trifft mich so unerwartet, dass ich anfange zu lachen. »Was? Nein. Gott, nein. Wir sind beste Freunde.«

Farrah stellt sich neben uns, und Chloe erschrickt so sehr, dass ich die Donut-Tüte auffangen muss, bevor der Inhalt dem Boden des L-Zugs zum Opfer fällt.

»Wie witzig, euch hier zu treffen«, sagt Farrah.

»Du lebst in Manhattan?«, frage ich. Es würde Teddy gar nicht ähnlich sehen, das nicht zu wissen.

»Nee, ich treffe mich nur mit jemandem zum Essen.« Flink fasst sich Farrah das Haar zu einem Dutt zusammen, ohne sich an den Haltestangen festzuhalten. Sie bewegt sich mit einer Anmut, die wahrscheinlich vom jahrelangen Tanzen kommt. Dann sieht sie uns abwechselnd an. »Also. Wer ist Teddy?«

Farrah ist zwar äußerst beweglich, aber was ihre Gesprächsführung angeht, fällt sie eher mit der Tür ins Haus – jedoch beabsichtigt, wie ihr Grinsen verrät.

»Er ist Millies …« Chloe sieht mich an, damit ich ihren Satz vervollständige.

»Freund«, füge ich mit Nachdruck hinzu.

Es folgt kurzes Schweigen. Farrah scheint zu überlegen, welche Richtung unser Gespräch einschlagen soll. »Nun, schließ es nicht kategorisch aus«, sagt sie frech. »Meine besten und kompliziertesten Beziehungen hatte ich mit *Freunden.*«

Es fühlt sich an, als hätte ich gerade unabsichtlich einen Druckpunkt erwischt. »Kompliziert?«

»Uff. College«, erwidert sie beinahe nostalgisch.

Scheiß auf Druckpunkte. Es könnte sein, dass ich gerade eine tektonische Platte erwischt habe. »Und was war am College so kompliziert?«, frage ich. »Ich meine …« Ich versuche, ein wenig zurückzurudern, um weniger wie eine Journalistin mit einem Abgabetermin zu klingen, aber ich kann einfach nicht anders. Farrah ist die potenzielle Mom, über die ich am wenigsten weiß, und wenn ich mit ihr allein bin, ist es immer nur ganz kurz. »Im guten Sinne kompliziert?«

»In jeglichem Sinne kompliziert.« Sie wendet den Blick ab, und die Worte sind gerade kryptisch genug, dass ich mich frage, ob ich einer dieser »Sinne« hätte sein können. »Aber vielleicht liegt es einfach an mir. Für gewöhnlich bin ich mit jemandem immer erst befreundet, bevor ich mit ihm zusammenkomme, also bin ich einfach … na ja. Mit einem Freund zusammenzukommen ist jedenfalls …«, sagt sie, als ihr bewusst wird, dass sie im Begriff ist, die jugendfreie Zone zu verlassen. Aber ich muss auch zugeben, dass Chloe aussieht wie zwölf.

Doch Farrah sieht nicht Chloe an. Sondern mich.

»Glaubt mir. Teddy und ich könnten niemals ein Paar werden«, sage ich. »Wir sind nicht mal Freunde. Wir sind wie Geschwister.«

»Na schön«, sagt Farrah.

»Dann hat er also … keine Freundin?«, bohrt Chloe weiter nach.

Ich schnaube. »Er ist höchstens mit der Kaffeemaschine seiner Eltern zusammen.«

»Klingt, als wäre da jemand verliebt«, bemerkt Farrah.

Fast breche ich erneut in Gelächter aus, doch dann sehe ich, dass Chloe die Lippen zusammenpresst und röter geworden ist als eine Tomate.

»In *Teddy?*«, rufe ich.

Okay, es ist nicht so, als könnte man sich nicht in Teddy verlieben. Er ist klug und witzig. Und wenn er einem nicht gerade die letzte Cracker-Packung klaut und behauptet, es sei ein Geist gewesen, könnte man sogar sagen, er sei ein guter Fang. Aber soviel ich weiß, hat Chloe ihn bisher nur einmal gesehen.

»Ist das dumm?«, fragt Chloe unsicher. »Ich meine, ich weiß, dass er ein Jahr älter und viel cooler ist als ich, aber …«

»Ich muss dich sofort unterbrechen, denn Teddys Vorstellung von ›cool‹ ist, wie ein Pirat zu reden, wenn er auf der GeoTeen-App einen guten Cache findet.«

»Aber was soll ich denn jetzt machen?«, jammert Chloe.

Farrah antwortet, bevor ich die Information verarbeitet habe, dass meine potenzielle Polly-Pocket-große Halbschwester mit meinem besten Freund rummachen will – noch ein Gedanke, mit dem ich zu Beginn des Sommers nicht gerechnet hätte.

»Nun, wie gut kennst du Teddy denn überhaupt?«, fragt Farrah.

»Nicht so gut«, gesteht Chloe. »Ich könnte ihm schreiben, aber ich … werde immer so nervös.«

»Freunde dich zuerst mit ihm an und schau, wie es läuft«, sagt Farrah ermutigend. Die Bahn kommt am Union Square zum Stehen. »Ich muss hier raus. Bis die Tage, meine Stars!«

Sie hüpft aus der U-Bahn und lässt mich zurück. Jetzt muss ich mich entscheiden, wie ich mit der Situation umgehen will. Ich wünschte, ich könnte vorab Teddy befragen, aber jetzt vor Chloe das Handy zu zücken und ihm zu schreiben, wäre in etwa so subtil, wie ihm über die Straße hinweg zuzurufen.

»Das ist dumm«, murmelt Chloe und winkt ab, bevor

ich die Chance habe, darüber nachzudenken. »Sorry. Ich wollte nicht …«

Ich gehe meine Möglichkeiten durch, aber so traurig, wie mich Chloe mit ihrem Hundeblick, der mich auf merkwürdige Weise an Teddy erinnert, ansieht, habe ich nicht wirklich welche.

»Es ist nicht dumm«, versichere ich ihr. »Es ist … na ja, vielleicht hat Farrah recht. Häng einfach mit uns ab. Wir kommen wieder zu den Broadway Bugs. Und Teddy veranstaltet nächste Woche bei sich zu Hause eine Geo-Teens-Party. Du kannst meine Begleitung sein.«

»Ja?«

»Klar«, sage ich. Es gibt zwei Möglichkeiten, wie das Ganze ausgehen kann: Entweder klappt es nicht, und Teddy und Chloe werden gute Freunde, oder es klappt, und ich werde das fünfte Rad am Wagen. Aber bei den beiden kann ich mir zumindest relativ sicher sein, dass es nicht böse enden wird. Sie sind solche Zimtschnecken, dass ich mir bei ihnen nicht mal eine Kissenschlacht vorstellen kann, die nicht mit einer Entschuldigung beginnt und auch endet.

»Danke, Millie. Du bist echt die Coolste.«

Chloe strahlt mich an, und in meiner Brust breitet sich ein unerwarteter Schmerz aus. Es ist die Vorstellung, dass ich vielleicht schon mein ganzes Leben lang die coole große Schwester hätte sein können, die mit Chloe Donuts essen geht, ihr zuhört, wie sie von Typen schwärmt, und die die furchteinflößenden Sachen weniger Furcht einflößend erscheinen lässt.

Aber ich schätze, es gibt keine Welt, in der das hätte passieren können, ganz egal, ob Beth tatsächlich meine

Mom ist oder nicht. In jeder Welt werde es immer nur ich sein.

Wir erreichen gerade unsere Haltestelle, als in meiner Hosentasche mein Handy vibriert. Eine Nachricht von Steph an Oliver und mich, die sie uns geschickt haben muss, als ich im Tunnel war. *Wie ist es mit dem Doubeln gelaufen? Ich habe gehört, es gab … eine kleine Verwechslung,* schreibt sie mit einem Zwinker-Emoji.

Ha, hat Oliver zurückgeschrieben. *Ich nehme an, du steckst hinter der Sache?*

Könnte sein, dass ich dem Technikteam ein paar falsche Infos über Miss Millie habe zukommen lassen, um ihr ein wenig Action zu bescheren.

Ich grinse, als wäre ich gerade für einen Tony-Award nominiert worden. Ich wünschte, sie wäre noch im Büro gewesen, um mein Gesicht zu sehen, als ich zurückgekommen bin, aber Oliver und ich haben so lange gearbeitet und Fotos von Georgies Klientin bei der Kundgebung gemacht, dass sie schon Feierabend hatte, als wir fertig waren. Na ja, größtenteils gearbeitet. Ich nehme an, wir hätten nicht ganz so lange unterwegs sein müssen, aber die Zeit verging einfach wie im Flug.

Oliver schreibt erneut, bevor ich dazu komme. *Nun, sie hat es gerockt. Aber ihr richtiges Carnegie-Debüt sollte unbedingt das hier beinhalten.*

Er hat ein GIF von *Mamma Mia* hinzugefügt, wie sie in ihren riesigen Schwimmflossen auf dem Steg herumhüpfen. Ich muss laut lachen, doch das Geräusch wird von der U-Bahn-Station verschluckt.

»Wie unterhältst du dich denn mit jemandem, wenn du verliebt bist?«, fragt Chloe, die mir auf den Fersen folgt.

»Pfff.« Ich winke ab und werfe mein Haar über die Schulter. »*Damit* kann ich dir nicht helfen. Für so etwas habe ich überhaupt keine Zeit.«

Doch den ganzen Weg nach Hause kitzelt mich das Lachen über Olivers Text in der Kehle – und zum ersten Mal seit Menschengedenken schlafe ich ein und freue mich, ihn morgen wiederzusehen.

Kapitel 13

Bevor ich gestern ins Bett gegangen bin, habe ich Steph noch zurückgeschrieben und mich überschwänglich bei ihr bedankt. Mit einem Zwinkern schrieb sie zurück: *Ich weiß, dass du das Praktikum nicht machst, um auf der Bühne zu stehen, aber lass dir eines von deiner Schauspielkollegin gesagt sein – ergreif alle Chancen, die du bekommst! Man weiß nie, wohin sie führen.*

Am nächsten Morgen starre ich immer noch auf die Nachricht und überlege, für die Nachwelt einen Screenshot davon zu machen, als mein Handy klingelt.

»Spreche ich mit Millie Price?«

»Ja«, antworte ich und bewundere mein Spiegelbild in der Fensterscheibe eines Coffeeshops. Meine Sommer-Outfits haben inzwischen gesetzlose Züge angenommen, jetzt da ich meine Klassenkameraden nicht mehr jeden Tag sehe. Statt sie alle einem bestimmten Thema zu widmen, ist es eher ein bisschen hiervon, ein bisschen davon – Heathers Boots, ein süßes schwarzes ärmelloses Kleid, das die Gothic-Phase überlebt hat, und ein Scrunchie aus meiner Neunziger-Grunge-Phase. Ich muss mich noch für eine neue Phase entscheiden, bevor das neue Semester losgeht, aber für jetzt habe ich nichts gegen einen Mix. »Was gibt's?«

»Hier ist Becca vom New Yorker Büro der Madison.«

»Oh … hi.« Ich nehme das Handy vom Ohr. Es ist

08:45 Uhr an einem Montagmorgen. »Die Deadline für die Zahlung ist erst in zwei Wochen, oder?«

»Nun, ja. Für die, die ihre Zusage bestätigt haben. Ich rufe an, weil es scheint, als wolltest du deine ablehnen.«

Als Teddy und ich noch jünger waren, haben wir mitten auf dem Washington Square die Ice-Bucket-Challenge gemacht, mit so viel Eis, dass sich locker jemand eine Gehirnerschütterung hätte zuziehen können. Doch selbst das war lange nicht so schmerzhaft wie das hier. Wie angewurzelt bleibe ich auf dem Bürgersteig stehen.

»Ablehnen?«

»In meinen Unterlagen steht, dass du den Platz abgelehnt hast, als du letzte Woche wegen der Zahlung kontaktiert wurdest.«

»Ich wurde aber nicht kontaktiert.«

»Na ja, bei der ersten Nummer ging keiner ran, also haben wir die zweite angerufen.«

Scheiße. *Scheiße.* Ich habe als ersten Kontakt meine Handynummer angeben und als Notfallnummer die von meinem Dad.

»Jedenfalls haben wir gestern die Nachricht erhalten, dass wir die Entscheidung rückgängig machen sollen und … ich befürchte, die Umstände sind ein wenig ungewöhnlich.«

In etwa so ungewöhnlich wie eine rundum gesunde Sechzehnjährige, die mitten auf einem belebten Bürgersteig das Atmen vergisst – und trotzdem passiert auch das.

»Ich habe nicht … Ich … ich komme«, platze ich heraus.

»Wie dem auch sei … Ich befürchte, jemand hat bereits den Nächsten auf der Warteliste kontaktiert.«

Das Gespräch verwandelt sich so schnell in ein Desaster, dass mein Gehirn nicht hinterherkommt.

»Aber könnte es sein, dass derjenige noch gar nicht zugesagt hat?«, frage ich und versuche, meine aufkeimende Panik herunterzuschlucken. Hoffentlich kommen nicht gleich die Waffeln hoch, die ich zum Frühstück gegessen habe.

»Das muss ich mit der Sekretärin klären, wenn sie morgen ins Büro kommt. Ich wollte es nur zuerst mit dir besprechen, bevor ich weitere Schritte unternehme.«

Mein Dad muss wirklich gedacht haben, ich würde nicht gehen. Er muss Nein gesagt haben, ohne mich vorher zu fragen, und dann versucht haben, es wieder in Ordnung zu bringen, bevor ich es herausfinde.

Ich weiß nicht, was ich schlimmer finde: die Tatsache, dass ich vielleicht die Chance verloren habe, für die ich so hart gekämpft habe, oder dass mich mein Dad nicht gut genug kennt, um zu wissen, wie viel es mir bedeutet.

»Nun, ich … ich komme.« Ich blinzle, und schon rollen mir dicke Tränen über die Wangen, wie die paar Regentropfen, die zu Boden fallen, bevor der Himmel auseinanderbricht. »Können Sie mir bitte so schnell wie möglich Bescheid geben?«

»Aber natürlich. Ich melde mich.«

Es ist keine Millie-Laune. Es ist ein kompletter Millie-Nervenzusammenbruch. Ich weine mitten auf der Straße wie ein wandelndes Klischee – und es ist kein leises Schniefen wie in einer romantischen Komödie. Ich weine mit Schluckauf, laufender Nase und rotem Gesicht. Es ist ein Weinen, bei dem man vollkommen vergisst, wo man ist, dass man heute Morgen den perfekten Lidstrich gezogen hat, oder dass man mitten in der überfülltesten, unbarmherzigsten Stadt der Welt steht.

Jemand packt mich fest an der Schulter, und wenn ich bei klarem Verstand wäre, würde ich denken, man wollte mich umbringen. Aber was jetzt passiert, ist noch viel schlimmer: Ich blicke auf und erkenne durch den Tränenschleier Georgie.

»Weg von der Straße«, sagt sie und führt mich ins Gebäude.

»Ich … ich kann nicht …« Ich versuche, ihr zu sagen, dass ich mich erst kurz sammeln muss, aber das wird in diesem Jahrhundert nicht passieren. Sie hört mir sowieso nicht zu, bugsiert mich vorbei an der Security und schubst mich in einen auf wundersame Weise leeren Aufzug. Ich versuche, mein Schluchzen zu unterdrücken, doch stattdessen blubbert es so laut aus mir heraus, dass ich mir vorkomme wie ein gestrandetes Meerestier.

Alles in Ordnung. Alles in Ordnung. Um ehrlich zu sein, macht es die Sache nur einfacher. Wenn es kein Precollege gibt, gibt es auch keinen Grund für dieses Praktikum. Das erspart mir den Ärger, mir überlegen zu müssen, wie ich Georgie und Steph erklären soll, dass ich raus bin. Georgie wird mich feuern, und ich mache mich einfach aus dem Staub, tue so, als wäre das alles nicht passiert, gebe diese dumme Suche nach meiner Mutter auf und …

»Alles okay?«

Irgendwie sind wir in Georgies Büro gelandet, und ich sitze auf ihrem Stuhl.

Ihre Worte sind abgehackt genug, dass mir bewusst wird, dass sie besorgt ist, dass irgendetwas Schlimmes passiert ist, dass ich ein Verbrechen beobachtet habe oder zu

Hause herausgeschmissen wurde – beides Gründe, die einen solchen Tränenfluss rechtfertigen würden. Also nicke ich, denn körperlich bin ich unversehrt. Aber seelisch würde ich am liebsten unter Georgies Schreibtisch kriechen und ihren Teppich als Taschentuch benutzen.

»Hier.« Georgie hält das Klemmbrett mit meiner Aufgabenliste in den Händen, schiebt die Liste aber unter einen Stapel weißer Blätter, bevor sie es mir reicht. »Schreib es einfach auf.«

»Was aufschreiben?«

»Was auch immer … *das* mit dir gemacht hat«, erwidert sie und macht eine Handbewegung. Als ich sie weiterhin anstarre, als hätte sie mir gerade befohlen, die Klavierbegleitung für ein Sondheim-Stück zu spielen, tippt sie mit dem Zeigefinger auf das Klemmbrett. »Schreiben wird dir helfen.«

»A…aber meine Aufgabenliste.«

Sie seufzt. Dann nimmt sie das Klemmbrett und schreibt ganz oben hin: *Schreib, bis du aufhörst zu weinen.*

»Hier«, sagt sie und legt es mir wieder hin.

Die Situation ist so absurd, dass ich mir auf die Innenseite meiner Wange beißen muss, um nicht laut loszulachen. Als ich den Mund öffne, kommt nur ein feuchtes »Okay?« heraus.

Vielleicht wollte Georgie noch etwas sagen, aber mein Blick fällt auf die Bürotür.

»Steph ist heute nicht da«, sagt sie, bevor ich fragen kann.

Wenigstens ein mikroskopisch kleines bisschen hat das Universum Gnade walten lassen, aber ich nehme alles, was ich kriegen kann.

»Du musst dich also nicht bei ihr melden, wenn du deine Aufgaben erledigt hast. Schreib stattdessen mir«, sagt Georgie. »Ich bin den Großteil des Tages in Meetings mit Klienten.«

»Okay«, erwidere ich. Anscheinend ist das das einzige Wort, das ich noch rausbringe.

Georgie räuspert sich und wartet, bis ich zu ihr hochsehe. Ihr Ausdruck ist kühl wie immer, aber in ihren Augen liegt etwas Sanftes. Etwas, das mich mustert, doch diesmal nicht, um mich zu bewerten, sondern um mich zu verstehen.

»Wenn das hier vorbei ist, wirst du dich danach nicht schämen. Wir gehen einfach zum Tagesgeschäft über. Kein Grund, dich zu erklären.« Sie hält inne. »Es sei denn, du würdest es gern.«

Ich habe noch nie gehört, wie ein Mensch einem anderen befohlen hat, sich nicht zu schämen, aber so eisern, wie Georgie ist, könnte es sogar funktionieren. Ich nicke, und sie erwidert es. Dann deutet sie mit dem Kinn auf das Klemmbrett.

»Schreiben hilft«, wiederholt sie.

Dann schnappt sie sich Olivers Aufgabenliste von ihrem Schreibtisch, fegt aus dem Büro und zieht die Tür hinter sich zu.

Plötzlich ist es so still, dass ich fast glaube, ich hätte mir das Ganze gerade nur eingebildet.

Ich starre herunter auf das leere Papier – oder zumindest auf das, was ich durch die nicht enden wollenden Tränen sehen kann. *Schreib, bis du aufhörst zu weinen.* Aber so, wie ich mich kenne, könnte das fünf Minuten oder auch fünf Stunden dauern. Wenn mich einmal eine Millie-Laune gepackt hat, ist es, als würden bei einem Rennwagen die Bremsen nicht mehr funktionieren. Ich kann mich nicht selbst aufhalten. Jemand muss es für mich tun.

Ich greife nach dem Stift, und für eine Weile schwebt meine Hand einfach über dem Papier. Ich kann nicht sonderlich gut schreiben. Normalerweise singe ich in solchen Situationen unter der Dusche oder mache einen auf Éponine und spaziere summend am Hudson entlang.

Traumrolle #3. Noch ein Traum, der vor zehn Minuten noch gerade mal tausend Meilen entfernt war und jetzt eine Million. Meine Augen brennen, und meine Sicht verschwimmt. Und plötzlich schreibe ich nicht nur, sondern die Worte strömen aus mir heraus wie Lava. Es fängt mit meinem Dad und dem Precollege an, doch da hört es nicht auf. Es geht um alles. Um die Jahre, die ich damit zugebracht habe, mich von »Little Jo« zu erholen. Darum, wie anstrengend es ist, mich immer wieder neu zu erfinden. Um die Milliarden Male, die ich mich im Spiegel betrachtet und mich gefragt habe, ob das Mädchen, das ich sehe, gut genug ist. Um die Angst, es vielleicht niemals zu sein.

Es geht um die seltenen, aber schmerzhaften Momente in meinem Leben, wenn ich trotz allem – obwohl ich einen Dad habe, der mich genug liebt für zwei, und eine Tante, die mir alles beigebracht hat, was ich weiß, und ein glückliches Leben in einer schönen Wohnung in der tollsten Stadt der Welt – nachts wach liege und mich frage: *Was ist nur falsch mit mir? Warum hat mich meine Mutter bekommen, nur um dann zu gehen?*

Ich lege den Stift weg. Ich weine nicht mehr.

Ich ziehe die Blätter heraus und lese mir den Text noch mal durch. Endlich beruhigt sich mein Herzschlag. Dann falte ich die Blätter zusammen, drücke sie an meine Brust und atme tief durch.

Es ist immer noch alles da, schwer wie eh und je. Aber es fühlt sich an, als könnte ich es jetzt ein bisschen einfacher tragen.

Nachdem ich die Seiten in den Müll geworfen habe, widme ich mich meinen Aufgaben: seltene Noten in der Bibliothek der Pace University für das Vorsingen eines Klienten abholen, Georgies Klamotten aus der Reinigung abholen, Papierhandtücher fürs Büro kaufen. Normalerweise nervt die Aufgabenliste und fühlt sich an, als müsste ich mich hetzen, um Oliver zu schlagen, aber heute hat sie etwas Beruhigendes. Etwas, das mir sagt, was ich tun und wo ich hingehen soll. Einfach. Leicht. Ablenkend.

»Falls du … nicht alles schaffst, kann ich dir gern etwas abnehmen.«

Stirnrunzelnd richte ich mich auf, nachdem ich die Papierhandtücher unterm Waschbecken verstaut habe. Ich habe Oliver gar nicht reinkommen hören.

»Ich …« *Schaffe das schon,* will ich sagen. Doch dann sehe ich ihm in die Augen. Sehe die Vorsicht darin. Die Sorge. Und mir wird schmerzhaft bewusst, dass er das Elend heute Morgen zumindest in Teilen mitbekommen hat.

»Nicht, um besser dazustehen«, fügt er schnell hinzu. »Es ist nur … Ich bin in guter Verfassung. Ich kann gern etwas abholen.«

Ich gehe auf ihn zu und mustere sein Gesicht. Peinlich berührt verlagert er das Gewicht von einem Fuß auf den anderen, doch er lässt es zu, dass ich mich direkt vor ihn stelle, so dicht, dass ihm gar keine andere Wahl bleibt, als mein Gesicht ebenfalls zu betrachten.

Ich muss daran denken, wie wir vor ein paar Monaten *Jesus Christ Superstar* eröffneten und ein Mädchen aus der Unterstufe kurz vor Beginn vor lauter Angst in Tränen ausbrach. Wie Oliver sein Headset abnahm und sie beiseitezog. Wie sich sein gesamtes Verhalten innerhalb einer Sekunde änderte. Bestimmt hatte er in diesem Moment eine Million andere Dinge zu tun und ein Dutzend Leute grölten ihm ins Ohr, doch in diesen zwei, drei Minuten ging es ihm einzig und allein darum, dass es einer fremden Person besser ging.

Ich strecke die Hand aus und lege sie auf seine Schulter. »Du bist ein guter Kerl.«

Eigentlich rechne ich damit, dass er mich wie immer abschüttelt, aber stattdessen werden wir beide ganz still. »Manchmal«, erwidert er leise.

Ich lächle, und es fühlt sich anders an. Nicht nur, weil ich heute noch gar nicht gelächelt habe. Sondern vor allem, weil Oliver es erwidert.

»Danke«, sage ich und senke den Arm. »Es ist alles in Ordnung, aber trotzdem … danke.«

Oliver räuspert sich. »Nun, falls du … Sag Bescheid, falls du es dir anders überlegst.«

Als Georgie am Ende des Tages zu uns kommt und die Listen einsammelt, erwähnt sie meinen Zusammenbruch nicht. Sie nickt nur und sagt: »Bis morgen«, was so ziemlich das Netteste ist, was wir bisher von ihr gehört haben. Oliver wartet vor dem Aufzug auf mich, und zum ersten Mal verlassen wir das Gebäude absichtlich gemeinsam und gehen die Straße hinab, bis sich unsere Wege trennen.

»Heute Morgen«, sagt er plötzlich, kurz bevor meine Ampel umspringt. »Ist alles … Ich meine, geht es dir …«

Ich zucke mit den Schultern und versuche, die Sache herunterzuspielen. Die Wahrheit ist jedoch, dass es mich immer noch herunterzieht wie ein Stein, aber inzwischen ist es mehr als nur das Precollege. Es sind zu viele Dinge auf einmal. Es sind Steph und Beth und Farrah und alles dazwischen. Alle Unsicherheiten. Alle Grenzen, die ich überschritten habe und die, die ich noch herausfinden muss.

»Du kennst mich doch. Wie immer die Dramaqueen.«

Ich sehe ihm an, dass er mir nicht glaubt, aber er bohrt auch nicht weiter nach. Stattdessen sagt er: »Hey. Wenn ich dich nicht so nennen darf, dann darfst du es auch nicht.«

Mir entweicht ein unerwartetes Lachen. »Alles klar.«

Auf der Ampel läuft bereits der Timer, also winken wir uns zum Abschied. Aber statt nach Hause zu gehen, gehe ich in den Milkshake Club, wo sie gerade für heute Abend aufbauen. Ich mache mir einen Shake und dann noch einen zweiten mit Banane, salzigem Karamell und Schokosoße, den ich Carly auf ihren Tisch stelle, auf dem der Kalender mit den Buchungen liegt.

Sie nimmt den Shake entgegen. »Wofür ist das denn?«

»Ich will dir einen Act zeigen, den wir uns mal ansehen sollten.«

Carly kneift unter ihrem kerzengeraden Pony die Augen zusammen. »Zum allerletzten Mal, Millie: Ich kann nicht den Broadway-Cast von *Six* engagieren.«

»Darüber sprechen wir ein andermal«, erwidere ich frech. Dann zücke ich mein Handy und schicke ihr einen

Link. »Ich glaube, sie wären eine gute Vorband. Oder fürs Wochenende. Schau sie dir einfach mal an.«

Carly seufzt und beobachtet, wie ihr Handy aufleuchtet. »Aber nur, weil du an die Regenbogenstreusel gedacht hast«, sagt sie und nippt an ihrem Milchshake.

Ein paar Minuten später erhalte ich den Anruf – Madison hat noch niemanden von der Warteliste kontaktiert, sie halten mir den Platz am Precollege also frei. Die Erleichterung überkommt mich so heftig, dass ich mich ein Stockwerk unterhalb unseres Apartments auf die Treppenstufen setzen muss. Ich versuche, mein inneres Gleichgewicht wiederzufinden, und warte darauf, dass es die Leere füllt, die der heutige Morgen hinterlassen hat.

Eine ganze Minute verstreicht – und es ändert sich nichts. Mein Dad wird immer noch Nein sagen. Ich kämpfe immer noch gegen die Zeit. Aber was auch immer diese innere Leere ist, plötzlich wird sie noch viel größer. So groß, dass ich besser nicht hineinfallen sollte.

Kapitel 14

»Dann … ist Coop also für uns gestorben?«, fragt Teddy, der mit der GeoTeen-App in der Hand später am Abend durch das East Village stapft.

Auf der langen Liste mit »Momenten, in denen Teddy leider vergisst, wie groß er ist« gehört es zu den Top fünf zu versuchen, auf einer New Yorker Straße mit ihm Schritt zu halten. »Er stellt mich auf jeden Fall auf die Probe.«

»Aber er hat versucht, es rückgängig zu machen.«

»Ja, aber …« Ich schürze die Lippen, was ein Fehler ist, denn ich muss beinahe joggen, um hinterherzukommen, und brauche alle Luft, die ich kriegen kann. »Du hast ihn nicht gehört am Telefon. Ich glaube wirklich nicht, dass er nachgeben wird. Und mir bleiben nur noch zwei Wochen, um ihn auf meine Seite zu ziehen.«

»Vielleicht wird es dann Zeit … Du weißt schon. Jemand anderes auf deine Seite zu ziehen. Herauszufinden, wer von ihnen deine Mom ist.«

»Ich weiß es noch nicht«, brumme ich.

Dann spricht Teddy die Worte laut aus, denen ich schon die ganze Zeit aus dem Weg gehe. »Du könntest sie einfach fragen.«

Das stimmt. Es hat schon so viele Momente gegeben, in denen ich das Pflaster einfach hätte abreißen können. Ich hätte meinen richtigen Nachnamen benutzen und einfach sehen können, wie sie reagieren. Ich hätte übers Internet eine Kopie von meiner Geburtsurkunde beantragen können. Ich hätte zu jeder einzelnen dieser Frauen einfach sagen können: *Ich suche meine Mom. Hast du zufällig Anfang 2000 einem College-Nerd ein Baby mit Sonnenzeichen Krebs und Mondzeichen Löwe vor die Tür gestellt?*

»Es ist nur …« Ich werde schneller, nicht weil ich Teddy einholen, sondern weil ich meinen eigenen Gedanken davonlaufen will. »Ich dachte, ich *wüsste* es einfach, weißt du? Und es ist komisch, dass ich es nicht weiß.«

»Nun, lass uns noch mal zusammenfassen.« Er wirft einen Blick aufs Handy und biegt scharf ab in die Zwölfte Straße, so schnell, dass meine Haare wie eine Peitsche fliegen, als ich ihm folge. »Alle drei kannten deinen Dad.«

»Ja. Und alle drei sind mir irgendwie ähnlich. Steph ist Schauspielerin und war sogar auf einer Schauspielschule. Und sie ist auch, na ja, eitel. Wie ich. Aber auf coole Art.«

»Sag das mal deiner Lipgloss-Tube, die in meinem Rucksack explodiert ist, nachdem du sie letzten Sommer darin deponiert hast.«

»Und Farrah … ja, sie kann tanzen und ich nicht. Aber ich habe das Gefühl, wir teilen dieselbe Unverblümtheit. Und ihr Haar ist genauso erdbeerblond wie meins, wenn ich es nicht färben würde. Und Beth *liebt* Musicals. Und sie war eine launische Teenagerin. Und sie hat eine Tochter, die genauso schlecht tanzt und genauso viel Leidenschaft hat wie ich …«

»Hey, wie war denn eigentlich die Tanzstunde mit Chloe?«

»Oh!« Ohne nachzudenken, rutscht es mir raus. »Chloe ist in dich verknallt.«

Teddy starrt mich fassungslos an. »In mich?«

»Ja, in dich.«

»Hm.«

»Ist das ein gutes oder ein schlechtes ›Hm‹?«

»Das ist ein ›Warum sollte jemand in mich verknallt sein‹-Hm.«

Wenn man von Teddys besorgniserregendem Grad an Selbstbewusstsein einmal absieht, ist das immerhin eine ziemlich vielversprechende Reaktion.

»ParticularlyGoodFinders? Ignoriert mich jetzt *komplett*«, jammert er. »Antwortet überhaupt nicht mehr auf meine Nachrichten. Bestimmt hat sie bei einem der Treffen herausgefunden, wer ich bin, und will jetzt nichts mehr mit mir zu tun haben.«

»Das ist doch total lächerlich. Wir beide sind die Attraktivsten bei diesen Treffen. Das ist eine Tatsache.«

Teddy seufzt.

»Und vielleicht …«

Doch er winkt ab. »Wir kommen vom Thema ab. Die Mom-Sache. Du hast mit allen mindestens einmal Zeit verbracht, und vorhin meintest du, jede von ihnen hätte irgendeine komische Verbindung zum College. Und trotzdem hast du gar keine Idee, wer es sein könnte?«

Ich hebe mir meine Teddy-Aufmunterungsrede für später auf, nachdem wir den Geocache gefunden haben und er mir richtig zuhört. »Nein«, gestehe ich. »Aber zu meiner Verteidigung muss ich erwähnen, dass mich auch keine von ihnen erkannt hat.«

»Stört dich das?«

Ich ziehe die Nase kraus. »Ich weiß nicht.« Teddy hat seinen Schritt genug verlangsamt, dass ich wieder klar denken kann, was mich dazu bringt, etwas zu sagen, das ich bisher gar nicht in Erwägung gezogen habe. »Ich schätze, ich bin … ein bisschen erleichtert. Dass sie mich nicht sofort erkannt haben. Bisher habe ich mir immer Sorgen gemacht, dass sie das dumme ›Little Jo‹-Video gesehen haben könnte, wer auch immer sie ist.«

Teddy schenkt mir einen wissenden Blick. »Wäre das denn so schlimm?«

Jetzt da ich es laut ausgesprochen habe – diesen privaten, peinlichen Gedanken, den ich so lange für mich behalten habe –, bin ich mir nicht mehr so sicher. Ich war so sehr damit beschäftigt, mich neu zu erfinden, dass ich den Grund dafür vollkommen aus den Augen verloren habe. Ob ich es getan habe, um etwas loszuwerden – oder etwas zu finden. Teile von mir, die kein Teil von Cooper, Heather oder sonst jemandem sind, den ich kenne. Dinge, die nur ein Teil von *ihr* sein können.

Ich blinzle, um den Gedanken abzuschütteln. »Ich will, dass sie mich von meiner besten Seite sieht. Und das war nicht meine beste Seite«, sage ich mit Nachdruck, doch der nächste Teil blubbert unaufgefordert aus mir heraus. »Um ehrlich zu sein, macht es mich ein bisschen wütend, dass mich keine von ihnen erkannt hat. Als Millie. Ihre Tochter.«

Das Schlimmste ist, dass ich nicht mal weiß, gegen wen ich meinen Frust richten soll. Gegen sie? Gegen mich selbst? Stattdessen nimmt er in mir eine formlose Gestalt an und zieht mich herunter, ohne mir eine Richtung zu weisen.

»Nun, vielleicht ist es an der Zeit … einfach eine auszuwählen. Und sie zu fragen.«

Ich beiße mir auf die Innenseite meiner Wange. »Aber

ich will sie kennenlernen. Damit ich mir sicher sein kann. Was, wenn ich falschliege?«

Teddy zuckt mit den Schultern. »Du musst nach diesem Sommer keine von ihnen wiedersehen. Was spielt es denn für eine Rolle?«

Uff. Es ist, als würden die Worte einfach durch meine Ohren hindurchrauschen und mich voll in meinen Solarplexus treffen.

»Vielleicht … will ich sie ja wiedersehen.«

»Alle?«

»Ist das merkwürdig?«

Teddy bleibt abrupt stehen. Wir sind noch mindestens zwei Blocks vom Geocache entfernt, und der Timer läuft. Deshalb weiß ich, dass er es verdammt ernst meint, als er innehält und mir in die Augen sieht.

»Nein, ich finde nicht, dass das merkwürdig ist. Aber alles andere könnte merkwürdig sein. Glaubst du wirklich, dass sich eine von ihnen in die ganze Precollege-Sache verwickeln lassen will?«, fragt Teddy. »Und selbst wenn sie es tun würden … Glaubst du wirklich, Coop würde dadurch seine Meinung ändern?«

So entschlossen ich die ganze Sache auch geplant habe – das Praktikum, die Broadway Bugs, der Tanzkurs –, ich habe das Szenario nie zu Ende gedacht. In meiner Vorstellung bin ich nur so weit gekommen, dass ich herausfinde, wer von ihnen meine Mom ist, und ich dann aufs Precollege gehe.

Ich habe auch den Teil übersprungen, in dem ich plötzlich für den Rest meines Lebens weiß, wer meine Mom ist. Und dass die anderen beiden, die *nicht* meine Mom sind, vielleicht nicht mehr Teil meines Lebens sein werden.

»Ich weiß es nicht«, gestehe ich.

»Ich auch nicht. Und deshalb glaube ich, dass du nicht nur versuchst, deine Mom zu finden. Ansonsten hättest du sie einfach gefragt.« Verdammt. Zwischen Krimskrams suchen und sich Snacks in den Mund zu schieben, ist Teddy unheimlich scharfsinnig. »Du bist vieles, Millie. Aber subtil gehört nicht dazu.«

Es ist vielleicht ein wenig übertrieben, dass ich glitzernde Regenbogen-Armreifen trage, die so funkeln, dass ich damit einen Passanten blenden könnte.

»Es ist nur …« Ich atme tief durch, und es ist, als würden die Worte, die ich heute Morgen aufgeschrieben habe, nun wieder aus mir herausfließen. »Vielleicht stimmt es. Dass ich will, dass die Menschen mich mögen. Und vielleicht muss ich zuerst sichergehen, dass *sie* mich mag. Wer auch immer es von den dreien ist.«

»Wie meinst du das, vielleicht stimmt es? Wer hat das gesagt?«

Oliver hat das gesagt. Und vielleicht auch schon andere vor ihm. Aber aus irgendeinem Grund bleiben die Sachen, die Oliver zu mir sagt, länger hängen. Und nur, weil es eine spitze Bemerkung war, heißt das nicht, dass sie nicht wahr war.

»Ich meine, es würde passen«, sage ich leise. »Ich weiß, dass es damit angefangen hat, dass ich aufs Precollege will, aber ich glaube …«

Ich weiche von dem Satzende zurück, als wäre ich zu nah ans Feuer geraten. Aber es ist egal. Teddy weiß sowieso, was ich sagen wollte.

»Hey«, sagt er.

Ich zupfe an seinem Arm. »Wir müssen uns den Geocache schnappen.«

»Wir können auch mal jemand anderes gewinnen lassen. Hör zu.« Er legt die Hände auf meine Schultern und hält mich fest. »Das stimmt nicht, dass du von allen gemocht werden willst. Glaub mir. Das wüsste ich. Die Hälfte von Stone Hall hat immer noch Angst vor dir, weil du ihnen die Köpfe abgerissen hast, als sie sich auf dem Schulball im ersten Jahr über meine Krawatte lustig gemacht haben.«

»Ich hoffe, sie träumen nachts von mir.«

Teddy grinst. »Verstehst du, was ich meine?« Er lässt mich los, sieht mich aber immer noch mit seinem Hundeblick an. »Ich würde sagen, du bist ehrgeizig. Das ist etwas anderes. Du gehst durch die Welt, als müsstest du etwas beweisen.«

Er sagt es, als wäre es eine Tatsache. Als wäre er stolz darauf. Aber vielleicht sollte er das nicht sein. Vielleicht hat er den Nagel gerade auf den Kopf getroffen. Wer auch immer meine Mom ist – ich will ihr beweisen, dass ich anders bin.

»Ich glaube, hinter der ganzen Sache steckt etwas anderes.«

»Vielleicht«, räume ich ein.

Schon als ich es sage, wird mir bewusst, dass es mehr ist als nur ein Vielleicht. Es war nicht nur das Precollege, das die Dinge verändert hat. Es ist, als hätte etwas von mir Besitz ergriffen, als ich die LiveJournal-Einträge gelesen habe. In dem Moment verwandelte sich die graue Fantasiefigur in meinem Hinterkopf zu einem lebendigen, atmenden Wesen. Sie wurde Realität. Eine Realität, die plötzlich zum Greifen nah war.

Teddy legt den Kopf schief, als würde er nach tröstenden Worten suchen, aber was das angeht, sind wir beide nicht besonders gut. Wir sind nur gut darin, füreinander da zu sein.

Da wir gerade davon sprechen. »Los!« Ich zerre an seinem Arm. »Wir haben noch zwei Minuten, um die anderen zu schlagen. Und in diesen zwei Minuten werde ich dir ausführlich erzählen, warum man sich durchaus in dich verknallen kann.«

»Das musst du wirklich nicht tun.«

»Du bist sehr groß und sehr symmetrisch!«, rufe ich und renne los.

Teddy hebt alarmiert die Augenbrauen und bemüht sich, mir hinterherzukommen.

»Und du teilst immer deine Reese's Puffs!«

»*Millie* …«

»DU SCHNARCHST NUR IN MITTLERER LAUTSTÄRKE!«

»Verdammt sei deine beeindruckende Lungenkapazität«, knurrt Teddy, und weg sind wir. Wenigstens für eine Weile rückt alles andere in den Hintergrund.

Kapitel 15

Am nächsten Morgen bin ich schon früh wach, fest entschlossen, den gestrigen Tag hinter mir zu lassen. Ich föhne mir das Haar, finde ganz hinten in meinem Schrank ein knallrotes ausgestelltes Kleid, schlüpfe in Heathers Boots und marschiere zu CVS, wo ich fünfzehn Minuten damit zubringe, mir zu überlegen, welchen Notizblock und welche Stifte ich kaufen soll. Wenn die Schreiberei es schafft, eine Millie-Laune im Keim zu ersticken, ist es die Investition wert, um herauszufinden, ob sie auch noch andere Millie-Launen stoppen kann.

Ich entscheide mich für ein glitzerndes Notizbuch, denn wenn ich das Geld vom Praktikum schon ausgebe, dann kann ich es auch richtig krachen lassen. Danach gehe ich zu der Bäckerei, die ich so sehr liebe, und frage mich, ob ich Oliver dort treffen werde. Als jemand meinen Namen ruft, zucke ich nicht mal mit der Wimper und drehe mich um, als hätte ich damit gerechnet – nur, dass es nicht Oliver ist. Sondern Chloe.

»Hi hi hi«, ruft sie und rennt mit ihrem Smartphone in der Hand auf mich zu. »Guten Morgen! Warum bist du denn schon so früh wach?«

»Mein Praktikum«, erwidere ich und kann mir ein *Uff* kaum verkneifen, als sie mich fest in die Arme schließt. »Warum bist *du* denn schon so früh wach?«

Sie schaltet das Display aus und schiebt das Handy in

ihre Hosentasche. »Nur, ähm … Es war so schön draußen. Ich wollte einen kleinen Spaziergang machen«, erwidert sie schnell.

Irgendwie kommt es mir komisch vor, ihr nur »Hallo« und »Tschüss« zu sagen, auch wenn wir uns erst vor zwei Tagen gesehen haben. »Wollen wir uns ein Croissant teilen?«

»Ähm, *ja.*«

Ich werfe einen Blick auf die Uhr, während wir uns in die Schlange stellen und ein Croissant, einen Iced Americano für mich und einen Iced Vanilla Latte für Steph bestellen. Sie schlürft die Schokolade so schnell, dass es ein Wunder ist, dass sie keinen Gefrierbrand bekommt, und erzählt mir von dem Fliegenden-Affen-Kostüm, das sie ihrem Hund Seymour beim *Zauberer von Oz*-Treffen anziehen wird.

»Warum habe ich das Gefühl, dass du deinem Hund den Namen gegeben hast, nachdem du *Der kleine Horrorladen* gesehen hast?«, frage ich und breche das Croissant in zwei Hälften.

Als ich ihr ihre Hälfte reiche, erwidert sie wie aufs Stichwort: »Füttere mich, Seymour.« Ich muss lachen, und sie wird knallrot, wirkt aber zufrieden mit sich.

»Also …« Stirnrunzelnd starrt Chloe auf ihre Schokolade. Der nervöse Gesichtsausdruck ist wieder da. Ich warte darauf, dass sie irgendetwas über Teddy sagt, doch stattdessen fragt sie: »Geht es in der Theaterabteilung an der Cornelia sehr brutal zu? Ich habe schon ein paar Geschichten gehört.«

Meine Schultern entspannen sich. »Nee. Inzwischen ist es ziemlich entspannt.« Ich halte inne. »Nun, *ich* bin nicht entspannt, aber der Vibe dort schon.« Dann richte ich den Zeigefinger auf sie. »Außer unserem Bühnenmeister Oliver Yang. Willst du meinen Rat hören? Stell dich mit ihm gut.«

»Weil er fies ist?«

Noch vor ein paar Wochen hätte ich Ja gesagt. Auch wenn wir uns in den letzten Tagen gut verstanden haben, macht es nicht die letzten Jahre ungeschehen, in denen er gegen mich intrigiert hat. Aber das lag allein an unserer Dynamik und hatte rein gar nichts damit zu tun, wie er zu anderen ist.

»Nein. Er wird auf dich aufpassen«, sage ich ihr, denn so viel steht fest.

Chloe zückt ihr Handy und öffnet die Notiz-App. »Oliver … gut stellen«, murmelt sie vor sich hin. »Ich habe mir die Homepage von der Schule angesehen, aber noch gibt es kein Update, was nächstes Jahr gespielt wird. Weißt du es schon?«

Ich lehne mich über den Tisch und werfe einen Blick aus dem Fenster, als könnte mich Oliver von zwei Blocks entfernt hören und wie Hulk durch die Scheibe stürzen. »Nun, offiziell weiß ich es noch nicht«, erwidere ich lächelnd. »Aber inoffiziell ist eine Freundin von mir für die Kostüme zuständig, und basierend auf der absurden Menge an Overalls, die sie ihrer Pinterest-Seite hinzugefügt hat, nehme ich an, dass es *Mamma Mia* wird.«

Ihre Augen beginnen zu strahlen, als hätte ich ihr gerade gesagt, dass sie bei einer Gameshow gewonnen hat. »Heilige Scheiße. Das ist eins meiner Lieblingsmusicals.« Doch dann lässt sie die Schultern hängen. »Aber sie haben bestimmt schon gecastet, oder?«

Oh Mist. Daran habe ich gar nicht gedacht. Hin und wieder wechseln welche zu uns an die Cornelia, aber ich habe mich noch nie wirklich damit beschäftigt.

»Es haben schon Vorsingen stattgefunden, aber sie geben den Cast erst bekannt, sobald wir wieder in der Schule sind«, erwidere ich.

»Dann kann ich wahrscheinlich nicht mitmachen.«

Ich verspeise mein Croissant und überlege, wie ich sie noch trösten kann, statt sie weiter mit Süßkram vollzustopfen. Die Kostümabteilung wäre bestimmt froh um ein wenig Hilfe, und in der Öffentlichkeitsarbeit brauchen wir auch immer helfende Hände. Wenn sie schon nicht *in* der Show sein kann, dann kann sie wenigstens dazu beitragen.

Es sei denn …

»Nun … mach ein Video«, sage ich, bevor ich richtig darüber nachgedacht habe. »Wir geben es Oliver, und der gibt es unserer Lehrerin.«

Chloe blinzelt mich an. »Ein *Video* machen?«

»Ja. Such dir einfach einen Ausschnitt mit zweiunddreißig Takten aus.«

Ihre Stimme ist so leise, dass sie beinahe vom Geräusch der Kaffeemühle verschluckt wird. »Aber *was* denn?«

Ich zucke mit den Schultern und versuche, lässig zu bleiben. Da ich als Dramaqueen aus eigener Erfahrung spreche, weiß ich, dass es zu nichts führt, ebenfalls panisch zu werden.

»Bei ›Watch What Happens‹ warst du großartig«, erinnere ich sie.

»Ich …« Sie schüttelt den Kopf. »Nein, war ich nicht.«

Ich senke das Kinn und starre sie durchdringend an.

»Doch, warst du«, sage ich mit Nachdruck. »Du hast eine wundervolle Stimme.«

Es ist die Wahrheit – sie hat eine einzigartige Stimme, süß und leise und mit dem Vibrato eines kleinen Vogels. Ich würde es ihr auch sagen, aber ihr Kinn hat bereits zu zittern begonnen. Wenn ich jetzt noch nachlege, schämt sie sich nur.

»Ich wüsste nicht mal, wie ich so ein Video aufnehmen sollte«, sagt sie.

Zumindest dieser Teil ist einfach. »Teddy macht das für dich. Er nimmt ständig Videos für mich auf«, erwidere ich und zücke mein Smartphone.

Chloe lehnt sich so schnell nach vorn, dass ihr Stuhl ein knarzendes Geräusch von sich gibt. »Oh … nein, du musst ihn nicht fragen …«

»Glaub mir, er hat heute nichts zu tun, außer ein Teddy-großes Loch ins Sofa zu sitzen und Geocaches nachzujagen.«

Ich schreibe ihm, bevor Chloe es mir ausreden kann.

»Aber dann muss ich vor ihm *singen.*«

»Das hast du doch schon. Schon vergessen? Kein Druck.« Ich tätschle ihr die Hand – und zwar die, die sie zweifelsohne ausgestreckt hat, um mir das Smartphone wegzunehmen. »Außerdem habe ich während meiner gesamten Pubertät vor Teddy gesungen. Selbst wenn du einen Take vermasselst, verspreche ich dir, dass er das schon tausendmal schlimmer gehört hat.«

Chloe schluckt schwer. »Okay. Na ja. Und wenn ich es tun würde … was soll ich dann anziehen?«

Ich winke ab. »Das, was du anhast, ist vollkommen in Ordnung.« Sie begutachtet ihr Blumen-T-Shirt und ihre

Jeans und sieht mich unsicher an. Ich streife ein Haargummi von meinem Handgelenk und reiche es ihr. »Aber du musst dir die Haare zusammenbinden, damit man dein Gesicht sehen kann.«

Sie nimmt es entgegen, als hätte ich ihr gerade einen Diamanten geschenkt. Dann sieht sie mich wieder an. »Meinst du, sie casten mich?«

Da wir es geschafft haben, dass mittlerweile jede Rolle zweifach besetzt wird, ist es nahezu unmöglich, dass sie sie nicht nehmen. Aber ich sehe keinen Sinn darin, ihr die Magie schon vorab zu rauben. Also ergreife ich ihre Hand und drücke sie.

»Da bin ich mir ganz sicher.«

Kurz sieht sie mir in die Augen, als hoffte sie, dass ich noch mehr sage. Als ich es aber nicht tue, schüttelt sie ihr Haar nach hinten und bindet es mit meinem Haargummi zu einem Pferdeschwanz. »Danke, Millie«, sagt sie mit einem schüchternen Lächeln.

»Kein Problem.« Ich werfe einen Blick aufs Handy. »Ich muss los. Aber warte hier. Teddy meinte, dass er sich hier mit dir trifft und seine Kamera mitbringt.« Ich nehme meine Handtasche vom Stuhl und wische die Krümel von meinem Kleid. Dann halte ich inne und blicke herunter auf den Tisch. »Und iss dein Croissant, bevor Teddy auftaucht. Sonst isst er es für dich.«

Mit meinem Kaffee in der einen Hand und Stephs in der anderen fege ich aus der Bäckerei und will gerade mit der Hüfte die Tür aufstoßen, als jemand über meinen Kopf greift und sie für mich öffnet.

»Du lieber Himmel!«, rufe ich, bevor ich mich eines Besseren besinnen kann. Zu meiner Verteidigung muss ich allerdings erwähnen, dass Georgie einfach aus dem Nichts aufgetaucht ist. »Ähm … ich meine … guten Morgen.«

Mit dem Kinn deutet Georgie auf den Bürgersteig, um mich daran zu erinnern weiterzugehen. Ich tue, wie mir geheißen, aber nicht, bevor ich nicht einen letzten Blick zurück ins Café geworfen habe und mich frage, wie ich sie übersehen konnte, schließlich saß ich mit dem Gesicht zur Tür. Saß sie etwa die ganze Zeit an einem der anderen Tische?

Wir gehen die Straße hinab, und ich nehme einen großen Schluck von meinem Kaffee, um das Schweigen zu füllen. Aber ausnahmsweise ergreift diesmal Georgie das Wort.

»War das dein … Schützling?«

Was Chloe genau für mich ist, ist im Moment eine Grauzone, sodass ich einfach nicke und im Gleichschritt neben Georgie hergehe. »So in der Art. Sie geht ab nächstem Jahr auf meine Schule.«

Georgie nickt ebenfalls. »Mentoring ist wichtig. Deshalb biete ich auch die Praktika an.«

Hm. Das ist aber weit aus dem Fenster gelehnt für jemanden, der denkt, mein Vorname wäre »Mein Mittagessen ist bereit zur Abholung« und Olivers »Frag Steph«, aber immerhin ist das auch mein erster Job, bei dem ich nicht meiner Tante Bericht erstatten muss.

Als sie meinen Gesichtsausdruck sieht, fügt sie hinzu: »Der zweite Teil des Sommers wird wesentlich praxisorientierter.«

Wir gehen beinahe im Gleichschritt, keine hinkt hinterher, keine eilt voraus. »Dann schikanieren Sie uns also nur.«

Sie hebt eine Augenbraue. »Eine gute Arbeitsmoral ist wichtig.« Dann richtet sie den Blick wieder nach vorn und raunt aus dem Mundwinkel: »Sowie die Fähigkeit, mit Kollegen zurechtzukommen.«

Kurz denke ich darüber nach, ob ich es sagen soll oder nicht. »Oliver und ich haben aufgehört, uns gegenseitig umbringen zu wollen, falls Sie das meinen.«

Das bringt mir ein klitzekleines Grinsen ein. Wahrscheinlich ist nur selten jemand frech zu ihr, aber nach gestern kann ich mich sowieso nicht *noch mehr* blamieren.

»Eine sehr kluge Entscheidung.«

»Wahrscheinlich«, stimme ich zu, obwohl es eigentlich keine bewusste Entscheidung war, sondern etwas, das sich einfach so ergeben hat.

Einen Block lang gehen wir schweigend nebeneinanderher, aber es ist nicht merkwürdig. So, wie uns die Leute ansehen, müssen wir mit unseren grellen Outfits und unserem Auftreten ziemlich einschüchternd wirken. Eine Dame sieht sogar zweimal hin. Ich linse hinüber zu Georgie mit ihrem lilafarbenen Blazer und dem offenen, wilden Haar, und obwohl sie so unbeeindruckt wirkt wie neunzig Prozent der Zeit, spüre ich, dass ihr die Blicke auch nicht entgehen.

Kurz bevor wir das Büro erreichen, ziehe ich das Notizbuch hervor. »Ich, ähm, habe mir mein eigenes gekauft, um hineinzuschreiben.«

»Nun.« Sie beäugt den Glitzer darauf, der so leuchtet, dass er einen durchsichtigen Schatten auf den Boden wirft. »Das wirst du niemals verlegen.«

»Kein Glitzer-Fan?«, frage ich und öffne ihr die Tür.

»Ich bin im Showbusiness, Millicent.« Sie streicht sich

das Haar hinters Ohr und präsentiert mir so gelassen ihren Ohrring, dass es beinahe unabsichtlich erscheint, doch dann fügt sie hinzu: »Glitzer liegt mir im Blut.«

Ich korrigiere sie erst gar nicht und grinse sie einfach nur an, während sie auf den Aufzug zusteuert. Nachdem sie den Knopf gedrückt hat, wendet sie sich mir zu.

»Ich nehme an, das Problem von gestern wurde … gelöst?«, fragt sie so diskret, als hätte sie mich eben gefragt, ob ich den Mord ausgeführt habe.

Ich bereite mich auf die aufsteigende Scham vor, aber komischerweise bleibt sie aus. Sie hat mir gesagt, dass ich mich nicht schämen soll, und ich schäme mich nicht. Vielleicht ist Georgie tatsächlich so mächtig.

»Es besteht immer noch«, gestehe ich. »Aber Sie hatten recht. Schreiben hilft.«

Sie nickt. Dann piept ihr Smartphone in ihrer Hand, und sie öffnet ihr Mail-Programm. Nachdem wir aus dem Aufzug gestiegen und den Wartebereich des Büros betreten haben, bleibe ich wie angewurzelt vor Stephs Theke stehen. Sie ist wieder nicht gekommen.

»Keine Sorge. Steph ist morgen wieder da. Dann müsst ihr euch nicht mehr mit mir herumschlagen.«

»Dagegen habe ich gar nichts«, erwidere ich lächelnd. Wieder hebt sie eine Augenbraue, bleibt aber lange genug stehen, dass ich weiß, dass das der Grad an Frechheit ist, mit dem ich bei ihr durchkomme. Es ist keine komplett neue Georgie, die ich gerade kennenlerne, aber eine weitaus interessantere. Ich frage mich, was denjenigen erwartet, der es in die »zweite Sommerhälfte« schafft.

»Ich nehme nicht an, dass Sie den wollen?«, frage ich und meine damit Stephs Kaffee.

Georgie beäugt ihn. Ich merke, dass sie ihn nicht nehmen will, aber nur aus Prinzip, nicht, weil sie ihn nicht will.

Also gebe ich ihn ihr einfach. »Sie haben vielleicht Glitzer im Blut, aber auch eine Tonne Koffein.«

Sie macht ein Geräusch, das eventuell ein Lachen sein könnte, und nimmt einen Schluck. »Nicht schlecht«, sagt sie. Dann geht sie in ihr Büro und schließt die Tür.

Kurz darauf steigt Oliver aus dem zweiten Aufzug und beäugt mich sofort misstrauisch.

»Wie kann es sein, dass du mir immer zuvorkommst?«

»Weil ich Kaffee trinke wie eine richtige New Yorkerin, und du trinkst Tee, als hätte die Amerikanische Revolution niemals stattgefunden.« An dieser Stelle würde Oliver eigentlich einen Kommentar ablassen, dass ich nur selten etwas anderem als Theater meine Aufmerksamkeit schenke, doch stattdessen tastet er drei seiner Taschen ab, bevor er schließlich in der vierten sein Handy findet. »Du wirkst gestresst.«

»Ähm, ja.« Oliver wirft einen Blick auf das Display und sieht, dass wir noch ein paar Minuten haben, bis Georgie wieder auftaucht und uns unsere Listen gibt. »Im Milkshake Club hat jemand abgesagt. Meine Brüder dürfen als Vorband auftreten. Heute Abend.«

Selbst ich bin überrascht, das zu hören. Wenn eine Vorband absagt, lässt es Carly meistens einfach sein. »Sieh mal einer an«, sage ich. »Stellst du jetzt die Truppen zusammen?«

»Ich wecke die Truppen auf. Keiner von ihnen ist je vor Mittag bei Bewusstsein.« Er tippt auf seinem Handy herum. »Ich muss meine Mom anrufen, damit sie sie weckt.

Sie werden denken, dass sie ihnen einen Streich spielt. Ich fasse es nicht.«

Oliver ist jetzt voll im Bühnenmeister-Modus, hochkonzentriert und total aufgedreht – und er liebt jede einzelne Minute. Ich lehne mich gegen Stephs Theke.

»Du starrst«, murmelt er.

»Ich überlege nur, was ich ins Telefon schreie, wenn deine Mom rangeht.«

»Das würdest du nicht tun.«

»Ich schwanke zwischen so zu tun, als wäre ich eine Drogendealerin, und ›Hat jemand meine Unterhose gesehen‹ zu schreien.«

»Millie, ich schwöre bei … Hi, Mom.«

Olivers Ton ist ganz der gut erzogene Sohn, doch seine Augen funkeln warnend. Ich beiße mir auf die Unterlippe, warte auf den richtigen Moment, während er seine Anweisungen herunterrattert, und mache einen Schritt auf ihn zu. Dann noch einen. Und noch einen. Bis ich direkt vor seinem Gesicht stehe. Ich sehe ihm an, dass er hin- und hergerissen ist zwischen böse dreinzublicken und zu versuchen, nicht zu lachen.

»Ja. Danke, Mom. Hab dich auch lieb.«

Ich pikse ihm zwischen die Rippen, und er lacht genau in dem Moment los, als er auflegt. Kichernd werfe ich den Kopf in den Nacken, und mir entgeht vollkommen, wie er einen Satz nach vorn macht, um mich ebenfalls zu piksen. Ich quietsche so laut, dass Oliver versucht, mich zum Schweigen zu bringen, doch inzwischen müssen wir beide so heftig lachen, dass wir beinahe mit den Köpfen zusammenstoßen.

»Du bist echt gefährlich«, sagt er grinsend.

Ich greife den Saum meines langen Kleids und werfe ihm das Rockteil entgegen, als wäre ich in *West Side Story*. »Und *du* musst dich entspannen. Deine Brüder kriegen das schon hin.«

Oliver blickt herunter auf den Stoff. »Woher willst du das wissen?«

»Weil ich sie online gestalkt habe«, erwidere ich und verschränke die Arme.

»Was?« Olivers Kopf schnellt so hastig zurück, dass ich beinahe sein Genick knacken höre. »Wann?«

»Direkt nachdem du am Freitag nicht mehr in Sichtweite warst«, entgegne ich mit einem Augenrollen.

»Oh«, sagt Oliver.

»›I Only Came to Meet Your Dog‹ gefällt mir besonders gut. Ein richtiger Partykracher.«

»Ja?«

Dann wird er plötzlich ganz regungslos, wie er es immer wird, wenn er etwas zu sehr überdenkt. Normalerweise führt das dann dazu, dass er das ganze Lichtkonzept über den Haufen wirft und die Techniker in den Wahnsinn treibt, oder dass er so viele Requisiten umplatziert, dass er sich am Ende in herumliegenden Federboas verheddert. Ich erschaudere bei dem Gedanken, was er jetzt tun wird, wenn ich es zulasse.

»Atme, Oliver. Du hast schon genug getan. Jetzt sind sie dran.«

Er blickt drein, als wollte er nicht auf mich hören, aber er holt trotzdem Luft, was ich als Gewinn verzeichne. Er starrt auf meinen Rock, den ich ihm gerade entgegengeworfen habe, dann sieht er wieder mich an. »Hm.«

»Was denn?«

Er blinzelt und schüttelt den Kopf. »Ich versuche nur herauszufinden, was die nächste Millie-Phase sein wird.«

»Oh.« Ich blicke an mir herab. »Ich weiß noch nicht.«

»Nun.« Oliver hebt in einer merkwürdigen, aber niedlichen Geste die Hand und sagt: »Sieht schön aus.«

Kurz bin ich zu überrascht, um etwas zu erwidern, und wappne mich schon für einen spitzen Kommentar. Doch es kommt keiner. Es ist einfach nur Oliver, der mir so direkt in die Augen sieht, dass ich erröte und etwas tue, das ich eigentlich nie tue – ich wende zuerst den Blick ab.

»Danke«, sage ich und werfe mein Haar über die Schultern. »Es wird noch schöner aussehen, wenn ich heute um dich herumwirble.«

Oliver strafft die Schultern, als würde er die Herausforderung annehmen. »Das werden wir noch sehen.«

Georgie kommt aus ihrem Büro, um uns die Aufgabenlisten zu geben, doch an jedem Klemmbrett steckt ein Ticket. Ich schnappe nach Luft, bevor Oliver überhaupt kapiert hat, was passiert, denn ich habe gerade in vertrauten fett gedruckten Buchstaben die Worte *Greek Life* entdeckt – den Namen von Gloria Dearhearts Show.

»Ihr müsst nicht hingehen, wenn ihr nicht wollt. Aber ihr könnt«, sagt Georgie knapp.

»*Nicht hingehen?*«, platze ich heraus. Ich würde meine Niere verkaufen, um in dieses Theater zu kommen. »Wie kann das überhaupt sein?«

Sie hebt eine Augenbraue, und wenn mich nicht alles täuscht, wirkt sie beinahe zufrieden, weil wir nicht voll im Bilde sind. Dass *sie* diejenige ist, die uns aufklären muss. »Es ist noch nicht offiziell«, sagt sie, »aber Tyler Dean

Bassey wurde eine Hauptrolle angeboten. Und Baron übernimmt die Rolle des Poseidon.«

»Heilige…s *Kanonenrohr*«, sage ich. Da habe ich mich gerade noch rechtzeitig zusammengerissen.

Dann dreht sie sich um, aber nicht bevor ich nicht ihr kleines Grinsen gesehen habe.

»Nun«, sagt Oliver, »das ist gerade der am wenigsten langweilige Tag unseres Lebens geworden.«

So habe ich mich nicht mehr gefreut, seit wir im ersten Schuljahr vergünstigte Karten für *Hamilton* bekommen haben. Diesmal habe ich es wenigstens geschafft, nicht zu schreien.

»Da sagst du was.«

Dann werfen wir einen Blick auf unsere Listen, und fast bin ich enttäuscht, dass keine Aufgabe mit Leuchtstift markiert wurde. Nach dem ganzen Trubel laufe ich Oliver den Rest des Tages kaum noch über den Weg. Er lässt sogar seine Mittagspause sausen, um so früh wie möglich zu gehen, um seinen Brüdern beim Aufbau zu helfen.

Ich gehe nach Hause und klopfe an Teddys Tür, doch er reagiert nicht. Vielleicht ist er immer noch mit Chloe unterwegs, also beschließe ich, ihm vorsichtshalber nicht zu schreiben. Heather ist auch weg. Sie hat mir eine Notiz hinterlassen, dass sie meine Lieblingstiefkühlpizzen gekauft hat und unten im Club ist, falls ich sie brauche. Kurz stehe ich einfach in der Küche und realisiere, dass ich gerade einen seltenen Moment für mich allein habe.

Normalerweise habe ich das Gefühl, dass solche Momente Zeitverschwendung sind. Dann singe ich mir die Seele aus dem Leib oder übe einen besonders seltsamen Monolog und bin froh, dass niemand da ist, der beobachtet, wie ich mich zum Affen mache. Aber gerade kann ich nur daran denken, wie still es hier ist – und wie laut mein Gehirn. Als würde mir die Leere des Apartments zu viel Raum geben.

Ich klappe Heathers Laptop auf und gehe wieder auf die Homepage der Madison. Ich betrachte die rotwangigen Schülerinnen und Schüler auf den Fotos. Ein Mädchen, das als Olive in *Spelling Bee* im Scheinwerferlicht steht, ihr Mund zum Singen geöffnet, die Arme voller Gefühl ausgebreitet. Eine Gruppe von Schülern, die beim Tanzen fotografiert wurde, als sie gerade in die Luft springen. Die Tagline unter dem Logo der Schule, die man schon sieht, bevor man überhaupt nach unten scrollt: *Werde der Mensch, der du sein sollst.*

Vielleicht ein wenig übertrieben für ein Precollege, aber die Worte sind mir im Kopf geblieben, seit ich sie zum ersten Mal gelesen habe. Ich weiß, dass ich ungeduldig bin. Ich weiß, dass ich noch keine Antworten auf meine Fragen habe. Aber die bekommt man erst, wenn man sein altes Leben hinter sich lässt, oder nicht? Wie soll ich herausfinden, wer ich bin, wenn ich die ganzen letzten Jahre damit verbracht habe herauszufinden, wer ich *nicht* bin?

Draußen geht langsam die Sonne unter. In mir kribbelt es. Ich bin unruhig. Immer wieder blicke ich hinüber zum Tisch im Wohnzimmer, an dem mein Dad für gewöhnlich sitzt und arbeitet, der stille Kern des Apartments. Zum Sessel, in dem es sich Heather immer gemütlich macht und den sie mit so vielen Decken ausgestattet hat, dass ich gar nicht mehr weiß, welche Farbe er eigentlich hat. Zu meinem Platz auf dem Sofa, direkt zwischen Heather und Dad, zwischen ihnen verankert, seit ich denken kann.

Abrupt stehe ich auf und gehe los, obwohl ich gar nicht weiß, wohin und warum. Eine Minute später betrete ich den Milkshake Club und schlüpfe hinter die Eistheke, meine kleine Ecke, von wo aus ich die Bühne und einen Teil des Publikums sehen kann. Doch keiner würde auf die Idee kommen, sich umzudrehen und mich hier zu suchen. Mein Timing ist perfekt. Carly hat gerade den letzten Mikrofoncheck gemacht und nickt jemandem zu. Ich blicke hinüber und stelle fest, dass dieser »Jemand« kein Geringerer ist als Oliver, umringt von seinen drei Brüdern. Sie sehen alle so unterschiedlich aus, dass man niemals meinen würde, dass sie eine Band sind, und schon gar nicht Brüder. Dann nickt Oliver. Das Licht verändert sich, und die Leute blicken von ihrem Eis auf und zur Bühne.

Elliot springt zuerst auf die Bühne. Er trägt nicht zusammenpassende Jeansklamotten und greift nach einer E-Gitarre, die den dürren Vierzehnjährigen noch kleiner erscheinen lässt. Dann greift er nach dem Mikro, bevor die anderen beiden überhaupt auf der Bühne sind, und grinst frech. Seine Augen strahlen, als würde er schon jetzt die Energie des Publikums aufsaugen.

»Holt euren Lichtschutzfaktor 50 raus, denn wir sind The Four Suns«, kündigt er die Band an.

Die Menge jubelt ein wenig – dienstagabends haben es die Vorbands aus irgendeinem Grund immer besonders schwer, vor allem, wenn sie auf den letzten Drücker engagiert werden –, doch Elliot zögert kein bisschen. Und seine Brüder auch nicht.

»Ich habe dich gebeten, uns nicht so vorzustellen«, sagt David, der Leadsänger und der Bruder, der ein Jahr älter ist als Oliver. Er hat gerade an der Cornelia seinen Abschluss gemacht, ich kenne ihn also vom Sehen – und von den bunten Jogginghosen, die er immer trägt (die heute ist neonblau).

»Nun, ich schätze, du hast einen *Sonnenbrand* abbekommen, Bro.«

David versucht, ihm das Mikro wegzunehmen, doch Elliot weicht aus. Dann legt ihr ältester Bruder Hunter, Student an der Marymount Manhattan und so groß, dass sogar Teddy neben ihm normal aussieht, ihnen die Hände auf die Köpfe und tut, als wollte er sie zusammenstoßen. Beide protestieren, und Elliot hält sich die Hand vor die Augen, als würden ihn die Pailletten auf Hunters Jacke blenden, aber es gehört alles ganz offensichtlich zu ihrer Routine.

»Sorry für die beiden Schwachköpfe«, sagt Hunter mit leiser, aber dennoch gebieterischer Stimme. Ich sehe die Berechnung in seinen Augen, die Intensität – subtiler als bei Oliver, aber definitiv ähnlich. »Sie lieben sich wirklich sehr. Wir beginnen mit einer Nummer, die für das Herz unserer Band steht. Eine Hymne an die Bruderliebe. Der Song heißt ›You Ate My Taco Bell, Prepare to Die‹.«

Der Club lacht. Hunter nimmt hinter dem Schlagzeug Platz, lehnt sich nach vorn und sagt trocken ins Mikro: »Das war kein Witz. One, two, three …«

Dann wirft Hunter den Kopf nach vorn, und los geht's. Die beiden Jüngeren folgen Hunters Beat, Elliot springt mit seiner Gitarre auf und ab und dreht sich hin und wieder im Kreis, während David auf der winzigen Milkshake-Bühne auf und ab geht und singt. Elliot stimmt immer wieder mit ein, und Hunter wirft hin und wieder einen

Kommentar ein. Es dauert immer kurz, bis das Publikum begreift, doch dann fangen die Leute an zu lachen.

»Blut ist vielleicht dicker als Wasser, aber nicht dicker als ein Chalupa«, singt David. Elliot unterstreicht es mit seiner Gitarre und stimmt bei »Ich passe auf meinen Bruder auf, aber nicht, wenn er mir meinen Chalupa klaut!« ein.

Nachdem der Opener alle ein wenig aufgelockert hat, spielen sie eine weniger absurde, aber nicht weniger eingängige Nummer, einen schnellen Song mit dem Titel »Time Off Your Side«. Danach folgt die langsamere Rock-Ballade »800 Miles«, die mich so sehr einnimmt, dass mir erst danach klar wird, dass sie zu eintausend Prozent von Davids Freundin inspiriert wurde, die ab Herbst an der Northwestern studieren wird. Nachdem sie die Aufmerksamkeit des Publikums vollends gewonnen haben und es ganz still im Club wird, legt Elliot mit »Love at First Spite« los, einem richtigen Ohrwurm.

Mein Smartphone vibriert in meiner Hand. Eine Nachricht von Carly: *Heute Abend spielen The Four Suns. Die sind echt cool.*

Ich lächle vor mich hin und stecke das Handy weg. Ja, sie sind cool, aber sie sind mehr als das. Sie sind wie Magnete. Frisch. Überraschend. Sie sprechen abwechselnd ins Mikro, manchmal sogar gleichzeitig, aber trotzdem schaffen sie es, eine so intime Atmosphäre zu schaffen, dass man das Gefühl hat, sie würden direkt zu einem sprechen. Sie haben die Aufmerksamkeit aller, als würden sie über ein Drahtseil balancieren, aber es schwankt kein einziges Mal – nicht während der Songs und auch nicht dazwischen.

Obwohl alle Augen auf die Four Suns gerichtet sind, kann ich meine nicht davon abhalten, immer wieder in die Ecke links neben der Bühne zu wandern. Oliver steht regungslos da wie eine Statue und beobachtet die Reaktionen des Publikums wie ein Falke. Er bewegt sich nur, um seinem Bruder nach jedem Song ein stilles Signal zu geben. Aber es gibt auch Momente, in denen er sich ebenfalls in der Musik verliert. Dann wippt er in seiner nerdigen, ernsten Art mit dem Kopf im Takt der Musik, oder erwidert Elliots Grinsen, das er ihm so schnell zugeworfen hat, dass es keinem anderen aufgefallen sein kann. Und genau das sind die Momente, in denen irgendetwas in meiner Brust hüpft. Etwas Unbekanntes. Etwas, das schneller Form annimmt, als ich dafür Platz schaffen kann. Ich habe schon immer gewusst, dass ich eine Menge Leute vermissen werde, wenn ich auf die Madison gehe. Ich hätte nur nie gedacht, dass Oliver einer von ihnen sein würde.

Kapitel 16

Am nächsten Tag ist Steph wieder nicht da. Oliver und ich sind so sehr damit beschäftigt, mit unseren Aufgaben hinterherzukommen, dass wir erst miteinander sprechen, als wir gemeinsam das Gebäude verlassen. Eigentlich rechne ich damit, dass er mir von gestern Abend erzählt, doch stattdessen ist er mit seinem Handy beschäftigt.

»Wie war die Show gestern?«, frage ich, entschlossen, mich nicht von Instagram geschlagen zu geben.

»Gut«, erwidert Oliver. Ich habe mir alle fünf Songs angehört, inklusive »I'm Not What You Don't Think I Am«, einen schrulligen Song, der zum Soundtrack eines Netflix-Films gehören könnte und am Ende alle zum Tanzen gebracht hat. Ich weiß also, dass Oliver untertreibt. Ich hebe die Augenbrauen, und er lenkt ein. »Sie waren großartig. Die Leute haben sie geliebt. Die Hauptband will, dass sie mit ihnen ein paar Gigs in der Stadt spielen.«

»Da sieh mal einer an. Vielleicht brauchst du das Praktikum gar nicht«, sage ich unschuldig.

»Netter Versuch«, entgegnet Oliver. »Aber da wir gerade von Auftritten sprechen. Ich habe das Video von der Schülerin bekommen, die auf die Cornelia wechselt.«

»Oh Mist! Das habe ich ganz vergessen.« Automatisch spähe ich hinüber auf sein Handy, doch er zieht es weg. Eigentlich würde ich ihn jetzt damit aufziehen, dass er die

Fünf-Minuten-Yoga-App, die ich mal auf Heathers Handy gesehen habe, vor mir verstecken will, aber ich mache mir zu viele Gedanken um Chloe. »Wie war sie?«

»Sie klang gut«, sagt er. »Ich habe es Mrs Cooke geschickt. Hast du ihre E-Mail-Adresse oder irgendwas?«

»Ich besorge sie.« Ich lege einen Zahn zu und federe ein wenig beim Gehen. »Sie wird so süß aussehen in Schlaghosen.«

»Ich habe nie gesagt, dass wir *Mamma Mia* machen«, sagt Oliver und schließt widerwillig zu mir auf.

»Wer hat denn was von *Mamma Mia* gesagt?«, frage ich breit grinsend. »Aber danke, dass du das machst. Sie war total nervös deswegen.«

Oliver zuckt mit den Schultern, wirkt jedoch, als wollte er noch etwas anderes sagen. Wahrscheinlich irgendwas, dass ich meine Kontakte spielen lasse oder meine Position als Oberstufenschülerin ausnutze. Das Übliche eben. Aber stattdessen fragt er: »Und wer, ähm, ist Teddy?«

Ich blinzle. Teddy gehört so fest zu mir, dass ich ganz vergessen habe, dass Oliver ihn noch gar nicht kennt. Aber ich habe ihm Olivers E-Mail-Adresse gegeben, um ihm Chloes Video zu schicken, also kennt er ihn jetzt, schätze ich.

»Er ist mein bester Freund«, erwidere ich, auch wenn es sich anfühlt wie eine Untertreibung.

Oliver räuspert sich. »Oh«, sagt er und kratzt sich den Nacken. »Nun. Er scheint nett zu sein.«

»Ja, das hat er so an sich«, erwidere ich und mustere Olivers Gesicht.

Als er merkt, dass ich ihn anstarre, kommt er zurück in die Realität. »Aber du solltest trotzdem lieber vorsichtig sein mit deinem *besten Freund*, denn er wollte von mir peinliche Geschichten über ›Schul-Millie‹ hören, um sie dir unter die Nase zu reiben.«

»Zum Glück habe ich in meinem ganzen Leben noch nichts Peinliches gemacht.«

»Zum Glück«, sagt Oliver trocken. »Warte mal, ich dachte, du wohnst in dieser Richtung.«

Ich bleibe auf dem Bürgersteig stehen. »Ja, aber ich glaube, ich setze mich noch eine Weile in ein Café«, erwidere ich und deute in die entgegengesetzte Richtung. Ich habe Teddy gesagt, dass wir uns heute Abend auf einen Sundae im Milkshake Club treffen, aber wie ich ihn kenne, wird er noch mindestens eine Stunde lang GeoTeenen.

»Oh … ich …«

Ich kenne das gesamte Repertoire von Olivers Gesichtsausdrücken. Zum einen gibt es da den patentierten finsteren Bühnenmeister-Blick. Dann gibt es noch den Blick, bei dem er so hoch konzentriert ist, dass er wahrscheinlich nicht mal merken würde, wenn der Theatervorhang Feuer fangen würde. Dann ist da noch das kleine, zögerliche Lächeln, das ich ihm hin und wieder mit meiner Theatralik entlocken kann. Und das breitere, echtere, das manchmal zum Vorschein kommt wie die Sonne an einem verhangenen Tag.

Aber diesen Ausdruck kenne ich noch nicht. Ich würde sagen, dass es sich um Verwirrung handelt, aber er hat auch etwas Verzweifeltes, als würden Olivers Augen schweigend schreien.

»Es gibt da etwas, worüber ich mit dir reden wollte«, sagt er schnell.

»Wegen des Praktikums?«

Oliver blickt die Straße hinab. »Ja.« Dann überquert er sie und geht in Richtung meines Wohnblocks. Ich folge ihm, zu perplex, es nicht zu tun. Doch er sagt nichts, blickt einfach nur nach hinten, um sicherzugehen, dass ich noch da bin.

»Und?«, hake ich nach.

»Oh. Ähm …« Oliver ist eigentlich kein Mensch, der ins Stammeln gerät, weshalb ich nun nicht mehr leicht genervt, sondern hoch interessiert bin. »Ich wollte nur … sichergehen, dass nichts zwischen uns steht.«

Zurück zu leicht genervt. »Wenn ich das Praktikum bekomme, meinst du?«

Oliver lacht. »Wenn es einer von uns beiden bekommt.«

»Klar«, sage ich und werfe einen Blick zurück zum Café. Ich wollte ein bisschen Zeit für mich haben, um in mein neues Notizbuch zu schreiben. Ich weiß, dass ich heute Abend meinen Dad anrufen muss, und bin deshalb schon den ganzen Tag nervös, denn bisher habe ich noch gar nicht mit ihm über den Schlamassel mit der Anmeldung gesprochen. »Nichts für ungut!«

»Gut«, sagt Oliver, ohne seine Geschwindigkeit zu verringern.

»Ist das alles, worüber du reden wolltest?«

Dann tut Oliver etwas völlig Oliver-Untypisches. Er streckt den Arm aus und ergreift meine Hand.

»Nein, es gibt da … noch etwas.«

Ich starre herunter auf unsere Hände, aber eher, weil ich mehr von mir überrascht bin als von ihm. Zwar war er derjenige, der meine Hand genommen hat, aber ich war diejenige, die unsere Finger ineinander verschränkt hat, ohne darüber nachzudenken. Und jetzt stehen wir wie angewurzelt da und starren uns an.

Ich bin drauf und dran, einen Witz zu reißen und so zu tun, als hätte ich es nur getan, um ihm mal wieder auf die Nerven zu gehen. Doch dann wird Oliver knallrot, und meine Wangen glühen ebenfalls, als hätten wir einander in Brand gesteckt. Ich weiß nicht genau, was es ist. Ob wir nervös, verwirrt oder einfach perplex sind. Aber was auch immer es ist – ich weiß, dass wir genau dasselbe empfinden.

Was noch?, will ich gerade fragen. Aber ich muss die Frage gar nicht stellen. Das *Was noch* schwebt bereits zwischen uns. Es ist laut und standhaft, pulsiert hartnäckig zwischen unseren Fingern, schon bevor der Gedanke in meinem Kopf überhaupt richtig Gestalt annehmen kann.

»Komm einfach mit«, sagt Oliver und zieht mich mit sich.

Und ich gehorche. Wir halten immer noch Händchen, und ich weiß nicht, ob wir es wollen, oder ob wir einfach nur zu stolz sind, um loszulassen. Aber eines weiß ich mit Sicherheit: Was auch immer Oliver mir gleich sagen wird, ich bin nicht bereit, es zu hören. Nicht, wenn ich schon mit einem Fuß aus der Stadt bin. Weit weg von ihm. Und es gibt nichts, was ich dagegen tun kann.

Dann biegt er in meine Straße ein. »Da geht's aber nicht zu dir«, bemerke ich.

»Ja, ich … glaube, ich habe gestern Abend meine Jacke im Milkshake Club vergessen.«

»Du hattest keine Jacke dabei«, sage ich laut – wie eine Idiotin.

Zum Glück merkt er es nicht und redet einfach weiter.

»Macht es dir etwas aus, wenn wir kurz reingehen und bei den Fundsachen nachsehen?«

Ich atme laut aus, denn alle »Fundsachen« gehören automatisch Carly. Ob man seine Sachen zurückbekommt oder nicht, ist einzig und allein davon abhängig, aus welcher Richtung der Wind an dem Tag bläst.

»Können wir machen.« Ich schlucke schwer. »Und dann … reden wir über was auch immer du reden wolltest?«

»Ja«, erwidert Oliver.

Doch er lässt meine Hand los. Es dauert kurz, bis ich begreife: Ich lag falsch.

Ich schäme mich. Ist mein Ego denn wirklich so aufgeblasen, dass ich auch nur fünf Sekunden lang glauben konnte, dass Oliver Gefühle für mich hat? Er würde lieber mit seiner Aufgabenliste rummachen. Und ich lieber mit einer Haltestange im Einser-Zug.

Was jedoch komisch ist, ist, dass ich auch Enttäuschung verspüre. So vage, dass ich nicht den Grund dafür ausmachen kann, aber stark genug, dass ich sie nicht ignorieren kann. Was dumm ist. Es ist ja nicht so, als hätte ich Gefühle für ihn. Und selbst wenn es so wäre (noch mal: Habe ich nicht. Und so lange ich etwas zu melden habe, könnte und werde ich auch niemals Gefühle für ihn haben), könnte ich jetzt sowieso nichts dagegen tun. Nicht, wenn ich schon in zwei Monaten in Kalifornien sein werde – und er immer noch hier.

Warum empfinde ich also überhaupt etwas? Und warum fühlt es sich so …

»ÜBERRASCHUNG!«

Ich schnappe so heftig nach Luft, dass ich mich an

meiner eigenen Spucke verschlucke. Jeder Mensch, dem ich je begegnet bin, schreit mich an, was ziemlich angsteinflößend ist, bis ich begreife, was sie schreien. »HAPPY BIRTHDAY!« Die zweite Welle ist noch lauter als die erste und haut mich fast aus Heathers Stiefeln.

Ich blinzle und starre auf die kleine Versammlung vor der Milkshake-Bar. Auf der einen Seite steht die Hälfte der Theaterabteilung, und alle blasen sie in bunte Tröten. Neben ihnen stehen Teddy und Chloe, beide springen jubelnd auf und ab. Dann sind da noch Teddys Eltern und noch andere Nachbarn aus unserem Wohnhaus. Zwar verziehen sie wegen des Krachs die Gesichter, lächeln aber trotzdem. Und natürlich ist auch Heather mit ihrer Konfettikanone da, die zwischen Pride und dem Vierten Juli ständig zum Einsatz kommt. All die Menschen, die ich liebe, strahlen mich an und schreien, doch selbst in all dem Trubel – und bevor ich überhaupt kapiert habe, dass das *meine* Überraschungsparty ist – spüre ich einen Anflug von Enttäuschung, weil ich weiß, dass mein Dad nicht hier ist.

Doch als mein Blick in die Ecke des Raums wandert, steht er da und lächelt sein mir so vertrautes Dad-Lächeln, sodass ich mich kurz in die Vergangenheit zurückversetzt fühle, als ich noch ein kleines Kind war. Wenn mich mein Dad damals vom Kindergarten abholte, merkte ich erst, wie sehr ich ihn vermisst hatte, und brach in Tränen aus. Ich erinnere mich, wie ich ihm bis zur Wohnung am Bein hing. Und wenn Heather auch dabei war, weigerte ich mich, auch nur einen Schritt zu gehen, wenn ich nicht beide an den Händen hielt. Ich bin in einer Stadt aufgewachsen, die zu groß ist, um sie zu vermessen, mit Träumen, die zu groß sind, um sie zu überhaupt zu haben, doch die beiden sind schon immer mein sicherer Anker gewesen.

Er steht ein wenig abseits von der Menge, so, wie er es immer tut. Er hasst es, die Aufmerksamkeit auf sich zu ziehen. Zu schade.

»DAD!«

Ich renne so schnell auf ihn zu, dass meine Tasche zu Boden fällt. Und er versucht erst gar nicht, sich auf mich gefasst zu machen, denn mittlerweile weiß er, dass es nutzlos ist. Er hebt mich hoch und drückt mich. Als mir der Duft seines Rasierschaums in die Nase steigt, bin ich sofort wieder fünf Jahre alt und versuche, nicht zu weinen.

Doch diesmal liegt es nicht allein daran, dass ich ihn vermisst habe. Diesmal liegt es an so vielen Dingen, dass ich nicht weiß, wie ich sie alle gleichzeitig fühlen soll. Es ist die Wut auf das, was er mir angetan hat, das schlechte Gewissen für das, was ich ihm angetan habe. Beide Gefühle liegen direkt unter der Oberfläche der lächerlichen, dennoch überwältigenden Erleichterung darüber, dass er endlich wieder da ist.

»Was machst du hier?«, rufe ich. »Was ist mit dem Rest deiner Reise?«

»Es gibt keinen Rest.« Er grinst noch breiter als damals, als wir Tickets für *Infinity War* in der ersten Reihe in einem dieser Kinos mit beweglichen Sitzen bekommen haben. »Wir sind heute Morgen fertig geworden.«

Mein Kopf schnellt zu Heather, denn so sehr ich meinen Dad auch liebe, weiß ich, dass er hier nicht die Finger im Spiel hatte. In seinem introvertierten Gehirn würden die Wörter *Überraschung* und *Party* so sehr aneinanderreiben, dass sie wahrscheinlich ein Feuer entfachen würden. »Wie lange hast du das schon geplant?«

Heather grinst. »Ein paar Monate.« Teddy rempelt sie von hinten an, als er versucht, zu uns herüberzukommen. »Mit Teddys Hilfe.«

»Aber ich hatte nur *eine* Aufgabe«, sagt Teddy, atemlos vom vielen Schreien. »Und das war, dich hierherzukriegen. Und dafür musste ich deinen Erzfeind rekrutieren.«

Bevor ich mit meinen Dad noch ein Wort wechseln kann, werde ich von unseren Theaterfreunden in eine Gruppenumarmung gezogen, ein verschwitztes Knäuel aus Cornelia-Kids, das mich an unzählige Cast-Partys und wochenlange Technikproben und an die besonders verrückte Übernachtungsparty erinnert, bei der wir die erste Staffel von *Glee* geschaut haben.

Ich kneife die Augen zu und drücke sie noch ein wenig fester.

Oliver macht einen Schritt rückwärts. »Nun, ich werde dann mal …«

»Hey«, rufe ich, drauf und dran, ihn in das Chaos aus Armen und Beinen hineinzuziehen.

»Lieblingseissorten?«, unterbricht uns Heather. »Hi, ich bin übrigens Heather. Millies Tante und Eisverteilerin.«

Der Knoten aus Theaterleuten löst sich. Ich drehe den Hals, um nach meinem Dad Ausschau zu halten, doch er lacht gerade über irgendetwas mit Teddys Eltern, zweifelsohne auf meine und Teddys Kosten. An Geburtstagen holen sie besonders gern ihre Handys heraus und knipsen peinliche Fotos von uns.

»Was darf ich euch bringen?«, fragt Heather und fängt mit Chloe an.

»Ähm … ich nehme … das, was am einfachsten ist«, sagt sie schnell, quetscht sich zwischen Teddy und mich und wirkt vollkommen überfordert.

Heather macht dieses gruselige Gameshow-Buzzer-Geräusch, und Chloe zuckt zusammen. »Falsche Antwort.«

Chloe sieht mich panisch an, also nicke ich ihr ermutigend zu. »Ähm … habt ihr Erdbeere?«, fragt Chloe.

»Das ist ganz nach meinem Geschmack«, erwidert Heather und schenkt ihr ein Grinsen. »Und du?«

Sie wendet sich Oliver zu, doch er hat sich bereits der Tür zugewandt und wirkt, als wollte er sich aus dem Staub machen.

»Ähm …« Er wendet den Blick von Heather ab und lässt ihn über die Theaterleute schweifen, bevor er auf mir landet. Ich bin so daran gewöhnt, Oliver immer in seinem Element zu sehen, dass mir erst jetzt bewusst wird, dass das hier ganz und gar nicht sein Element ist. Ich weiß nicht mal, ob er außerhalb der Proben überhaupt etwas mit den Theaterleuten zu tun hat. Er hängt eher mit den Leuten von der Technik und der Band ab.

Also schnipse ich mit den Fingern. »Eis, Oliver«, fordere ich. »Hier kommst du jetzt nicht mehr weg.«

Er dreht sich wieder ein Stückchen zu uns, und ich tue so, als würden mich die anderen nicht anstarren, als wäre mir ein zweiter Kopf gewachsen. Immerhin haben sie drei Jahre lang mitbekommen, wie wir uns an die Gurgel gegangen sind.

»Minze mit Schoko, falls es das gibt?«, fragt er.

»Endlich«, rufe ich und werfe die Hände in die Luft. »Endlich sind wir uns mal einig.«

Oliver lächelt gerade genug, dass ich weiß, dass er bleibt. Es mildert ein wenig die Enttäuschung von vorhin. Aber wahrscheinlich habe ich es mir sowieso nur eingebildet.

Heather salutiert. »Kommt sofort.« Dann stupst sie meine Nasenspitze an. »Alles Gute zum verfrühten Geburtstag, du Punk.«

Ich lächle sie an. Endlich schlägt mein Herz wieder annähernd normal, sodass ich nun die Mühe wertschätzen kann, die sie sich gemacht hat. Dass sie Teddy dazu gebracht hat, unsere Freunde zusammenzutrommeln. Dass sie das Geheimnis die ganze Zeit für sich behalten hat. Und dass sie sich letztes Wochenende zusammengerissen und eine Konfettikanone für mich aufgehoben hat.

»Was ist mit Teddy?«, fragt Chloe, als Heather zur Eistheke geht.

»Oh, er hat seinen eigenen Milchshake«, erkläre ich. »Heather wirft einfach die Zutaten, von denen am meisten da ist, in einen Vanilleshake und rührt alles zusammen. Wir nennen ihn ›The Teddy‹.«

»Letztes Mal waren Gummiwürmer drin«, erzählt Teddy freudig.

Man muss Chloe zugutehalten, dass sie nicht anfängt zu würgen. Stattdessen blickt sie hinüber zu den Theaterleuten und fragt: »Gehen die alle auf die Cornelia?« Ich bin drauf und dran, einzugreifen und Chloe den anderen vorzustellen, doch Teddy hebt ganz leicht die Hand, um mich aufzuhalten. Ich sehe ihn an, und er gibt mir mit einem Nicken zu verstehen, dass Chloe es selbst machen soll. Neckend verenge ich die Augen zu Schlitzen, denn mich beschleicht das Gefühl, dass mir zwischen den beiden in den letzten vierundzwanzig Stunden irgendetwas entgangen ist – und damit werde ich ihn so was von aufziehen, sobald wir allein sind. Und siehe da – ich habe mir ganz umsonst Sorgen gemacht. Chloe gesellt sich in dem Moment zur Gruppe, als sich jemand darüber auslässt, dass die Off-Broadway-Produktionen keine Cast-Alben veröffentlichen, und nach ein paar komischen Sekunden stellt sie sich einfach vor. Da Neulinge bei uns immer willkommen sind und die Theaterleute gern damit angeben, wie viel sie wissen, wird sie im Nullkommanichts Teil der Gruppe sein.

»Warte mal. Dann … arbeitet also deine Tante hier?«

Bevor ich mich zu Oliver umdrehe, ist mir schon bewusst, dass ich gleich auffliege.

»Ihrer Tante gehört der Laden«, erklärt Teddy, ein Auge auf uns gerichtet, das andere auf die Eistheke, um die Zubereitung der Shakes zu beobachten.

Oliver reißt die Augen auf. »Dass The Four Suns so schnell gebucht wurden …«

Mein erster Impuls ist zu lügen, und ich weiß nicht mal warum. Es ist doch nur ein Auftritt. Keine große Sache.

»Könnte sein, dass ich die Dame, die für die Buchungen zuständig ist, ein wenig angestoßen habe«, gestehe ich.

»Millie, ich …«

Zum allerersten Mal erlebe ich Oliver sprachlos. Sein Mund öffnet sich, schließt sich und öffnet sich wieder, und plötzlich habe ich das Gefühl, mein Magen würde in die Tiefe stürzen. Er ist wütend. Und wahrscheinlich zu Recht. Seit drei Jahren hält er mir vor, eine Wichtigtuerin zu sein. Und was mache ich? Werde die wichtigste Wichtigtuerin von allen.

»Danke«, sagt er. »Ich ... wow, Millie. Das ... war echt nett von dir.«

Mir war nicht mal bewusst, wie wichtig es mir ist, bis mich die Erleichterung überkommt. »Ja, nun ja.« Ich räuspere mich. »Es war ja auch nett von dir, Mrs Cooke Chloes Video zu schicken.«

Er lächelt. »Sieh nur, wie wir uns um unsere Klienten kümmern. Anscheinend geben wir beide gute Manager ab.«

Ich erwidere das Lächeln und stoße ihn mit dem Ellbogen an. »Georgie wäre stolz auf uns.«

»Apropos ... Ist das nicht das Mädchen aus dem Video?«, fragt Oliver.

»Japp. Das ist Chloe.«

»Sie war wirklich sehr gut«, sagt Oliver. »Würdest du die Cornelia nicht sowieso verlassen, würde ich jetzt sagen, du solltest dich lieber in Acht nehmen.«

Ich strahle wie eine stolze große Schwester, immerhin liegt die Chance, dass ich tatsächlich eine bin, bei rund dreiunddreißig Prozent. »Wenn mein Mini-Me an der Cornelia anfängt, solltest *du* dich besser in Acht nehmen.«

»Es gibt keine Mini-Millie«, entgegnet Oliver kopfschüttelnd. »Du bist einzigartig.«

Ich wappne mich für den spitzen Kommentar, der jetzt eigentlich folgen sollte, doch es kommt keiner. Olivers Augen sind so aufrichtig, dass ich zum zweiten Mal heute Abend befürchte, dass ich das Spiel gleich verliere und zuerst den Blick abwende.

»Das Video, das wir euch geschickt haben, war tatsächlich der erste Take!«, prahlt Teddy an Chloes Stelle und erspart mir dadurch einen merkwürdigen Moment.

»Ein Take, was?«, raune ich aus dem Mundwinkel. »Und was habt ihr dann den Rest des Tages gemacht?«

Eigentlich hätte ich erwartet, dass Teddy wenigstens ein bisschen errötet, aber was potenzielle Freundinnen angeht, scheint er genauso arglos zu sein wie bei allem anderen auch. »Wie sich herausgestellt hat, hat sie ein großes Talent für GeoTeen. Und fürs Finden von Bodega-Snacks.«

Dann kommt Heather mit den Shakes zurück, in grell pinken Bechern mit Deckeln und Strohhalmen, damit wir die Tanzfläche stürmen können. Wie aufs Stichwort wird die Musik lauter, und Stevie Nicks' »Edge of Seventeen« erklingt. Ich lasse den Blick über den Raum schweifen und entdecke meinen Dad, der mich bereits ansieht.

Mit dem Kopf deutet er auf die Tanzfläche. »Los, schwing das Tanzbein«, sagt er und versucht, den Robot-Move hinzulegen. »Wir reden später.«

Ich schnappe mir zwei Leute und rufe den anderen zu, dass sie uns folgen sollen. Ich tanze ausgelassen, und Teddy bewegt sich wie eine betrunkene Nudel, was auch die anderen schnell dazu bringt, lockerer zu werden. Beim zweiten Refrain springen wir alle auf und ab und benutzen unsere Shakes als Mikros. Als Nächstes kommt »Seventeen« von Alessia Cara. Ich bin ziemlich sicher, dass Teddy die Playlist, die strikt einem Thema folgt, erstellt hat. Als darauf »Dancing Queen« folgt, drehen alle durch. Irgendwann bin ich vom vielen Herumspringen vollkommen außer Atem und verschwitzt, umringt von meinen Freunden. Ich bin mittendrin, und gleichzeitig betrachte ich die Szene von außen. Ich bin im Hier und Jetzt dieser kleinen glücklichen Blase und gleichzeitig außerhalb. Ich versuche, mir den Moment zu bewahren, damit er für immer anhält, wenn alles vorbei ist. Wenn der Sommer vorbei ist und ich sie verlasse.

Der Song endet, und wir hören auf zu springen, um Atem zu schöpfen. »Ein kleiner Vorgeschmack darauf, wie du es Donna so richtig zeigst«, sagt eine meiner Freundinnen. Dann sieht sie, wie Oliver die Stirn runzelt, und fügt schnell hinzu: »Nicht, dass wir, ähm, für *Mamma Mia* die Rechte hätten oder so.«

Oliver zuckt mit den Schultern. »Nun, ich schätze, es ist eh egal, da Millie …«

»Es niemandem sagen wird«, unterbreche ich ihn schnell. Ich drehe meinen Freunden den Rücken zu, damit sie mein Gesicht nicht sehen, das Oliver zum Glück als *Sei still sei still sei still* interpretiert.

»Richtig«, sagt er vorsichtig.

Aber keinem scheint die komische Situation entgangen zu sein. Die meisten haben aufgehört zu tanzen, und ich spüre, dass sich mehr als nur ein paar Blicke auf uns gerichtet haben. Und Teddy und Chloe werden sich auch gleich umdrehen und es merken.

Ich grinse breit, bevor alle Dominosteine umkippen. »Bin gleich wieder da. Ich hole mir nur schnell ein Wasser!« Zu meiner Verteidigung möchte ich sagen, dass das nicht gelogen ist. Wie sich herausstellt, sollte man nicht auf einer Tanzfläche die Sau rauslassen und gleichzeitig Milchshakes schlürfen (so ein Körper ist echt eine Mogelpackung). Ich gehe nach hinten, schenke mir ein Glas Wasser ein und fasse meine feuchten Locken zu einem Pferdeschwanz zusammen. Aber selbst nachdem sich meine Atmung beruhigt hat, weiß ich nicht, was ich meinen

Freunden sagen soll. Oder ob ich überhaupt etwas sagen soll.

Aber darüber kann ich jetzt nicht nachdenken. Die Leute werden es merken, wenn ich zu lange weg bin. Ich verlasse die Küche, bleibe jedoch abrupt stehen und schnappe überrascht nach Luft. Oliver steht direkt vor der Küchentür. Offensichtlich hat er auf mich gewartet.

»Nur, damit wir auf demselben Stand sind … Hast du den anderen noch nichts von der Madison erzählt?«, fragt er.

In dem Moment erklingt »Seventeen« von *Heathers – das Musical* über die Lautsprecher.

»Oh, ich liebe diesen Song«, sage ich mit erzwungenem Enthusiasmus und will gehen.

»Millie …«

Ich quetsche mich an ihm und seiner Frage vorbei und steuere auf den Hauptraum zu. »Ich muss tanzen.«

»Na schön«, sagt er. Dann ergreift er meine Hand und zieht mich hinter sich her. Diesmal hat es nichts Zögerliches oder Zweideutiges. Er sieht mir direkt in die Augen und legt die Hände auf meine Hüften. Plötzlich halte ich so still, dass ich nur noch die Hitze spüren kann, die in meiner Brust aufblüht und sich so schnell ausbreitet, dass ich es mir vielleicht nur eingebildet habe.

Oliver ist derjenige, der anfängt, sich hin und her zu bewegen, denn dem schnellen Intro folgt eine Ballade. Ausnahmsweise überlasse ich ihm die Führung und bin überrascht, wie einfach es ist. So habe ich noch nie mit jemandem getanzt. Zumindest mit niemandem, mit dem ich nicht auf der Bühne stand.

Aber das hier fühlt sich gar nicht richtig wie Tanzen

an. Dafür ist es viel zu natürlich. Als wäre es etwas, das mir schon immer im Blut lag. Als wäre es nur eine Frage der Zeit gewesen, jemanden zu finden, der denselben Rhythmus hat.

Dieser flüchtige Gedanke wird jedoch in dem Moment zerstört, als Oliver den Mund öffnet. »Warum hast du es deinen Freunden nicht erzählt?«

Ich schürze die Lippen. »Mein Dad lässt mich vielleicht gar nicht gehen.«

Ich erwarte, dass Oliver fragt, warum. Fast habe ich Angst vor der Frage, denn dann muss ich die Liste mit den Gründen meines Dads wieder von vorn durchgehen und werde wieder daran erinnert, dass noch mindestens ein Streit vor mir liegt.

Doch Oliver scheint kein bisschen überrascht zu sein und blickt nachdenklich drein. »Bist du dir denn überhaupt sicher, dass *du* es willst?«

Ich verdrehe die Augen. »Warum fragt mich das jeder?«

»Weil ich dich kenne.« Während er das sagt, verstärkt er den Druck seiner Hände, sodass ich es nicht nur höre, sondern auch spüre. »Du liebst es, dich mit anderen zu messen.«

Meine Wangen beginnen zu glühen. Ich fasse nicht, dass ich mich jetzt auch noch Oliver, der von allen wahrscheinlich am meisten will, dass ich gehe, erklären muss.

»Und genau aus dem Grund habe ich mich für ein Programm mit viel Konkurrenz entschieden«, erwidere ich und lehne mich näher zu ihm. »Ich werde allen ein Jahr voraus sein. Und in Broadway-Jahren sind das mindestens zehn.«

Oliver grinst schief. »Ja, aber nach dem Jahr wirst du

das hier vermissen. Das weißt du genau«, sagt er, bevor ich protestieren kann. »Du wolltest schon immer die Beste sein. Nach einem Jahr wirst du etwas noch Besseres ins Auge fassen. Etwas in New York.«

In dem Moment bin ich so auf ihn fokussiert, dass alles andere verschwimmt. Ich atme tief durch und spüre, wie sich seine Hände mit meinem Körper bewegen.

»Dann glaubst du also, ich werde mich für die Madison entscheiden?«

Oliver antwortet nicht, sieht mir weiterhin direkt in die Augen. Herausfordernd drücke ich mich fester an ihn, denn ich will, dass er es ausspricht.

»Ich glaube …« Seine Augen sind den meinen so nah, dass ich erkenne, wie irgendetwas unter ihrer Oberfläche brodelt. Kurz halte ich den Atem an, gespannt, was jetzt kommt. »Ich weiß, wenn du warten würdest, würdest du es in jede renommierte Schule der Stadt schaffen. Ich weiß nicht, warum du es so eilig hast.«

Ich bin es nicht gewohnt, dass meine Stimme so kleinlaut klingt. Normalerweise kündigt sie meine Anwesenheit an, lange bevor ich den Raum betrete. »Aber ich habe schon so lange gewartet«, flüstere ich.

Dann ist es nicht nur meine Stimme, die leise wird, sondern wir beide. Unser Rhythmus verlangsamt sich, obwohl der Song schneller wird, bis wir schließlich überhaupt nicht mehr richtig tanzen, sondern uns nur noch halten. Der ganze Club scheint plötzlich stillzustehen.

Die Welt ist still, aber mein nächster Gedanke ist viel zu laut: *Küss ihn.*

Zwischen uns knistert es so gewaltig, dass es unausweichlich erscheint. Als wäre die Spannung zwischen uns so hoch, dass der Blitz unweigerlich einschlagen muss. Plötzlich wird mir klar, dass ich vorhin gar nicht falschlag. Zwischen uns ist etwas. Etwas, das so ausgeprägt, so tief verwurzelt ist, dass es vielleicht schon die ganze Zeit da gewesen ist, ohne dass wir es wussten.

»Nun … scheint, als hättest du dich schon entschieden«, sagt Oliver. So leise habe ich seine Stimme noch nie gehört. »Denn das weiß ich auch über dich. Wenn du dich einmal entschieden hast, gibt es kein Zurück mehr.«

Ich will lächeln, doch es geht nicht. Der Song ist zu Ende, doch Oliver lässt mich nicht los.

»Ich werde es ihnen sagen«, erwidere ich leise. »Aber nicht heute Abend. Ich will nicht, dass alle nur daran denken, wie sehr wir einander vermissen werden. Ich will den Abend genießen.«

Oliver denkt kurz nach und sagt dann: »Okay. Ich werde nichts sagen.« Erleichtert lasse ich den Kopf hängen. »Aber, Millie?«

Die Frage hängt in der Luft, doch ich antworte nicht. Ich frage mich, wann ich mich daran gewöhnt habe, dass er meinen richtigen Namen benutzt statt »Eure Majestät«. Ich versuche herauszufinden, warum mir mein Name aus seinem Mund besser gefällt als bei allen anderen.

»Ich werde dich auch vermissen.«

Einer der Mitarbeiter erscheint zu früh zu seiner Schicht heute Abend und schiebt sich an uns vorbei. Oliver und ich machen beide einen Schritt rückwärts. Bevor ich etwas sagen kann, werden wir von »Seventeen« von MARINA unterbrochen, das über die Tanzfläche dröhnt. Oliver nickt, und ich tue es ihm gleich, auch wenn ich gar nicht weiß, warum wir nicken. Ob wir damit das Geheimnis meinen, das er versprochen hat, für sich zu behalten, oder das Geheimnis, das wir jetzt wohl beide hüten.

Aber beide Geheimnisse sind zu groß, um sie heute Abend noch anzugehen. Ich lasse ihn vorangehen, folge ihm dann und schnappe mir meinen Milchshake, den ich vorhin auf der Theke abgestellt habe. Ein paar Songs lang tanzen meine Freunde und ich noch, und jedes Mal, wenn ich einem von ihnen ins Gesicht sehe, versuche ich, mir die Erinnerung ins Herz zu brennen. Aber alles geht so schnell. Der Abend entgleitet mir, bevor ich irgendetwas davon zu fassen kriege.

Kapitel 17

Irgendwann muss Oliver gehen, weil er das Wochenende mit seinen Brüdern bei ihrem Dad verbringt und noch nach Uptown muss. Wir folgen ihm alle nach draußen, um uns zu verabschieden. Zuerst wirkt er überrascht von dem Aufriss, dann aber aufrichtig gerührt. Bevor er am Ende des Blocks um die Ecke biegt, winkt er noch mal.

»Hey, Gang«, ruft Teddys Mom, die ihre eigene Version von »The Teddy« in den Händen zu halten scheint. Obwohl seine Eltern Ärzte sind, kann man stets darauf zählen, dass diese Familie immer ihren Horizont erweitert, was Süßkram angeht. »Mir wurde gesagt, dass sich alle in fünf Minuten zu einem Foto versammeln sollen.«

Wir gehen hinein, und ich halte Ausschau nach meinem Dad, denn ich weiß, dass er dazu tendiert, sich von Gruppen zu entfernen. Nachdem ich die große Gestalt mit dem verwuschelten sandfarbenen Haar nirgendwo entdecken kann, steuere ich auf den Greenroom zu.

Um eines klarzustellen: Der Greenroom ist alles andere als grün. Der Aufenthaltsraum ist genauso grell pink wie der Rest des Milkshake Club, nur dass er nicht aussieht wie Hello Kittys Wohnzimmer, sondern als hätte Hello Kitty darin einen Rave veranstaltet. Ich bin ziemlich sicher, dass es hier drin keinen Quadratzentimeter gibt, der nicht glitzert. Ich finde meinen Dad in der Ecke stehend vor der Wand, an der die Headliner-Bands unterschreiben.

An der äußeren Kante ist eine Messlatte angebracht mit etlichen Strichen und Daten. Bei einem Meter vierundsechzig hört es dann auf.

Das ist einer der seltenen Momente, in denen ich absichtlich leise spreche. Mein Dad ist oft so in Gedanken versunken, dass er nicht mitbekommt, wenn jemand den Raum betritt.

»Was machst du da?«

Mein Dad zuckt trotzdem zusammen, dreht sich aber lächelnd zu mir um. Doch als er meinem Blick zurück zur Wand folgt, seufzt er. »Ich versuche nur herauszufinden, warum wir es zugelassen haben, dass du erwachsen wirst.«

Ich stelle mich neben ihn und lege meinen Kopf auf seine Schulter. »Ich bin eben stur.«

Er legt einen Arm um meine Schultern und drückt mich. »Ich habe dich vermisst.«

»Ich dich auch«, erwidere ich.

Für einen kurzen Moment schweigen wir. Leider macht sich genau jetzt das schlechte Gewissen in meiner Brust breit, weil er immer noch nicht weiß, was ich die ganze Zeit mache. Es steigt weiter nach oben in meinen Kopf, wo es plötzlich zu brüllen beginnt. Wenn ich jetzt nichts sage, wird es trotzdem aus mir herausplatzen – ob ich will oder nicht.

Doch dann nimmt mein Dad den Arm von meinen Schultern und setzt sich in einen glitzernden pinkfarbenen aufblasbaren Sessel. »Hör zu«, sagt er, und mir wird bewusst, dass er drauf und dran ist, ein ernstes Gespräch mit mir zu führen. Ich setze mich in den Sessel neben ihm. »Ich weiß, dass sich das Sekretariat der Madison bei dir gemeldet hat.«

Ich nicke. »Du hast ihnen gesagt, dass ich nicht teilnehme.«

»Ich hoffe, du weißt, dass ich dich nicht hintergehen wollte. Ich habe ihr gesagt, dass ich die Gebühren nicht sofort zahlen wolle, und wusste nicht, dass das bedeuten könnte, dass sie den Platz anderweitig vergeben.« Er fummelt an seiner Brille herum. Anscheinend will er noch etwas anderes loswerden. »Und als du mit dem Tanzkurs begonnen hast, dachte ich, du würdest dir die ganze Sache noch mal überlegen.«

Er weiß nicht, dass ich den Tanzkurs eigentlich gar nicht machen wollte. Ich habe es nur wegen Farrah gemacht. Das ist der Vorteil am Precollege – zu wissen, dass ich genommen wurde, obwohl ich nicht tanzen kann. Bei den renommierten Schulen habe ich vielleicht nicht so viel Glück, wenn ich gegen Profitänzerinnen antreten muss.

»Ich … ich will es trotzdem machen.«

»Okay. Nun … wie wäre es, wenn wir dieses Wochenende eine von diesen virtuellen Touren machen? Und mit ein paar Lehrern sprechen?«

»Wirklich?«

»Ich sage nicht Ja. Ich sage nur, dass wir es uns ansehen. Um ein Gefühl dafür zu bekommen.« Er tätschelt mir das Knie. »Ich weiß es wirklich zu schätzen, dass du so geduldig mit mir bist. Und nicht …«

Überreagierst ist das Wort, das er sucht. Aber mein Dad ist zu schüchtern, um das Kind direkt beim Namen zu nennen. Das ist Heathers Job. Und wenn sie jetzt hier wäre, müsste sie mir nur kurz ins Gesicht sehen, um zu wissen, dass *überreagieren* genau das ist, was ich getan habe.

»Nun«, sage ich, und es klingt irgendwie hohl. »Es ist mir eben wichtig.«

»Das merke ich.« Abrupt steht er auf. »Und ich versuche, offen zu sein. Ich habe gehört, Kuchen hilft da sehr.«

»Ach ja?«

Er öffnet mir die Tür. »Ja. Außerdem habe ich das Gerücht gehört, dass eine Freundin von Heather eine Bäckerei gefunden hat, die Nutella zwischen die Schichten macht.«

Mir läuft sofort das Wasser im Mund zusammen. »Im Ernst? Welche …«

Ich sehe es, kurz bevor es mein Dad sieht, aber nicht schnell genug, um es zu verarbeiten. Er verlässt den Raum und entdeckt Heather und Farrah wild knutschend im Gang. Ihm klappt so schnell die Kinnlade herunter, dass ich schwören könnte, ich habe es knacken hören.

Ich zerre ihn zurück und schließe die Tür. Mit großen Augen starren wir einander an.

Dann klopft es an der Tür. »Millie? Bist du da drin?«

Doch wir sind wie festgefroren und starren uns einfach weiter an. Irgendwann stupst er mich an, damit ich etwas sage.

»Ähm … ja?«

Die Tür öffnet sich quietschend, und Heather steht verlegen dreinblickend davor.

»Also …« Sie legt die Hand an ihre Lippen, als würde sie teils mit uns sprechen und teils immer noch im Flur rumknutschen. »Farrah und ich … sind quasi zusammen.«

»Wirklich?«, fragen mein Dad und ich gleichzeitig.

Heather nickt verträumt und merkt gar nicht, wie überrascht wir sind.

»Seit *wann?*«, frage ich.

Mein Dad wendet sich mir zu. »Du kennst Farrah?«

Heather ist so aufgedreht, dass sie gar nicht realisiert, dass mein Dad Farrahs Namen gerade laut ausgesprochen hat.

»Sie ist Millies Tanzlehrerin.« Nachdem sie es gesagt hat, scheint ihr bewusst zu werden, was ich gerade mit eigenen Augen gesehen habe. »Ich wollte es dir sagen. Es ist erst … in den letzten Tagen passiert. Ich hoffe, du hast nichts dagegen.«

»Uff«, quietsche ich. Ich kneife fest die Augen zu, kann aber das Bild nicht aus meinem Gedächtnis löschen, wie meine Tante mit meiner potenziellen Mom rummacht.

»Sie ist nur hier, weil sie ihre MetroCard vergessen hat … aber ist es okay, wenn sie bleibt?«

»Natürlich«, erwidere ich. Was soll ich auch sonst sagen?

Hey, wie schön für dich, dass du endlich über die Idiotin hinweg bist, die dich jahrelang verarscht hat. Aber wäre es vielleicht möglich, nicht ausgerechnet mit meiner potenziellen Mom *zusammen zu sein?*

Heather stupst mit dem Zeigefinger meine Nasenspitze an. »Großartig. Dann kümmern wir uns jetzt mal um die Kerzen.«

Dann lässt sie uns einfach in der offenen Tür stehen. Zwar kann ich das Gesicht meines Dads nicht sehen, aber ich spüre immer noch seine Verwunderung. Ich schließe die Augen, drehe mich aber nicht zu ihm um. Sobald ich es tue, werde ich irgendeine Form von Antwort bekommen. Ich werde es in seinen Augen sehen und wissen, ob

Farrah meine Mom ist oder nicht, ohne überhaupt fragen zu müssen.

Doch als ich mich umdrehe, hat er Lachfältchen um die Augen, als wäre er kurz davor, in Gelächter auszubrechen.

»Alles okay?«, frage ich.

»Ja.« Er schüttelt den Kopf. »Und nein. Denn jetzt muss ich überlegen, wie ich meiner Schwester beibringe, dass wir mit derselben Frau rumgemacht haben, ohne mir zu wünschen, im Erdboden zu versinken.«

Mein Hang zum Drama kommt also doch nicht von ungefähr.

»*Dad.*«

Wieder schüttelt er den Kopf, diesmal heftiger. »Nope, nope. Das hätte ich nicht sagen sollen.« Er lächelt und wartet ganz offensichtlich darauf, dass ich ihn damit aufziehe. Und da weiß ich es sicher: Farrah ist nicht meine Mom.

Er sieht, wie meine Gesichtszüge entgleiten, bevor ich es selbst merke. Ich fühle nichts. Ich fühle mich nur irgendwie taub.

»Ich meine … es ist eigentlich keine große Sache«, sagt mein Dad schnell. »Oder ist es für dich komisch, weil sie deine Lehrerin ist?«

»Nein. Ähm, nein.«

»Sie ist wirklich nett. Oder zumindest war sie es, als ich sie kannte. Wir hatten im ersten Jahr ein Seminar zusammen.« Mein Dad zieht die Luft durch die Zähne und lacht nervös. »Nun, es wird nie langweilig, was?«

Als wir zurück zu den anderen gehen, um Kuchen zu essen, taumle ich. Und ich weiß nicht wieso. Weil Farrah nicht meine Mom ist? Oder weil das bedeutet, dass Beth oder Steph meine Mom sind? Ich versuche herauszufinden, was ich mir erhofft hatte. Da kapiere ich es: Vielleicht bin ich noch gar nicht bereit, es zu erfahren.

Ich habe ein mulmiges Gefühl im Magen. Davor hat es sich nicht real angefühlt. Es war wie ein Spiel. Menschliches Geocaching. Etwas, das nicht greifbar war. Etwas, wobei niemand verletzt wurde.

Was, wenn sie *tatsächlich* meine Mutter gewesen wäre? Was, wenn wir jetzt ein ganz anderes Gespräch führen würden und mein Dad derjenige wäre, der taumelt? Wenn ich ihm jetzt erklären müsste, dass ich vollkommen durchgedreht bin und hinter seinem Rücken drei fremde Frauen gestalkt habe?

Dieses Gespräch will ich nicht führen. Wirklich nicht. Ich muss die Sache irgendwie beenden, bevor noch alles außer Kontrolle gerät mit Steph und …

»Beth? Beth Dunne?«, stammelt mein Dad.

Ich wirble herum und sehe, wie mein Dad Beth anstarrt, als würde er einen freundlichen, Strickjacke tragenden Geist sehen. Über der Schulter trägt sie eine Handtasche, und mir dämmert es, dass sie wahrscheinlich hier ist, um Chloe abzuholen. Und es dämmert mir auch, dass ich offiziell erledigt bin.

Dann beginnen Beths Augen zu strahlen.

»*Cooper?*«

Chloe löst sich von Teddy und blickt verwirrt drein. »Mom?«

»Scheiße«, murmle ich.

Für einen kurzen Moment sind Beth und mein Dad so perplex, dass sie nichts anderes tun können, als sich anzustarren, bis Beth schließlich die Arme ausbreitet und ihn drückt. Kurz versteift sich mein Dad, und ich sehe irgendetwas in seinem Gesicht – einen undefinierbaren Schmerz, als wäre er selbst überrascht, ihn zu spüren. Doch dann wird er lockerer und erwidert die Umarmung so fest, dass es allein vom Zusehen wehtut.

»Du … du siehst super aus«, stammelt mein Dad.

»Und du siehst noch genauso aus wie früher.« Beth sagt es so herzlich, dass es wie das schönste Kompliment auf der Welt klingt, obwohl es objektiv betrachtet keines ist.

Mein Dad starrt sie einfach nur an und wirkt irgendwie abwesend. Fast habe ich ein schlechtes Gewissen, hier zu sein. Als wäre es nicht in Ordnung, dass wir Zeugen eines so innigen Moments werden, obwohl sie eigentlich nur starren.

Chloe räuspert sich laut.

»Oh! Ich wollte nur meine Tochter abholen«, sagt Beth, löst sich von meinem Dad und scheucht Chloe vorwärts. Chloe sieht mich missmutig an.

»Ist das deine … Das ist meine …« Mein Dad legt mir eine Hand auf die Schulter, als hätte er noch nie eine berührt. »Wir haben Töchter!«

»Sie kennen sich«, sagt Beth und grinst über beide Ohren. Sie ist so aus dem Häuschen, dass sie sogar feuchte Augen bekommen hat. Ich muss meinen Dad gar nicht erst ansehen, um genau zu wissen, dass seine ebenfalls glasig geworden sind. Er strahlt so viel nerdige Energie aus, dass sie von jeder Wand des Clubs abprallt. »Wir kennen uns alle. Ich … hatte nur keine *Ahnung*, dass …«

»Wie um alles in der Welt kann es sein, dass ihr euch kennt?«, platzt Chloe heraus.

»Oh«, sagt mein Dad. »Ähm, hi, ich bin …« Er streckt

ihr seine Hand hin und schüttelt ihre viel zu fest. Als hätte er viel zu viel Energie. »Ich bin Cooper. Ich, ähm … bin mit deiner Mom zur Schule gegangen.«

»Ihr wart befreundet?«

Beth starrt meinen Dad immer noch intensiv an. Als wäre er ein Kunstwerk im Met und kein siebenunddreißigjähriger Mann, dem ständig die Brille herunterrutscht. »Nein, wir waren …« Sie blinzelt und hält gerade noch rechtzeitig inne. »Ja, wir waren Freunde.«

Sie reden mit uns, ohne die Blicke voneinander abzuwenden. Als gäbe es nur sie beide. Chloe legt den Kopf schief, ein eindeutiges *Lassen wir die beiden lieber allein.* Und das sollten wir. Doch meine Füße sind wie festgefroren. Ich weiß nicht genau, wann es mir bewusst geworden ist, aber das macht es nicht weniger wahr: Beth ist ganz offensichtlich auch nicht meine Mom. Sie scheint sich aufrichtig zu freuen, meinen Dad zu sehen. Und mein Dad wirkt, als wäre er gerade vom Hocker und in sein altes Studenten-Ich gefallen.

Aber er wirkt nicht wie jemand, der gerade die Frau getroffen hat, die vor fast siebzehn Jahren ein Baby vor seiner Tür abgeladen hat. Was nur bedeuten kann …

»Okay, sie waren *auf jeden Fall* zusammen«, bemerkt Chloe.

Ich habe ganz wackelige Knie. »Wie kommst du darauf?«

»Weil ich die Tagebücher von meiner Mom vom College gelesen habe. Und sie hat ständig über einen ›Cooper‹ gesprochen, mit dem sie studiert hat.«

Das bringt mich vorläufig wieder zurück in die Realität. »Chloe!«

Sie zuckt mit den Schultern. »Würdest du es nicht lesen, wenn dein Dad sein Tagebuch einfach so herumliegen lassen würde?«

Touché. Ich räuspere mich. »Nun.« Mir ist schwindelig. Ich glaube, mir wird schlecht. »Wow.«

»Ja. Ist es komisch, dass ich das irgendwie cool finde?«, fragt Chloe. »Ich meine, ja, es ist eklig, weil es meine Mom ist. Und sie hat richtig schlechte Gedichte über ihn geschrieben. Ich glaube, sie war ziemlich besessen von ihm.«

Ich nicke, und irgendein Teil von mir verarbeitet die Information, aber es ist kein besonders hilfreicher Teil. Die hilfreichen Teile in mir sind zu sehr damit beschäftigt, alle Alarmglocken in meinem Körper schrillen zu lassen. Mein Herz klopft wie verrückt, meine Hände sind schweißnass.

»Hey. Wenn sie wirklich zusammen waren und geheiratet hätten, wären wir Schwestern.«

Zum ersten Mal wird mir so richtig bewusst, dass wir keine Schwestern sind. Es überrascht mich, wie eng sich meine Kehle anfühlt. Mir war gar nicht klar, wie sehr mir die Vorstellung gefallen hat, bevor sie vom Tisch war.

»Ja. Ja, ich schätze, das wären wir«, bringe ich heraus. Ich muss hier weg, aber das ist die Sache an einer Überraschungsparty: Man kann nicht einfach verschwinden. Ich hätte nie gedacht, dass irgendwann der Tag kommen würde, an dem ich nicht im Mittelpunkt stehen will, aber wie ich in den letzten zehn Minuten gelernt habe, gibt es für alles ein erstes Mal. »Ich muss kurz …«

»*Cooper?*«

Diesmal ist es Farrah. Sie geht hinter Heather, die einen Kuchen voller Kerzen in den Händen hält und gerade den Mund aufgemacht hat, um »Happy Birthday« anzustimmen. Innerhalb von Sekunden tut es ihr der gesamte Raum gleich – außer mein Dad, der Farrah anstarrt, und Beth, die meinen Dad beim Starren anstarrt, und Teddy, der mir in die Augen sieht und die ganze Situation zusammenfasst, indem er mir die Worte *Heilige Scheiße* zuflüstert.

Es ist wie in einem Horrorfilm. Alle singen fröhlich in sechs unterschiedlichen Tonlagen, die irgendwann zu einem Brei werden, während ich mit ansehe, wie sich meine Sommerpläne so schnell in Wohlgefallen auflösen, dass sie mich dabei fast strangulieren.

Dann hört der Gesang auf. Der Kuchen ist direkt vor mir.

»Wünsch dir was«, sagt Heather.

Ich schließe die Augen, puste die Kerzen aus und denke mir: *Bitte lass meinen Dad nie herausfinden, was ich getan habe.*

Doch als alle Kerzen aus sind und ich mich umsehe, kann ich meinen Dad nirgendwo entdecken.

Heather nimmt mir den Kuchen ab, um ihn in Stücke zu schneiden und zu servieren, als jemand an meinem Ellbogen zerrt. Bis mich Teddy in den hinteren Korridor gezogen hat, bin ich so neben der Spur, dass ich das Gefühl habe, das alles würde jemand anderem passieren. Es erinnert mich an die ersten und wenigen Male, als ich Lampenfieber hatte, ungefähr ein Jahr vor »Little Jo«. Kurz bevor ich raus auf die Bühne musste, fühlte es sich an, als hätte meine Seele meinen Körper verlassen. Und so ist es jetzt auch, nur dass meine Finger und Zehen kribbeln, als wüsste mein Blut nicht mehr, wie es durch sie hindurchfließen soll.

Ich durchquere den Flur, hinaus in die Seitengasse, doch die Luft ist so schwer, dass es kein bisschen hilft.

»Ich schwöre, ich habe sie nicht eingeladen«, sagt Teddy. »Nun, ich habe Chloe eingeladen. Aber ich wollte sie nach Hause bringen. Ich hätte nicht gedacht, dass …«

»Ich weiß«, erwidere ich und gehe auf und ab. »Und Farrah ist jetzt mit meiner Tante zusammen …«

»*Was?*«, fragt Teddy, der mir auf den Fersen folgt.

»Und mein Dad hat beide schon entdeckt. Ich bin so was von aufgeflogen, aber …«

»*Weiß* Coop es?«

»Noch nicht, aber Teddy«, sage ich, bleibe abrupt stehen und packe ihn an den Schultern. »Weißt du, was das bedeutet?«

»Dass Murphys Gesetz tatsächlich existiert?«

»Steph ist meine *Mom.*«

Teddys Augenbrauen springen hoch in seinen Wuschelkopf, und er holt tief Luft, als wollte er mich fragen, woher ich das weiß. Doch dann beginnen die Zahnrädchen in seinem Kopf zu rattern, und plötzlich wird ihm klar, woher ich es weiß.

»Ist das … gut?«

Ja und nein. Ich mache einen Schritt rückwärts und versuche, zu Atem zu kommen. Versuche, die Atome in meinem Körper zu beruhigen, die die ganze Zeit gegeneinanderprallen. Es ist nicht so, als wollte ich nicht, dass es Steph ist. Oder dass ich nicht wollte, dass es Beth oder Farrah ist. Es ist nur so: Als ich es noch nicht wusste, hätte es jede von ihnen sein können, und dieses Gefühl in mir … was auch immer es ist. Ich konnte es unterdrücken. Meine Mom konnte mich nicht enttäuschen, weil sie alle von ihnen war und gleichzeitig keine. Ich habe mich in all ihren guten Eigenschaften wiedererkannt und konnte die schlechten einfach ignorieren.

Und zu den schlechten gehört vor allem, dass sie mich nicht wollte – aus welchem Grund auch immer.

Ich wische mir durchs Gesicht und erwische gerade rechtzeitig die unerwartete Träne, bevor Teddy sie entdeckt.

»Ja.« Dann wiederhole ich mit Nachdruck, um mich selbst davon zu überzeugen: »Ja. Das ist gut.«

»Du scheinst sie zu mögen«, sagt Teddy. »Außerdem ist sie Schauspielerin. Vielleicht ergibt also alles Sinn.«

Vielleicht schon. Was hätte ich an ihrer Stelle getan – wenn ich an der Tisch angenommen worden wäre, Kurse an der NYU gehabt und meine ganze Zukunft vor mir gelegen hätte –, wenn ich plötzlich erfahren hätte, dass ich ein Kind erwarte?

Eigentlich ist es eine ganz einfache Frage, die aber plötzlich in ein Dutzend weitere Fragen zerspringt, jede von ihnen schwerer als die davor. Warum hat sie mich überhaupt bekommen? Oder die Frage, wann sie wusste, dass sie mich nicht will. War das vor oder nach meiner Geburt? Hat sie sich je gefragt, was aus mir geworden ist? Hat sie mich, Millie, je angesehen und sich überlegt, ob ich das Baby sein könnte, das sie meinem Dad vor siebzehn Jahren vor die Tür gestellt hat?

Ich wende mich von Teddy ab und tue, als müsste ich mir das Haar richten. »Vielleicht ist es so am besten.« Ich suche nach etwas, worauf ich mich fokussieren kann, etwas, das mich aus meiner Gedankenspirale reißt. Und als ich es finde, kralle ich mich daran fest. »Wenn es jemanden gibt, der meinen Dad von der Madison überzeugen kann, dann ist es Steph.«

Teddy entweicht ein sehr Teddy-untypisches Schnauben. Ich drehe mich um und sehe ihn an. Selbst er scheint überrascht. Doch dann sieht er mir in die Augen, und ich erkenne etwas Abwehrendes in seinem Blick. Als wollte er nicht, dass ich ihn deswegen zur Rede stelle, und gleichzeitig fordert er mich dazu heraus.

Ich kann mich nicht daran erinnern, dass Teddy jemals etwas empfunden hätte, das ich nicht schon längst verstanden hätte. Ich kann es nicht einfach gut sein lassen. »Was?«

»Muss sich denn wirklich alles um dieses Precollege drehen?«

Ich presse die Kiefer aufeinander. »Na ja, deshalb haben wir mit der ganzen Sache angefangen, oder etwa nicht?«

Teddy deutet auf die Tür des Clubs. »Dann war's das also? Du ziehst Steph einfach in die Sache hinein, und dann gehst du?«

»Ich … ich weiß es nicht.« Das ist gerade das Letzte, woran ich denken kann. »Aber du wusstest immer, dass ich irgendwann gehen würde. Du weißt es seit Monaten.«

»Damals dachtest du aber nur, du würdest gehen.«

»Was denn? Dachtest du etwa nicht, dass sie mich nehmen würden?«

Teddy verdreht die Augen. »Bitte fang jetzt nicht so an.«

Ich presse meine Fersen in den Boden. Meine Geduld mit Teddy ist schier endlos, aber wenn man die verrückten

Umstände dieser ohnehin bereits verdammten Party bedenkt, treibt er es gerade ein wenig auf die Spitze. »Worum geht's denn dann?«

»Diese ganze Sache … War das wirklich alles nur Mittel zum Zweck? Die beiden anderen Frauen sind nicht deine Mom, und jetzt ist es einfach … vorbei?« Bevor mir überhaupt bewusst wird, was er mir gerade vorwirft, fügt er hinzu: »Was ist zum Beispiel mit Chloe?«

Ungläubig schüttle ich den Kopf. »Was soll mit ihr sein?«

»Jetzt da sie nicht deine Schwester ist, lässt du sie einfach fallen?«

»Wer hat das denn gesagt?«, frage ich fordernd. »Hast du nicht gesehen, wie ich sie meinen Freunden vorgestellt habe? Dass ich Oliver ihr Video geschickt habe?«

»Ja, für jetzt. Aber du gehst. Und sobald sie auf die Cornelia geht, wird sie allein dastehen.«

»Du kennst Chloe vielleicht gerade mal eine Woche«, erinnere ich ihn. Langsam werde ich wirklich sauer.

»Ich will damit nur sagen …«

»Hast du Angst, dass Chloe keine Freunde hat, wenn ich weg bin? Oder liegt es vielleicht eher daran, dass *du* dir nie die Mühe gemacht hast, selber welche zu finden?«

Teddy wirkt so bestürzt, dass ich weiß, dass ich den Nagel auf den Kopf getroffen habe. Es ist ein Problem, über das ich bisher nicht wirklich nachdenken musste. Dass man jemanden so gut kennt, dass man genau weiß, wie man ihn verletzen kann. Bisher hatte ich dafür keinen Grund.

Zuerst war es mein Dad. Jetzt ist es mein bester

Freund. Ich vergrabe das Gesicht in den Händen und bin plötzlich wütender auf mich selbst als auf ihn.

»Teddy …«

Ich werde unterbrochen, als Heather aus der Hintertür des Clubs kommt und mit den Fingern schnipst. Aus der *offenen* Hintertür.

Falls sie irgendetwas von dem, was wir geredet haben, gehört hat, geht sie nicht darauf ein. »Kommt wieder rein«, sagt sie. »Ich habe euch beiden ein Randstück aufgehoben.«

Wenn ich jetzt an Kuchen denke, dreht sich mir der Magen um. Doch Teddy wirkt geradezu erleichtert, jetzt eine Ausrede zu haben, um unser Gespräch zu beenden, und nach ein paar Sekunden und nachdem Heather außer Hörweite ist, steuert er auf die Tür zu.

»Teddy, es tut mir leid«, sage ich und gehe ihm sofort nach.

Teddy hatte schon immer einen unheimlich schnellen Gang drauf, doch wie sich herausstellt, hat er sich bisher zurückgehalten. Ich muss rennen, um mit ihm mitzuhalten, während wir den Flur wieder hinabgehen. Meine Stiefel poltern so laut über den Fußboden, dass sie ihr eigenes Echo erzeugen. Ihm scheint vor mir bewusst zu werden, dass wir gleich eine Szene machen werden, und er bleibt stehen.

Seine Augen werden glasig. Er weiß, dass ich es ernst meine. Es reicht nur nicht, um das wiedergutzumachen, was ich gerade getan habe.

»Lass … mich einfach für eine Weile in Ruhe, okay?«

Ich kenne Teddy, seit er zwei Tage alt war. Das sind siebzehn Jahre, vierzig verlorene Babyzähne, zwei Broadway-Revivals von *Les Mis* und mindestens vierhundert Packungen Reese's Puffs. Unzählige Übernachtungen, Abende in YouTube-Wurmlöchern, Streiche, die wir unseren Eltern gespielt haben, und Geheimnisse, die wir uns im Schein seiner Handytaschenlampe anvertraut haben. Wir haben quasi ein ganzes Leben miteinander verbracht, und noch nie hat einer zum anderen gesagt, dass er ihn »in Ruhe lassen« soll.

Doch ich lasse ihn ein paar Meter vorangehen, halte Abstand und lege die beste Performance meines Lebens hin: Ich lächle den Rest des Abends, obwohl mir so schwer ums Herz ist, dass es sich anfühlt, als könnte ich damit den Boden wischen.

Die nächste Stunde ist ein Nebel aus Kuchen, mich bei den Leuten fürs Kommen zu bedanken und aufzuräumen, damit der Club gleich für den Rest der Stadt seine Türen öffnen kann. Teddy macht sich rar, mein Dad ist komplett verschwunden, und selbst Heather sieht mir nicht länger als eine Sekunde in die Augen. Ich komme mir vor wie eine Insel, versuche, nach jemandem zu greifen – doch es ist niemand mehr da.

Ich warte mit meiner Frage, bis wir die Treppen zum Apartment hochsteigen, und wappne mich innerlich.

»Wo ist Dad?«

»Zu Hause«, sagt Heather. »Zum Glück hat er nicht gehört, dass du deine Mom suchst, ohne ihm irgendetwas davon zu sagen.«

Mitten auf der Treppe bleibe ich stehen. Mein Herz hämmert wie verrückt, aber der Rest meines Körpers wird stocksteif. Es gibt hunderttausend Dinge, die ich jetzt sagen könnte, doch das Erste, was herauskommt, ist: »Wirst du es ihm sagen?«

Heather bleibt auf dem nächsten Absatz stehen. Als sie sich zu mir umdreht, ist sie nicht wütend. Nicht enttäuscht. Sie wirkt vor allem traurig.

»Bitte sag mir, dass du nicht wirklich vorhattest, eine wildfremde Frau in die Precollege-Sache hineinzuziehen und es ihm unter die Nase zu reiben.«

Mein ganzes Leben lang hatte ich das Gefühl, dass wir ein Team sind: ich, Dad und Heather. Ich habe nie viel darüber nachgedacht, wer sie waren, bevor ich existiert habe. Aber jetzt sehe ich einen Hauch davon: eine Frau, die nicht nur meine Tante mit dem großen Beschützerinstinkt ist, sondern die vorher die Schwester meines Dads mit dem großen Beschützerinstinkt war.

»Ich werde nicht …« Sie presst die Lippen zu einer schmalen Linie zusammen, drauf und dran, mich beim Lügen zu erwischen. »Ich dachte, ich würde es tun«, gestehe ich. »Zuerst. Aber ich hätte es nicht getan.« Heather mustert mich, als würde sie überlegen, ob sie mir glauben soll oder nicht. Das Schlimmste ist, dass ich nicht einmal selbst weiß, ob ich mir glaube. Noch vor ein paar Wochen hätte ich mir keinen Abend wie den heutigen vorstellen können. Wenn die Sache so schnell eskalieren konnte – wie weit wäre ich dann noch gegangen?

Seufzend lehnt sich Heather gegen das Treppengeländer und fährt sich durchs Haar. »Es ist eine Sache, dass du wissen willst, wer deine Mom ist, Millie. Das kann ich verstehen. Aber du hättest einfach fragen können. Ein vernünftiges Gespräch führen können.«

»*Wen* hätte ich denn fragen sollen?« Eigentlich wollte

ich gar nicht laut werden, doch plötzlich hallt meine Stimme durch das gesamte Treppenhaus. Ich deute auf den leeren Raum zwischen uns. »Du weißt nicht mal, wer sie ist. Und Dad tut schon mein ganzes Leben lang so, als wäre sie eine unentdeckte Landmine.«

Heather presst die Lippen zusammen und nickt knapp. Doch es erweicht sie nicht. »Dein Dad wollte mit dir darüber sprechen. Ich weiß, dass er es dir gesagt hat, weil ich ihm gesagt habe, dass er es tun soll.«

Sie mustert mich intensiv. Das weiß ich nur, weil ich es spüren kann, denn mein Blick ist zu Boden gerichtet.

»Das wusste ich nicht«, erwidere ich leise.

»Millie, sieh mich an.«

Ich tue es. Langsam. Abwehrend. Doch Heather scheint bereits damit zu rechnen.

»Ich weiß nicht, warum du angefangen hast, nach deiner Mom zu suchen«, sagt sie. »Ich weiß nicht, wer diese Steph ist, oder wie du sie gefunden hast, oder was du und Teddy die ganze Zeit treibt … Aber ich dachte, du wüsstest, dass du immer zu mir kommen kannst, wenn du etwas brauchst.«

Ich will gerade protestieren, doch dann kratzt sie sich genau wie ich das Gesicht, wenn sie nicht will, dass jemand merkt, dass sie weint – und das lässt mich innehalten.

»Ich weiß, dass ich nicht deine *Mutter* bin, aber … na ja.«

Sie zuckt ganz leicht mit den Schultern, doch es schüttelt nicht den Schmerz in ihren Augen ab. Es verhindert nicht, dass mich ihre Worte so hart treffen, dass mir plötzlich das Atmen schwerfällt.

»Heather … das hat überhaupt nichts mit dir zu tun«, sage ich flehend. Da ist dieser Teil in mir, der sich niederträchtig fühlt, und ein Teil, der vielleicht tatsächlich niederträchtig ist – der Teil, der denkt, dass das hier einfach nicht fair ist. Dass es mir möglich sein sollte, etwas so Simples zu fragen, ohne allen wehzutun, die ich liebe. Etwas, wonach die meisten Kinder gar nicht erst fragen müssen.

»Ja, na ja. Du bist eben meine ganze Welt, Millie. Es gibt nichts, was du tust, das nichts mit mir zu tun hat.«

Erst jetzt wird mir bewusst, was für einen großen Mist ich gebaut habe. Dass es nicht nur Konsequenzen gibt, sondern dass sie schlimmer sind als alles, was ich gewohnt bin. Sie werden stiller sein und länger währen. Sie werden einen Schatten werfen, dem ich nicht entkommen kann.

Ich sage das Einzige, was ich sagen kann. Das Einzige, von dem ich weiß, dass ich es wirklich so meine, auch wenn ich nicht weiß, was genau ich damit meine: »Es tut mir leid.«

Sie nickt. Wie aufs Stichwort ertönt von unten der Bass vom Soundcheck. »Ich muss jetzt wieder runter«, sagt sie. »Wir reden später.«

Sie geht an mir vorbei, ohne mir auf die Nase zu stupsen. Ohne mir die Schulter zu tätscheln. Ohne mich überhaupt anzusehen. Ich gehe nach oben ins Apartment – die Lichter sind gedimmt, die Tür meines Dads ist zu – und warte darauf, dass ich zusammenbreche.

Doch ausnahmsweise gibt es keine Millie-Laune, der ich nachgeben muss. Es gibt nur mich. Mein rücksichtsloses, dummes, unbedachtes Ich – und nichts, was mir die Last von den Schultern nimmt. Ich gehe in mein Zimmer, schlüpfe aus Heathers Stiefeln, lege mich aufs Bett, starre zur Decke und warte auf die Tränen – und stelle fest, dass es etwas Schlimmeres gibt, als zusammenzubrechen: zu wissen, dass man etwas zerstört hat, und nicht zu wissen, wie man es wieder in Ordnung bringen soll.

Kapitel 18

In dieser Nacht schlafe ich kaum. Ich schlage mein Glitzer-Tagebuch auf und schreibe und schreibe und schreibe, bis nichts mehr in mir ist. Bis ich zumindest so weit Klarheit erlangt habe, dass ich die Augen schließen kann, ohne die Bilder in Dauerschleife vor mir zu sehen: Teddys Entsetzen, die großen Augen meines Dads, der tiefe und unerwartete Schmerz meiner Tante. Ich schreibe noch lange, nachdem ich Heather nach Hause kommen gehört habe, lange, nachdem ich gehört habe, wie sich die Tür meines Dads geöffnet hat, lange, nachdem ich die murmelnden Stimmen in der Küche gehört habe, lange, nachdem New York so still geworden ist, dass ich ausnahmsweise nur noch meinen eigenen Atem hören kann.

Der nächste Morgen fühlt sich nicht an wie der frische Start, den ich mir erhofft hatte, aber wenigstens weiß ich jetzt, was ich tun will. Ich will weiterhin zu Farrahs Tanzkurs gehen. Ich will mich weiterhin mit Beth treffen. Und auch wenn ich weiß, dass es alles vielleicht nur noch schlimmer macht, will ich mit dem Praktikum weitermachen. Ich bin zu weit gekommen, um die Sache jetzt nicht bis zum Ende durchzuziehen. Ich will Steph kennenlernen, *wirklich* kennenlernen, jetzt da sie nicht mehr meine potenzielle Mom, sondern meine richtige Mom ist.

Aus irgendeinem Grund bin ich jedoch nervös, als ich mit dem Aufzug nach oben zu Check Plus Talent fahre.

Es ist kein Lampenfieber, keine Furcht und auch sonst nichts, was ich je empfunden habe. Ich ziehe mein Notizbuch hervor und drücke es an meine Brust. Als könnten mich die Worte darin beruhigen.

Ich öffne die Tür, und da ist Steph, ihre Locken perfekt, ihr matter Lippenstift makellos. Als sie mich sieht, lächelt sie – ein aufrichtiges Lächeln, breiter und strahlender als die auf ihren Hochglanzfotos auf ihrer Website. Oder das Lächeln, das sie Klienten schenkt, wenn sie hereinkommen. Als wären wir uns nahe genug, dass sie es mir anvertrauen kann.

Und plötzlich bin ich nicht mehr nervös.

»Hey, Schätzchen. Wie geht's?«

»Ähm …«

Ich starre sie an und gebe dem Universum eine allerletzte Chance, irgendetwas Weltbewegendes passieren zu lassen. Nein, nichts Weltbewegendes. Einfach irgendetwas.

»Gut«, lüge ich. »Wie war dein Urlaub?«

»Oh.« Steph zieht eine Grimasse und streckt die Zunge heraus. »Ich habe für das Projekt vorgesprochen, von dem ich dir erzählt habe.«

Ich werfe einen Blick auf Georgies Bürotür, doch Steph scheint sich nicht sonderlich darum zu kümmern, ob sie uns hört. »Wie ist es gelaufen?«

Sie stößt laut die Luft aus. »Na ja. Sie haben uns ein wenig den Boden unter den Füßen weggerissen. Es ist ein neuer Produzent dazugekommen, und er findet, dass man die Geschichte lieber fürs Fernsehen adaptieren sollte.«

»Oh.« Ich wähle meine Worte vorsichtig, weil ich es

nicht so rüberbringen will, als würde ich es ihr nicht zutrauen. »Und du stehst nicht gern vor der Kamera?«

»Ich habe bloß keine Erfahrung damit. Ich nehme an, das wirft mich direkt aus dem Rennen.«

»Aber du wirst es trotzdem versuchen, oder?«

Sie lächelt, und zuerst wirkt es frech wie immer. Doch dann werden ihre Gesichtszüge weicher. »Du bist schon ein komisches Mädchen, Millie. Machst dir Sorgen um mich, obwohl du deine ganze Zukunft noch vor dir hast.«

Ich hebe eine Augenbraue. »Mir hat mal eine weise Frau gesagt, dass ich alle Chancen ergreifen soll, die sich mir bieten. Dass man nie weiß, wohin sie führen.«

»Nun, klingt, als wäre sie ganz schön verrückt«, sagt Steph, auch wenn sie strahlt und sich freut, dass mir ihr Satz im Gedächtnis geblieben ist. »Aber ja, ich werde es probieren«, fügt sie hinzu. »Nicht, weil ich glaube, dass ich die Rolle bekomme. Sondern weil ich schon mit diesem Gespräch gerechnet habe und wusste, dass du mir in den Hintern treten wirst, wenn ich es nicht wenigstens versuche.«

Sie lächelt mich wieder an, und ich erwidere es. Zwei identische Gesichtsausdrücke. Mir wird bewusst, dass das hier der perfekte Zeitpunkt wäre, wenn ich etwas zu ihr sagen wollte. Wir sind allein. Wir haben eine gemeinsame Ebene. Inzwischen wissen wir genug voneinander, dass das Gespräch vielleicht einfacher wird, als ich bisher dachte. Als würde ich mit meinem zukünftigen Ich sprechen. Je besser ich sie kennenlerne, desto wahrscheinlicher wird es, dass ich sie verstehen werde.

Aber ich mag das zwischen uns, was auch immer es ist. In meinem Leben ist genug Platz dafür. Vielleicht muss es gar nicht mehr sein, als es jetzt ist. Vielleicht können es einfach diese Gespräche mit dem Menschen sein, der dasselbe will wie ich. Der die Welt kennt, die ich kennenlernen will. Vielleicht versteht mich bereits jemand, wie ich es mir immer gewünscht habe – nur nicht als Mutter und Tochter. Sondern als Freundinnen.

»Hey, vielleicht würde ich doch keine schlechte Managerin abgeben«, scherze ich. Und plötzlich ist der Moment einfach vorbei.

Steph strafft die Schultern. »Apropos. Ich drücke euch beiden die Daumen.«

»Warum? Steht heute irgendwas besonders Schreckliches auf der Aufgabenliste?«

Steph legt den Kopf schief. »Nun ja, ihr habt heute eure Einzelgespräche mit Georgie«, erinnert sie mich. »Da die Probezeit fast vorbei ist. Heute entscheidet sie, wen von euch beiden sie behalten wird.«

Ich versuche, nicht überrascht zu wirken. Es ist eigentlich ein paar Tage zu früh, aber es hätte mich nicht so eiskalt erwischen sollen. Mit allem, was gerade passiert, stand das Praktikum trotzdem die ganze Zeit im Vordergrund. Ich war nur so mit dem Hier und Jetzt beschäftigt, dass ich mir nie Gedanken um das Danach gemacht habe. Daran, dass das Praktikum vielleicht schon bald gar nicht mehr existieren wird und ich dann keine Ausrede mehr haben werde, Steph zu sehen. Keine Ratschläge mehr von ihr bezüglich der Industrie bekommen werde und ihr keine Screenshots von lustigen Theater-Memes mehr schicken werde, die ich auf Instagram gefunden habe.

»Richtig. Natürlich.« Ich lehne mich gegen die Armlehne von einem der Sessel. »Wenn ich es nicht bekomme, können wir dann immer noch …«

Ich weiß nicht, wie ich fragen soll, weil ich gar nicht weiß, was ich überhaupt will. Einen Kaffee alle paar Wochen? Eine Mentorin? Eine Mom?

Doch Steph wartet nicht, bis ich es herausgefunden habe. »Ich habe deine Nummer und du hast meine. Wir Theater-Mädchen müssen doch zusammenhalten.«

Wieder lächeln wir einander an, als in dem Moment ihr Telefon klingelt. Sie verdreht die Augen, wirft das Haar zurück und geht ran.

»Hey, du.« Irgendwie hat sich Oliver neben mir materialisiert. Als ich mich umdrehe, lächelt er dieses Lächeln, das ich nicht richtig einzuordnen weiß. Es ist leise, aber nicht so beherrscht wie sonst. Ich versuche, es in irgendeine Schublade zu stecken wie all die anderen Gesichtsausdrücke auch, doch alles, was mir in den Kopf kommt, ist: Es ist *meins.*

Es ist ein Lächeln, das mich von dem Kaffee ablenkt, den er mir entgegenhält, was gar nicht so leicht ist, wenn man meinen Kaffeekonsum bedenkt. Und er hat auch einen Cookie von der Bäckerei zwischen unseren Apartments dabei. »Sind die für *moi?*«

»Ich dachte, du bist bestimmt müde von den vielen ABBA-Songs gestern«, erwidert er. »Außerdem habe ich dir noch gar nichts zum Geburtstag geschenkt.«

Feierlich nehme ich den Kaffee und den Cookie entgegen, breche den Keks in zwei Hälften und reiche ihm eine. Zu meiner Überraschung nimmt er sie tatsächlich. »Das ist das beste Geschenk überhaupt.«

»Nutz die ganze Energie aber bitte nicht dafür, die

Songs von *Avenue Q* aus dem Fenster zu brüllen und die Passanten damit zu erschrecken.«

»Das war nur ein einziges Mal. Und schuld war nicht der Kaffee, sondern die ganzen Twix, die aus dem Süßigkeitenautomaten gefallen sind.«

»Ist notiert.«

Ich nehme einen Bissen von meinem Cookie. So ein Keks ist ein Frühstück für Gewinner, wie ich in den letzten Jahren festgestellt habe, weshalb ich zur ersten Stunde meistens einen mitbringe.

»Hast du deshalb in deinem Handy ein Keks-Emoji neben meinem Namen?«, frage ich. »Weil ich Cookies so mag?«

Überraschenderweise wird Oliver plötzlich ganz still. Er starrt herunter auf seine Cookie-Hälfte und erwidert: »Ähm, nein. Das ist wegen … na ja. Nachdem wir uns das erste Mal gesehen hatten, wurde mir klar, dass ich dich nicht nur von dem ›Little Jo‹-Video kenne, sondern vom Café.«

»Oh.« Das ergibt Sinn. Schließlich sind wir quasi Nachbarn. Wahrscheinlich laufen wir uns seit Jahren ständig über den Weg. »Das war mir nicht bewusst.«

Oliver zuckt mit den Schultern. »Wenn unsere Eltern früher allein reden mussten, ging Hunter irgendwo mit uns hin. Du erinnerst dich wahrscheinlich nicht daran, aber als wir zum ersten Mal dort waren, hat Elliot die ganze Schlange aufgehalten, weil er sich nicht entscheiden konnte. Und du hast ihm gesagt, er solle den Cookie nehmen.«

Ich erinnere mich nicht, weil ich mich so oft in die Angelegenheiten anderer einmische, dass ich mir nicht alles merken kann. »Das klingt ganz nach mir.«

Oliver lächelt vor sich hin, halb hier und halb im Moment vor all den Jahren. »Jedenfalls war der Cookie so lecker, dass wir ab da jedes Mal in das Café gegangen sind, wenn uns unsere Eltern loswerden wollten. Wir haben ihn dann immer in vier Teile geteilt. Das machte das Ganze ein bisschen weniger … na ja.« Sein Lächeln verebbt ein wenig, wirkt aber nicht weniger aufrichtig. »Es war schön, mit meinen Brüdern einen Ort zu haben, der nur uns gehörte. Und das hatten wir irgendwie dir zu verdanken.«

Ich erwidere sein Lächeln, spüre aber die angespannte Stimmung, die immer da ist, wenn man mehr gesagt hat, als man eigentlich wollte. »Nun, das freut mich«, erwidere ich. »Und ich muss zugeben, dass ›Cookie Girl‹ ein viel besseres Vermächtnis ist als ›Little Jo‹.«

Oliver verzieht das Gesicht. »Nachdem ich mich daran erinnert hatte, habe ich versucht, dir in jenem Sommer noch mal über den Weg zu laufen. Um mich zu entschuldigen, nehme ich an. Ich hatte ein wenig zu der ›Litte Jo‹-Sache recherchiert und die ganzen Kommentare gelesen und …«

»La la la«, trällere ich und will mir die Ohren zuhalten. Ich habe auf YouTube schon genug Ausschnitte von mir gesehen und wie Mädchen am Ende des einen Songs »Christopher Columbus!« schreien, dass es für hundert Leben reicht.

Oliver sieht mich reumütig an. »Ja, na ja. Jedenfalls habe ich deine Reaktion dann verstanden. Ich wollte einfach nur reinen Tisch machen.«

Ich senke die Hände. »Dann hast du das Emoji benutzt, um dich daran zu erinnern, wo du mich findest?«

Daraufhin muss Oliver grinsen. »Am Anfang. Aber ich habe es gelassen, um daran zu denken, dir aus dem Weg zu gehen.« Dann stößt er meinen Stiefel mit seinem Schuh an. »Nach der ganzen *Mamma Mia*-Sache im ersten Jahr war für mich klar, dass wir nicht dafür bestimmt sind, Freunde zu werden.«

»So hat sich also die Möglichkeit, dass wir Freunde werden, in Rauch aufgelöst? Weil du meine ABBA-Träume sabotiert hast?«

Ich kippe den Sessel nach hinten, bis er nur noch auf den hinteren Beinen steht, damit er weiß, dass ich nur Spaß mache. Inzwischen ist es eh Schnee von gestern. Doch Oliver macht einen Schritt auf mich zu.

»Das ist es ja gerade. Ich habe versucht, dir zu *helfen*, Millie. Das war, bevor uns Mrs Cooke dazu verdonnert hat, Spenden zu sammeln. Wir hatten das Budget nicht. Zumindest nicht genug Budget, um es halbwegs gut zu machen. So, wie wir es jetzt machen.«

Wenigstens das hatten wir schon immer gemeinsam: hohe Ansprüche an uns selbst und daran, was wir der Welt präsentieren.

Hohe Ansprüche, die dazu führten, dass wir für die Theaterabteilung mehr Geld akquirierten als seit Jahren niemand mehr. Wir waren uns vielleicht tausendmal uneinig, bevor wir uns für eine Sache entscheiden konnten, aber jeden Monat vor dem Theater eine Talentshow mit Kuchenverkauf zu veranstalten, war genau das, was wir gebraucht hatten, um genug Geld für eine Zuschauertribüne und authentische Kostüme für alle folgenden Produktionen zusammenzukriegen.

Ich trinke einen Schluck von meinem Kaffee. »Die Spendenaktionen haben wir echt gerockt.«

»Und uns beinahe gegenseitig umgebracht«, bemerkt Oliver trocken.

Kurz ist es ganz still. Steph hört demjenigen, der am Telefon ist, aufmerksam zu und macht sich Notizen, während wir einander beäugen.

»Schon komisch, wenn man darüber nachdenkt, wie viel wir noch hätten erreichen können, wenn wir nicht so blöd zueinander gewesen wären«, sage ich schließlich.

»Ich finde, wir haben trotzdem viel erreicht«, erwidert Oliver. »Warum hätte uns Mrs Cooke sonst immer wieder zusammenstecken sollen? Wir treiben uns gegenseitig an.«

»Uns gegenseitig von der Klippe zu schubsen vielleicht«, kontere ich schnaubend.

Doch Oliver lacht nicht. »Ehrlich gesagt fand ich viele deiner Ideen gut«, sagt er. »Wie zum Beispiel das Mentorenprogramm zwischen Oberstufen- und Unterstufenschülern. Nur … manchmal brauchen die Dinge eben Zeit. Und manchmal muss jemand bei der Durchführung helfen.«

»Moment mal, hattest du etwas damit zu tun?«

Plötzlich wirkt Oliver unsicher, als hätte er nicht damit gerechnet, dass ich so schnell reagiere. »Ein bisschen.«

»Aber …« Ich blinzle. Stück für Stück kommt das Jahr zurück. Wie uns gesagt wurde, dass es bereits zu viele Clubs und außerschulische Aktivitäten gäbe, um Platz für das Mentorenprogramm zu schaffen. Und kurz bevor sich eine meiner Millie-Launen zu entladen drohte, klappte es dann doch plötzlich. »Du hast uns den Ort für das Programm verschafft.«

Ich komme mir dumm vor, weil ich es nicht früher kapiert habe. Dem Schülerrat beizutreten war eines der ersten Dinge gewesen, die Oliver im ersten Jahr gemacht hatte, was ihn in unserem Vorhaben, in einer Welt voller übereifriger Nerds einen Platz für Theaterkids zu schaffen, zu unserem einzigen Verbündeten machte.

»Ja.« Er räuspert sich. »Ich habe auch Mrs Cooke gezeigt, wie wir die Zeitpläne rotieren können, um Rollen doppelt zu besetzen, ohne dass sie mehr Zeit in der Schule verbringen muss.«

Ich habe ganz vergessen, wie sehr sie sich am Anfang dagegen gesträubt hat. Wie sie sich geweigert hat, überhaupt darüber nachzudenken. Jetzt da wir Zweitbesetzungen haben, ist es sogar eine Zeitersparnis. In den ersten zwei Monaten proben wir alle gemeinsam, und für die letzten zwei Wochen vor der Show trennen wir uns, und wenn jemand eine Probe verpasst oder mit irgendetwas Hilfe braucht, kann es ihm die Zweitbesetzung später zeigen. Das hat nicht nur dabei geholfen, dass sich viel mehr Schülerinnen und Schüler zeigen können, es hat die Cornelia auch zu einem besseren Ort gemacht. Inzwischen kann sich kaum noch jemand daran erinnern, dass es mal eine Zeit gab, in der es nicht so gewesen ist.

Und ich schätze, das haben wir Oliver zu verdanken.

»Ich hatte ja keine Ahnung«, sage ich. Ich bringe nicht mal ein Danke zustande, weil ich nicht weiß, ob es dem überhaupt gerecht würde.

Doch sein Schulterzucken verrät mir, dass er es trotzdem verstanden hat. »Du hattest recht. Die Schule hat eine Veränderung gebraucht.«

»Ja, aber *du* hast sie verändert.«

Oliver schüttelt den Kopf. »Das warst *du.* Ich habe nur den Deal eingetütet.«

Ich wünschte, ich hätte es gewusst. Ich habe viel Anerkennung dafür erhalten, neue Initiativen zu ergreifen, und habe viele Freundschaften geschlossen, während wir für sie gekämpft haben. Freundschaften, die Oliver auch hätte schließen können, wenn wir nicht zu sehr damit beschäftigt gewesen wären, einander auszustechen, wann immer wir ein Publikum hatten.

Ich versuche, mein schlechtes Gewissen herunterzuschlucken, hebe meinen halben Cookie und proste ihm zu. Er tut es mir gleich. Unsere Fingerknöchel berühren sich, unsere Blicke treffen sich.

»Nun, wer hätte das gedacht?« Meine Wangen glühen viel zu sehr. Bestimmt vom Kaffee. »Wie sich herausstellt, sind wir ein gutes Team.«

»Ja, das sind wir.« Dann hält Oliver inne und denkt nach. »Um ehrlich zu sein, wollte ich genau darüber mit dir sprechen.«

Bevor ich überhaupt raten kann, in welche Richtung das Gespräch geht, öffnet sich Georgies Bürotür, und sie sieht uns abwechselnd an.

»Wer kommt zuerst?«

Ich sehe Oliver an, doch er zögert keine Sekunde. »Millie sollte zuerst.«

Ich öffne den Mund, um zu fragen warum, doch Georgie geht bereits zurück in ihr Büro und lässt die Tür offen, damit ich ihr folge. Mein Blick ist immer noch auf Oliver gerichtet. Ich warte darauf, dass er irgendetwas sagt, das mich auf die Palme bringt, oder mir erklärt, warum er will, dass ich zuerst gehe. Doch er lächelt noch genau wie eben.

»Hals- und Beinbruch.«

Ich merke gar nicht, dass ich sein Lächeln erwidere, bis mir mein Lächeln in Georgies Büro folgt und sie kurzzeitig entwaffnet. Nein, nicht kurzzeitig – vollständig entwaffnet, als hätte ich ihr Büro nicht mit einem Lächeln, sondern mit einem Baseballschläger betreten. Zuerst blinzelt sie mich an, dann ihren Schreibtisch.

»Soll ich mich setzen?«, frage ich vorsichtig.

»Ja. Ja, bitte setz dich.«

Als sie wieder aufblickt, hat sie sich wieder voll und ganz gefangen.

Ich setze mich auf den Stuhl vor ihrem Schreibtisch, lege meine Tasche und mein Notizbuch auf den Boden und sehe sie an, wie ich es auch getan habe, als ich zum ersten Mal einfach hier aufgetaucht bin. Damals war ich total nervös. Ich war Feuer und Flamme und hatte auch ein bisschen Angst. Jetzt spüre ich von alledem gar nichts mehr. Als hätte ich eine Metamorphose durchlaufen und mein altes Ich hinter mir gelassen.

Er trifft mich völlig unvorbereitet, der Schmerz, den ich plötzlich spüre. Ich habe mich schon ein Dutzend Mal neu erfunden. Doch diesmal wollte ich es gar nicht. Diesmal habe ich nicht meinen Stil, meine Haare oder mein Auftreten verändert, sondern etwas Stilles. Etwas ganz tief in mir. Etwas, das ich nicht mehr rückgängig machen kann. Selbst wenn ich wollte.

Georgie faltet die Hände auf dem Schreibtisch. »Ganz offensichtlich seid ihr beide in der Lage, die Aufgaben zu erfüllen, die für dieses Praktikum notwendig sind. Ihr habt beide vortreffliche Arbeit geleistet, ein essenzielles Verständnis für die Branche gezeigt und den Willen, mehr zu lernen.«

Normalerweise blühe ich bei Lob auf wie eine Pflanze, die Sonnenlicht in Energie umwandelt. Dieses Lob ist jedoch so unerwartet und so nüchtern formuliert, dass es sich eher anfühlt, als hätte mich jemand aus Versehen mit irgendetwas getroffen.

Georgie hält inne. Ich merke, dass sie nicht will, dass ich mich bedanke, also tue ich es auch nicht – was mir ein kleines Grinsen einbringt.

»Daher soll es bei den Einzelgesprächen weniger darum gehen, was ihr für mich tun könnt, sondern vielmehr darum, was *euch* das Praktikum bringt. Was sind deine Pläne?«

Auf diese Frage bin ich genauso vorbereitet wie auf jede Art von Vorsprechen. Wenn man es genau nimmt, ist jedes Gespräch mit jemandem, der mehr Macht hat als man selbst, ein Vorsprechen.

»Nächstes Jahr? Oder in fünf Jahren? Oder mein ganzes Leben?«

Ihr Grinsen wird breiter. »Fangen wir mit dem nächsten Jahr an.«

»Nun, ich hoffe …« Ich halte inne. Georgie muss nichts von dem Hin und Her mit meinem Dad erfahren. »Ich wurde am Madison Precollege fürs Musicaltheater angenommen. Der Plan ist also, dort im Herbst anzufangen.«

Ich erwarte zumindest einen verdutzten Gesichtsausdruck, wenn nicht sogar einen beeindruckten. Doch stattdessen runzelt Georgie die Stirn. »Madison?«

»Ja«, erwidere ich mit fester Stimme.

Das Stirnrunzeln bleibt. Ich spüre, wie sich die Atmosphäre im Raum verändert. Es ist diese knisternde Energie kurz vor einem Sturm. Ich richte mich auf meinem Stuhl ein wenig auf.

»Du gehst nicht auf die Madison«, sagt Georgie und schüttelt bestimmt den Kopf, als wäre es eine Tatsache.

Ich würge ein Lachen hervor. Doch Georgie regt sich nicht.

»Glauben Sie etwa nicht, dass sie mich genommen haben?«, bohre ich nach.

Georgie wirkt angefressen, weil ich gefragt habe. »Natürlich haben sie dich *genommen.* Ich habe das Video gesehen, das mir Oliver geschickt hat, um mir zu zeigen, dass ihr es zu der Technikprobe geschafft habt. Du bist phänomenal.« Es würde mir mehr bedeuten, wenn Georgie es nicht durch zusammengepresste Zähne gesagt hätte. Oder wenn sie nicht sofort hinzufügen würde: »Und ich glaube es nicht. Ich weiß es. Und ich weiß auch, dass das Madison Precollege seine Studierenden weit über ihre Grenzen treibt. Das wird dich in deiner Karriere weiter zurückwerfen, als du dir vorstellen kannst.«

Für so lange Zeit ist die Madison für mich ein Traum gewesen, der nur in Schneekugeln existiert, eine andere Welt, die ich zwar anfassen, aber niemals erreichen kann. Und diese Schneekugel hat Georgie soeben zerschmettert.

»Die Madison hat einige der größten Namen des Broadways hervorgebracht«, protestiere ich und lehne mich nach vorn, mein Blick genauso finster wie ihrer.

»Und hat eine der höchsten Aussteigerquoten.«

»Damit haben alle Musicalschulen Probleme«, argumentiere ich. »Wenn es einfach wäre, würde es jeder machen.«

»Es ist aber ein Unterschied, ob man seine Studierenden herausfordert, oder ob man ihre Bedürfnisse ignoriert. Und glaub mir. Dieser Schule ist das körperliche und seelische Wohlergehen ihrer Schüler vollkommen egal. Sie wollen nur Ergebnisse.«

Ich schnaube. »Ist *Baron* nicht auch ein Madison-Alumnus?«

»Und hat Baron in seiner frühen Karriere irgendwelche wichtigen Rollen bekommen?«, feuert Georgie zurück. »Als er seinen Abschluss gemacht hat, hatte er einen Hass auf die gesamte Industrie. Er hat jahrelang die Stadt verlassen. Zum Glück konnte er sich wieder fangen, nachdem er zurückgekommen ist. Aber es hat Jahre gedauert, bis er die Alles-oder-nichts-Mentalität dieser Schule losgeworden ist.«

»Vielleicht sind Sie aber auch einfach nur eine beschissene Managerin.«

Abrupt nimmt Georgie die Hände vom Tisch, rollt mit ihrem Stuhl nach hinten und sieht mich mit zu Schlitzen verengten Augen an. »Ich glaube, wir sind an dieser Stelle fertig, Millie.«

Ich schnappe mir meine Handtasche vom Fußboden, zu wütend, um richtig sehen zu können. Die Worte sind wie Lava aus mir herausgeflossen, aber ich spüre, dass sie nur der Anfang waren. Dass, wenn ich nicht ganz schnell hier rauskomme, meine nächsten Worte mein persönliches Pompeji werden. Ich merke nicht mal, dass ich ihr Büro verlassen habe, bis ich Oliver und Steph im Wartezimmer passiere. Ich senke den Kopf und sehe sie nicht an. Ich spüre ihre Blicke, die Augen so weit aufgerissen, dass sie mich förmlich hinaus in den Hauptkorridor jagen, wo ich auf den Knopf nach unten haue. Zum Glück ist der Aufzug noch da. Ich werfe mich regelrecht hinein und warte darauf, dass sich die Türen schließen, damit ich das Gesicht in meiner Tasche vergraben und hineinschreien kann.

Als sie gerade zugleiten, schiebt Oliver einen Arm dazwischen und quetscht sich hinein.

Ich sage kein Wort. Starre einfach geradeaus, als wäre er überhaupt nicht da.

Ich kann jetzt nicht mit ihm sprechen. Ich bin so auf hundertachtzig, dass ich förmlich Feuer speie. Meine Zunge wartet nur darauf, etwas weiteres Fürchterliches auszuspucken.

»Was ist passiert?«

Ich konzentriere mich auf unsere verschwommenen Spiegelbilder in der Aufzugstür. »Nichts«, erwidere ich stur.

»Millie …«

»Ich hab's vermasselt, okay?«, sage ich schnippisch. »Freu dich lieber.«

»Tue ich aber nicht.«

Olivers verschwommenes Spiegelbild bewegt sich näher an meines heran. Ich ziehe scharf die Luft ein, denn der Duft seines Shampoos steigt mir in die Nase, und für einen süßen, fürchterlichen Moment durchlebe ich wieder den letzten Abend – seine Hände auf meinen Hüften, die Wärme seines Körpers, der sich an meinen drückt. Es war der Moment, in dem ich mich zum allerersten Mal einem Gefühl hingegeben habe, das leise war und nicht laut.

»Millie, was auch immer gerade passiert ist … Geh einfach rein und entschuldige dich.«

Ich kneife fest die Augen zu. Er muss aufhören. Jedes einzelne Wort, das aus seinem Mund kommt, erinnert mich daran, dass ich es nicht einfach nur vermasselt habe. Ich habe es auf so kolossale, unwiderrufliche Weise vermasselt, dass es mich für immer verfolgen wird. »Aber es tut mir nicht leid.«

»Aber willst du das Praktikum denn nicht?«

Doch. Aber ich *will* gerade zu viel – und es macht mich fertig. Ich weiß gar nicht, wo das Wollen anfängt und wo es aufhört. Ich *will* auf die Madison. Ich *will* meine Freunde behalten. Ich *will* die Zeit um zwei Wochen zurückdrehen, bevor ich jede wichtige Beziehung in meinem Leben über den Haufen gerannt habe. Aber ich *will* auch, dass die zwei Wochen wenigstens etwas bedeuten. Aber im Moment bedeuten sie gar nichts. Es ist noch schlimmer, als noch mal ganz von vorn anzufangen. Ich fange im Minus an. Ich habe Steph gefunden, und jetzt hält sie mich bestimmt für ein Monster. Wahrscheinlich zu Recht, denn mein Dad und meine Tante halten mich bestimmt auch für eins.

Die einzige Person, die ich noch nicht vergrault habe, scheint die zu sein, die gerade vor mir steht. Und genau deshalb will ich am allermeisten, dass er verschwindet, sonst ruiniere ich das auch noch.

»Willst *du* es denn nicht?«, platze ich heraus und drehe mich schließlich zu ihm um.

Seine Augen sind so unerwartet ernst, dass es auch

noch den letzten Teil von mir zersplittert, der sich noch zusammengerissen hat. »Ja, aber hör mir zu. Ich habe nachgedacht …«

»Hör auf zu versuchen, mir zu helfen, Oliver«, explodiere ich schließlich. »Ich wollte dieses dumme Praktikum überhaupt nicht. Ich wollte es nur, um genug Geld fürs Precollege zu verdienen und es meinem Dad heimzuzahlen.«

Normalerweise, wenn ich so ausraste, folgen mindestens fünf Sekunden der Erleichterung, bevor das schlechte Gewissen einsetzt. Ein paar Augenblicke, in denen ich das Gift aus meinem System geschwemmt habe und es kein Teil mehr von mir ist, sondern ein Teil von jemand anderem. Aber Oliver zu verletzen und mich zu verletzen sind plötzlich ein und dasselbe.

Er wird ganz still. »Was?«

Es ist nur eine klitzekleine Wahrheit, die im Schatten einer viel größeren lebt. Aber was hätte ich sonst sagen sollen? Dass ich das Praktikum angenommen habe, um meine Mom kennenzulernen? Dass ich nicht nur die schlechteste Freundin auf der ganzen Welt bin, sondern auch die schlechteste Tochter?

Die Aufzugstüren öffnen sich.

»Millie, was soll das heißen?«

Ich stürme zur Eingangstür, und Oliver folgt mir dicht auf den Fersen. Offensichtlich hofft er, dass ich irgendetwas sage, das das, was ich eben gesagt habe, ungeschehen macht. *Gut,* denkt ein Teil von mir. Dann war's das also. Ich schneide ihn einfach aus meinem Leben, und dann werde ich ihn auf dem Precollege auch nicht vermissen und mich nicht fragen, was vielleicht passiert wäre, wenn ich geblieben wäre.

»Das heißt, dass ich genau das bin, was du immer von mir gehalten hast. Eine Göre. Eine Diva. Such dir etwas aus.«

Doch Oliver schluckt den Köder nicht und folgt mir bis nach draußen zur Bordsteinkante. »Wenn du es wirklich nur gemacht hast, um deinen Dad zu ärgern, hättest du jeden x-beliebigen Job in der Stadt annehmen können. Warum ausgerechnet diesen hier?«

Ich habe exakt zehn Dollar in meiner Tasche, was reichen würde, um mir ein Taxi zu schnappen und mindestens zehn Blocks von hier wegzukommen, bevor es mich wieder ausspuckt. Ich hebe eine Hand, und sofort fährt eines rechts ran.

»Hasst du mich denn wirklich so sehr?«

Ich kann ihm keine Antwort geben, denn wenn ich es tue, sage ich vielleicht etwas Schlimmeres als ohnehin schon: die Wahrheit. Dann sage ich ihm vielleicht, dass ich ihn tatsächlich gehasst habe. Dass ich nicht weiß, ob es die letzten zwei Wochen oder die letzten drei Jahre waren, aber irgendetwas hat sich verändert. Und jetzt könnte ich ihn nicht mehr hassen, selbst wenn ich wollte. Ich kann ihm keine Antwort geben, denn wenn ich es tue, wird alles nur noch viel schwerer, als es sein muss. Jetzt kann ich noch einen Schlussstrich ziehen, bevor es überhaupt etwas ist.

Das Taxi hält am Bordstein, und ich öffne die Tür.

»Millie …«

»Tut mir leid«, unterbreche ich ihn. So viel kann ich ihm sagen. Aber als ich beobachte, wie sein Gesicht in der

Scheibe des Taxis verschwindet, weiß ich bereits, dass es nicht einmal annähernd genug ist.

Kapitel 19

Der Taxifahrer, der kein bisschen an meinem Drama interessiert zu sein scheint, lässt mich nur allzu gern am Pier raus, damit ich am Hudson auf- und abgehen kann, bis ich herausgefunden habe, wie ich mich erklären soll, wenn ich nach Hause komme. Keine Ahnung, wie lange es dauern wird, den Knoten in meinem Gehirn zu lösen, aber ich habe noch den ganzen Tag. Ich entscheide mich für eine Richtung, setze meine Kopfhörer auf und gehe los.

Jedoch schaffe ich es nicht mal bis zum Ende der Eröffnungsnummer von *Next to Normal*, bevor ich einen Mann in Khakihosen entdecke, der hinaus aufs Wasser blickt, die Hände in den Hosentaschen, die Brille bereits von der Nase rutschend. Ich hätte es wissen müssen. Mein Dad ist schon lange vor meiner Geburt am Fluss spazieren gegangen, wenn er schlecht drauf war.

Ich gehe auf ihn zu, und er erschreckt, bevor er merkt, dass ich es bin. Und dann erschrickt er erneut. Kurz schweigen wir beide. Dann zucken seine Mundwinkel, und ich spüre schon, dass der Dad-Witz im Anmarsch ist, noch bevor er überhaupt in seinem Gehirn angekommen ist.

»Hm. Du siehst genauso aus wie meine Tochter«, sagt er. »Aber eigentlich sollte sie gerade auf der Arbeit sein.«

»Ja«, erwidere ich. »Lustige Geschichte. So lustig wie mein Dad.«

»Na dann. Freut mich, dass sie sich beide so viel Mühe geben«, sagt er. Dann legt er den Kopf schief und sieht mich an. »Ich nehme an, dass du nicht hergekommen bist, um mir zu folgen?«

Ich warte auf den Rest. Auf den Vulkanausbruch. Den Tsunami. Die Millie-Laune, die allen anderen Millie-Launen ein Ende bereitet.

Aber mein Dad ist hier, und das genügt, um es aufzuhalten. Als hätte das ganze Chaos ihn getroffen, bevor es mich treffen konnte.

»Nein«, erwidere ich. »Ich … genieße nur die Aussicht.«

Er atmet laut aus. Ich wappne mich für das, was jetzt kommt. Als würde mein Dad an einem Rad drehen mit »Enttäuschenden Dingen, die meine Tochter getan hat«. Wird es auf dem Streit landen, den wir hatten, bevor er gegangen ist, und den wir nie gelöst haben? Oder auf dem Schlamassel von gestern Abend? Oder auf der Tatsache, dass ich gerade blaumache?

Letzten Endes ist es nichts von den genannten Dingen. »Was für ein Sommer, was?«, sagt er stattdessen und blickt hinaus aufs Wasser.

»So … kann man es auch nennen.«

Mit dem Kopf deutet er auf eine der Bänke. »Sollen wir uns setzen?«

Die Sonne steht bereits so hoch, dass sie auf uns niederbrennt, und ich fühle mich vollkommen entblößt. Er sucht einen Schattenplatz aus, doch als ich ihm in die Augen sehe, erkenne ich darin etwas. Die Sorge, dass wir gleich etwas öffnen, das wir dann nicht mehr schließen können.

»Also.« Er räuspert sich. »Heather hat mir gesagt, dass du versuchst, deine Mom zu finden.«

Ich versuche erst gar nicht, es abzustreiten. Stattdessen nicke ich einfach und starre herunter auf meine Beine. Es ist ein Gespräch, mit dem ich schon den ganzen Sommer hätte rechnen können, aber jetzt da es wirklich stattfindet, ist es beinahe unerträglich – so viel wissen zu wollen und plötzlich Angst zu haben, überhaupt etwas zu erfahren. Steph ist jetzt real. Eine lebende, atmende Person, mit der ich mich vergleichen kann. Jemand, der mich verstehen oder enttäuschen kann. Jemand, der auch einfach in den Hintergrund rücken und gar nichts bedeuten könnte.

Ich zupfe an meiner Nagelhaut herum, größtenteils, damit ich ihn nicht ansehen muss. Um noch ein paar Sekunden zu haben, um an sie denken, bevor mein Dad etwas sagt, das alles verändern könnte.

Doch es passiert schneller, als ich dachte.

»Sie meinte, du hättest eine Frau namens Steph erwähnt?«

Es ist demütigend, fragen zu müssen. Als würde man in einem Zug, der mit Volldampf durch mein Gehirn brettert, die Notbremse ziehen. »Ist es nicht Steph?«

Mein Dad schüttelt den Kopf. »Ich kenne keine Stephs. Und ganz sicher keine, die deine Mom sein könnten.«

Ich will widersprechen. Er ist mit ihr auf Facebook befreundet, also muss er sie kennen. Aber andererseits loggt er sich nur alle paar Monate ein und scheint nichts zu machen, außer Heathers Fotos zu teilen. Er nutzt es nicht, um mit Leuten von früher in Kontakt zu bleiben.

Und selbst wenn er es tun würde – er sagt die Wahrheit. Oder zumindest *seine* Wahrheit. Wenn Steph meine

Mom wäre, wüsste ich es inzwischen. Ich hätte es in seinen Augen gesehen, bevor er es überhaupt ausgesprochen hätte.

»Ist … ist alles okay?«, fragt mein Dad.

Wahrscheinlich sollte nicht alles okay sein. Fast will ich, dass nicht alles okay ist, denn dann wüsste ich, was ich empfinden soll. Aber im Moment bin ich einfach nur müde. Müde und reumütig und verwirrt.

»Ich weiß nicht.«

Normalerweise plappere ich immer so viel, dass wir nun beide damit rechnen, dass noch mehr kommt. Doch es kommt nichts mehr. Ausnahmsweise ist mein Dad derjenige, der die Zügel in die Hand nehmen muss, um das Gespräch am Laufen zu halten.

»Ich weiß nicht, wie du diese Frau gefunden hast … oder Farrah oder Beth … aber es tut mir leid, dass du dachtest, du müsstest das allein machen«, sagt er.

Ah. Dann hat Heather das *Millie Mia* also verstanden. Mein Gesicht brennt, teils, weil ich mich für das schäme, was ich getan habe, und teils, weil mir mein Dad so einfach zu vergeben scheint.

»Mir tut es auch leid«, murmle ich. »Ich hätte mit dir reden sollen.«

Mein Dad seufzt. »Ich weiß, dass ich es dir nicht leicht gemacht habe. Ich war nicht unbedingt … auskunftsfreudig, was deine Mom angeht. Was teilweise daran liegt, dass sie mich darum gebeten hat.« Aus dem Augenwinkel sehe ich, wie er genau wie ich an seinen Fingern herumfummelt, sie immer wieder zu Fäusten ballt und wieder streckt. »Aber ich wusste auch einfach nicht, was ich sagen soll.«

Ich habe Angst, dass er in seine alten Muster zurückfällt und es so macht wie all die Jahre. Dass er es einfach abtut. Oder so tut, als würde er sich an nicht mehr viel erinnern. Oder mich mit einem Milchshake ablenkt.

»Wie wäre es damit«, sagt er stattdessen. »Manches kann ich dir nicht sagen, aber … du kannst mich alles fragen, was du willst.«

»Warum wollte sie mich nicht?«

Die Worte kommen schneller aus mir heraus, als ich sie überhaupt denken kann. So direkt und plötzlich, dass ich glaube, dass sie schon immer in mir geschlummert haben.

»Oh.« Mein Dad blinzelt und ist kurz perplex. Wahrscheinlich ist Heather alle Fragen mit ihm durchgegangen, die ich ihm stellen könnte – und auf diese hat sie ihn nicht vorbereitet.

»Ich glaube, ähm. Sie wollte dich. In dem Sinne, dass sie dich bekommen hat.« Mein Dad wählt seine Worte so vorsichtig, dass deutlich wird, dass er weiß, wie viel es mir bedeutet. Dass es mir unter die Haut gehen und für immer dort bleiben wird. Ein unsichtbarer Teil, den ich für immer spüren werde, obwohl ich ihn nicht sehen kann. »Soviel ich weiß, wollte sie keine Mutter sein.«

Die Worte hängen nun zwar zwischen uns in der Luft, doch sie kommen nicht richtig in meinem Gehirn an. Ich warte darauf, irgendetwas zu fühlen. Vielleicht Wut. Oder Erleichterung. Irgendetwas, das mir hilft, es einzuordnen, damit ich endlich weiß, was ich zu empfinden habe. Doch seit ihrer Entscheidung sind nun fast siebzehn Jahre vergangen, und obwohl ich es jetzt weiß, ist es zu lange her, um es wirklich zu fassen.

»Kanntest du sie gut?«, frage ich.

Mein Dad schluckt schwer. »Ja. Ich kannte sie gut.«

Ich versuche, es mir vorzustellen: mein Dad und diese Frau als Freunde. Versuche, mir die Welt vorzustellen, wie sie vor meiner Existenz war. Eine Welt, in der mein Dad mit der Nase in einem Buch über Computertechnik steckte und mit dem Herzen in einem großen Drama. Versuche, mir das Mädchen vorzustellen, das es vielleicht geliebt hat zu singen und eine Schwäche für einen Jungen hatte, der seinen eigenen personalisierten Trinkbecher aus dem Tänzelnden Pony von *Herr der Ringe* hatte. Eine Zeit, in der das eine zum anderem führte, das zum anderen führte, das zum … na ja. Zu mir führte.

Aber irgendwie nimmt sie in meinem Kopf nie wirklich Gestalt an. Sie ist Beth und sie ist Farrah und sie ist Steph – gleichzeitig alle und keine. Sie ist wie Rauch, und ich kann sie nicht greifen, nicht einmal in meiner Fantasie.

»Und sie hat nie nach mir gefragt?« Ich kann nicht anders, als zu fragen.

Auf diese Frage *hat* Heather ihn vorbereitet. Ich sehe es daran, wie er den Blick hebt und nach links sieht, als würde er versuchen, sich an die Antwort zu erinnern. Doch kurz darauf atmet er erneut laut aus, und es wird deutlich, dass er es einfach so sagen wird, wie er es am besten kann.

»Sie … Ein paar Jahre lang … hatten wir Kontakt.«

Es bedarf jeder Faser meines geschwätzigen Ichs, um ihn nicht zu unterbrechen. Ich habe so viele Fragen, aber wenn ich sie jetzt stelle, ist er vielleicht überfordert und sagt gar nichts mehr.

»Ich habe ihr Fotos geschickt. Habe ihr per E-Mail erzählt, was du so machst. Und … und du hattest recht. Sie hat auch etwas mit Theater zu tun. Und es hat ihr gefallen, dass du das Theater auch liebst. Eigentlich haben wir hauptsächlich über dich gesprochen, aber ich glaube … ich glaube, es hat sie glücklich gemacht.«

Es fühlt sich an, als würde ich mein Herz auswringen, aber ich muss es tun. »Und dann?«

»Und dann hat sie … ich schätze, sie hat mich gebeten aufzuhören.« Er schürzt die Lippen, und ich frage mich, an wen er gerade denkt. Ob er versucht, nur für mich oder auch für sie eine Erklärung zu finden. »Ich glaube, es war schmerzhaft für sie. Du bist … ihr sehr ähnlich. Auf gewisse Weise. Und ich glaube, das ist deutlich geworden, als du allmählich erwachsen wurdest.«

»Auf welche Weise?«

Mein Dad lächelt. »Deinen Mut hast du jedenfalls nicht von mir.«

Das ist etwas, das ich schon immer gewusst habe. Mein Dad ist ein Stubenhocker, aber ich wurde laut geboren und bin auch so geblieben. Und in diesem Sommer gab es so viele Momente, in denen ich nach dieser Eigenschaft Ausschau gehalten und versucht habe, sie in einem anderen Menschen zu finden. In Beths Art, Menschen zusammenzubringen. In Farrahs Selbstbewusstsein. In Stephs Antrieb. Aber meine Extrovertiertheit ist noch nie das Mysterium gewesen. Sie ist nur die Oberfläche so vieler Dinge an mir, die ich nicht ganz verstehe.

Es ist das, was darunter ist, das alles in Bewegung setzt. Die Wellen in mir, die sich innerhalb von Sekundenbruchteilen zu einem Tsunami auftürmen können. Dass es sich manchmal anfühlt, als würde ich mich selbst so fest drücken, dass ich zerspringe wie Glas. Die Millie-Launen, die so häufig die Kontrolle über mich übernehmen, so schnell und so gewaltig, dass ich mir nicht erklären kann, woher sie kommen, und schon gar nicht, wie ich sie aufhalten kann.

Erst jetzt, nach allem, was ich getan habe, verstehe ich, was Teddy meinte, als er sagte, er glaube, dass hinter der Sache noch etwas anderes steckt. Ein Grund, warum ich von vornherein so wild entschlossen war, sie zu finden. Ich wollte, dass *sie* es mir erklärt. Ich wollte jemanden, der mich versteht. Denn so oft mein Dad es auch versucht und mir dafür vergeben hat – wie zum Beispiel jetzt –, weiß ich nicht, ob er mich je verstehen wird.

Oder vielleicht tut er es auch. Wenn er meine Mom wirklich so gut kannte, wie er vorgibt. Ich würde ihn gern fragen und überlege wie, doch mein Dad ergreift zuerst das Wort.

»Falls es dir bisher nicht klar gewesen ist … Ich wollte dich.« Er sagt es ganz langsam, als wollte er, dass ich mich an diesen Teil des Gesprächs später am besten erinnern kann. »Ich habe erst von dir erfahren, als du schon bei mir warst. Aber … ich wollte dich.«

Was mein Dad nicht versteht, ist, dass er mich nicht daran erinnern muss, denn das habe ich schon immer gewusst. Es reicht weiter zurück als ich selbst. Ich kann mich nicht mehr daran erinnern, wann er mir zum ersten Mal von meiner Mom erzählt hat, aber ich erinnere mich an das Gefühl, denn es hat sich nie verändert – das Gefühl, genau da zu sein, wo ich sein sollte. Dass ich schon immer unendlich und wie verrückt geliebt wurde.

Ich lächle, damit er weiß, dass ich nur Spaß mache. »Du warst zwanzig Jahre alt, Dad. Du wolltest kein Kind.«

»Natürlich nicht. Ich wollte nicht irgendein Kind«, erwidert er und stößt mich mit der Schulter an. »Aber dich? Dich wollte ich.«

Diesmal bereitet es mir nicht mehr so viel Angst zu fragen. »Weil du meine Mom geliebt hast?«

»Das tue ich immer noch. Ich werde sie immer lieben«, sagt er. »Ihretwegen habe ich dich.«

Am liebsten würde ich eine Grimasse ziehen und ihn zwicken, wie ich es immer tue, wenn er zu sentimental wird. Aber seine Worte berühren mich unerwartet. Nicht die Gefühlsduselei, sondern wie er es sagt, ohne auch nur eine Sekunde zu zögern.

Er schüttelt den Kopf. »Aber das ist nicht der Grund, warum ich dich wollte. Ich wünschte, ich könnte es erklären. Vielleicht ergibt es eines Tages Sinn, wenn du mal selbst Kinder hast. Aber sie hat dich mir überreicht, und du hast einfach das Gesicht verzogen und mich angeschrien. Und da wusste ich, dass du mir gehörst.«

Ich muss so laut lachen, dass er zusammenzuckt. »Das ist … das ist eine *fürchterliche* Geschichte, Dad.«

Verlegen kratzt er sich den Nacken. »Ja? Ich weiß nicht. Du bist die Geschichtenerzählerin, nicht ich.« Er rudert zurück. Dann lächelt er reumütig vor sich hin, als wäre er wieder dort. Ein Kind mit einem Kind. »Es ist nur … Ich habe dich weinen hören, und es war, als wärst du wütend auf mich, weil ich so lange gebraucht habe. Als hätten wir beide darauf gewartet, uns kennenzulernen, und du würdest mit mir schimpfen.«

Plötzlich habe ich einen Kloß im Hals, denn ich kenne dieses Gefühl. Das Weinen-im-Kindersitz-nach-dem-Kindergarten-Gefühl. Das Dicker-Kloß-im-Hals-nach-einer-Geschäftsreise-Gefühl. Vielleicht gibt es doch ein paar

Dinge, die er versteht. Dinge, die er lange vor mir verstanden hat.

Und plötzlich ist da diese leise Stimme in meinem Kopf, die mir sagt, dass ich nicht auf die Madison gehen soll. Und es ist nicht die Stimme meines Dads. Und auch nicht Olivers oder Teddys. Nicht einmal Georgies. Es klingt eindeutig nach meiner eigenen.

Ich lege den Kopf auf seine Schulter. »Du bist ein toller Dad, weißt du das?«

Kurz erwidert er nichts, doch ich spüre, dass er einen Moment lang die Luft anhält, und die Worte sitzen zwischen uns wie Zement. Ich sehe ihn nicht an, denn ich habe das Gefühl, es wäre ihm peinlich, wenn ich es täte.

»Das steht auf allen Karten, die du mir zum Vatertag geschenkt hast«, sagt er schließlich, in seiner Stimme ein kleines Zittern.

Ich lache, und für eine Weile sitzen wir einfach so da, beobachten die Boote auf dem Wasser und die Fahrräder auf dem Radweg. Früher oder später werde ich gewisse Entscheidungen treffen müssen. Was diesen Sommer angeht, das Precollege und ob ich meine Suche hiermit beende. Oder ob ich sie irgendwann fortsetzen will. Aber gerade fühlt es sich ein bisschen an wie ein Ende. Oder zumindest wie eine Erinnerung – es wird immer irgendetwas geben, das ich suche, wie jeder andere Mensch auch. Aber ich habe schon, was ich brauche.

»Soll ich … dich zu deinem Praktikum zurückbringen?«

Ich kneife die Augen zu. »Was das angeht …«

»Du … machst doch ein Praktikum, oder?«, fragt mein Dad mit gewohnter alter Dad-Panik. »Du bist doch nicht … die ganze Zeit in der Stadt herumgerannt, während ich weg war, oder?«

»Nun, doch. Für das Praktikum. Das ich hatte. Vergangenheit.« Ich lache verlegen. »Es könnte sein … dass ich mich mit meiner Chefin angelegt habe.«

»Mit dir wird es nie langweilig, was?«

»Auf keinen Fall.« Ich seufze. »Kommt jetzt die Stelle, an der du mir sagst, dass ich zurückgehen und mich entschuldigen soll?«

»Scheint, als müsste ich dir das nicht sagen«, erwidert er. »Aber wie wäre es, wenn wir zuerst nach Hause gehen und zu Mittag essen?«

Kurz zögere ich. Wenn wir jetzt aufstehen und gehen, wird sich ein Fenster schließen. Das weiß ich. Vielleicht werde ich ihm auch zukünftig Fragen stellen können, aber so offen wird es nie wieder sein. So einfach wie jetzt.

Also atme ich tief durch.

»Wenn ich sie nicht gesucht hätte, hättest du mir dann je etwas von alledem erzählt?«

Jetzt fällt es ihm leichter zu antworten. Als hätten die anderen Fragen genügend Wände eingerissen, um die Antwort auf diese deutlicher zu machen. »Ich weiß es nicht. Um ehrlich zu sein, wusste ich nicht, wie ich es dir sagen sollte. Es war leichter … es einfach sein zu lassen.«

Ich nicke und lasse es auf mich wirken. Ich verstehe, warum er so denkt, aber es reicht nicht. Irgendetwas beschäftigt mich immer noch. Etwas, das ich wissen muss, bevor wir alles wieder in eine Kiste packen und sie ins Regal stellen.

»Vielleicht will ich trotzdem irgendwann wissen, wer

sie ist«, sage ich ihm. »Wäre das okay für dich, wenn ich es wissen wollte?«

»Natürlich. *Du* bist diejenige, um die ich mir Sorgen mache. Wann auch immer das passiert – ich weiß, dass es schwierig für dich wird.« Er legt die Hand auf meine. »Aber wie auch immer du dich entscheidest, ich bin bei dir.«

Ich nicke. »Danke, Dad.«

Plötzlich fängt sein Magen an zu knurren, und wir müssen beide lachen und sind froh, dass das Schweigen gebrochen wurde. Doch selbst jetzt wartet er und lässt mich entscheiden, ob das Gespräch zu Ende ist oder nicht. Ich überlege, was ich noch sagen will, noch *fragen* will, aber mir fällt nichts mehr ein. Die einzigen Fragen, die noch übrig sind, sind die, die ich mir selbst beantworten muss.

Also stehe ich von der Bank auf und wische meine verschmierte Wimperntusche weg.

»Sandwiches?«, fragt mein Dad und folgt mir.

Im Gleichschritt gehen wir nebeneinanderher in Richtung unseres Apartments. »Können wir zuerst irgendwo eine Packung Reese's Puffs kaufen?«

Kapitel 20

Der zweite Halt auf Millies Entschuldigungstour ist auf der anderen Seite des Flurs. Mein Dad sagt mir, dass er in ein paar Minuten klopft, sobald das Essen fertig ist. Ich wappne mich innerlich und tue etwas, das ich nicht oft tue, ohne direkt hineinzustürmen: Ich klopfe an Teddys Tür.

Es dauert kurz, bis er antwortet. Und ich höre Stimmen im Apartment, er ist also nicht allein.

Als die Tür aufgeht, halte ich die Luft an, doch Teddy wirkt so erleichtert, mich zu sehen, dass er ausnahmsweise gar nicht sieht, dass ich etwas zu essen dabeihabe.

»Es tut mir leid«, platzen wir gleichzeitig heraus.

Ich schüttle den Kopf. »Ich bin diejenige, die …«

»Ja, aber ich …«

»Wow.« Ich lache. »Darin sind wir echt schlecht.«

Teddy fährt sich durchs Haar. »Ich schätze, bisher mussten wir uns nie für irgendwas entschuldigen.«

Ich reiche ihm die Reese's Puffs. »Ein … Friedensangebot.«

»Oh, Gott sei Dank«, sagt Teddy und nimmt sie entgegen. »Es sind nämlich nur noch drei Packungen übrig.«

»Das ist hart.«

Teddy öffnet die Tür nun ganz. Chloe sitzt auf dem Sofa mit riesigen Kopfhörern auf den Ohren. Stirnrunzelnd starrt sie auf Teddys Laptop. Auf dem Monitor ist eine Spotify-Playlist mit dem Titel »Teddys Party-Mix« zu sehen, die sie sorgfältig zu studieren scheint. Sie blickt auf, und als sie mich entdeckt, fängt sie an zu strahlen.

»Oh, hi«, sagt sie und klappt den Laptop zu. »Habt ihr euch wieder vertragen?«

»Ähm …« Normalerweise habe ich keine Probleme damit, für Teddy zu sprechen – oder auch für sonst jemanden –, aber ich will es von ihm hören, bevor ich einfach etwas behaupte. Außerdem weiß ich gar nicht, was Chloe überhaupt weiß.

»Ja«, sagt Teddy. Dann sieht er mich verlegen an. »Ähm, Chloe weiß von …«

»Vom Millie Mia«, sagt sie und stellt Teddys Laptop aufs Sofa. »Er hat es mir erzählt. Und nicht, weil er sauer war oder irgendwas, sondern weil ich ihm erzählt habe, dass meine Mom komische Cooper-Gedichte geschrieben hat. Und ich weiß, dass ihr euch gestern Abend gestritten habt, weil die Stimmung danach total seltsam war. Jedenfalls kam einfach alles raus. Sei also nicht böse auf ihn. Es lag hauptsächlich daran, dass ich eine Menge Fragen hatte.«

Ich blinzle und versuche, die Information zu verarbeiten. Ich sehe, wie sich Teddy verspannt, die Hand schon halb in der Müslibox, und auf meine Reaktion wartet.

»Irgendwie weiß es eh schon jeder«, sage ich schließlich. »Heather hat meinem Dad vom, ähm, Millie Mia erzählt.«

»Ups«, sagt Teddy auf eine Weise, die mir zu verstehen gibt, dass wir uns später noch ausführlich darüber unterhalten werden.

Chloe zieht die Beine an, um mir auf dem Sofa Platz zu

machen. Wir saßen noch nie zu dritt auf Teddys Sofa, aber ich habe nichts dagegen. Eigentlich passt es ziemlich gut.

»Aber verrückt, dass du deine Mom gefunden hast«, sagt Chloe.

»Oh. Ich … habe sie nicht gefunden.«

»Was?«, fragt Teddy, den Mund schon voller Reese's Puffs.

»Es ist nicht Steph.«

Es folgt ein kurzer Moment, in dem keiner etwas sagt, und Teddy schluckt seine Puffs herunter. »Nun, Scheiße«, sagt er. »Das tut mir leid.«

Ich zucke mit den Schultern. »Ich weiß nicht, ob es mir leidtut.«

Anerkennend legt Teddy den Kopf schief, und ich weiß, dass wir beide an unser Gespräch von neulich denken. Dass ich sie alle viel früher hätte ausschließen können, wenn ich nur gewollt hätte. Dass ich es immer noch könnte.

»Und meine Mom ist es auch nicht.« Für jemanden, der gerade erst involviert wurde, scheint Chloe emotional sehr in der Sache mit drinzuhängen, aber nur eine Sekunde später wird klar warum. »Aber na ja. Es wäre total seltsam gewesen, aber ich wünschte, sie wäre es. Dann wären wir Schwestern. Ich wollte schon immer eine Schwester.«

Ich habe Geschwister nie wirklich vermisst. Ich habe Teddy. Und selbst wenn ich ihn nicht hätte, hatte ich nie Probleme, Freunde zu finden. Aber es gibt da diesen Teil von mir, den ich noch gar nicht richtig erkunden konnte. Einen Teil, der ebenfalls enttäuscht ist.

»Nun«, sage ich. »Wie gut, dass wir Einzelkinder wissen, wie man zusammenhält.«

Chloes Kinn zittert kurz, und ihre Augen wandern von mir zu Teddy und wieder zu mir, als könnte sie es nicht fassen. Dann nimmt Teddy einen Reese's Puff aus der Packung und schnippt in ihr ins Gesicht.

»Willkommen in unserem komischen Club«, sagt er. »Hiermit wurdest du gerade offiziell aufgenommen.«

Dann klingelt es an der Tür, und Teddy springt vom Sofa auf. »Das ist bestimmt deine Mom«, sagt er zu Chloe und drückt den Knopf, um sie hereinzulassen.

Ich springe ebenfalls auf. »Ähm … mein Dad kommt jede Sekunde raus, um mich zu holen.«

Eine Hand legt sich um mein Handgelenk. Es ist Chloe. Die andere Hand hat sie um Teddys gelegt, um ihn ebenfalls aufzuhalten, doch ihr Blick ist wild entschlossen auf die Tür gerichtet. »Lasst es einfach geschehen.«

Ich schüttle den Kopf. »Er wird tot umfallen. Vor lauter Schüchternheit. Es ist schon schlimm genug, dass wir ihm gestern eine Party aufgedrängt haben. Und nachdem er Farrah und Beth über den Weg gelaufen ist, hat er förmlich die Flucht ergriffen.«

»Wenn ich es schaffe, an einem Tanzkurs teilzunehmen und zehn neue Leute kennenzulernen *und* die Schule zu wechseln, ohne komplett durchzudrehen, dann schafft es dein Dad auch, sich fünf Minuten mit meiner Mom zu unterhalten«, widerspricht sie.

Ich höre das Klicken unserer sich öffnenden Wohnungstür und kneife die Augen zu.

»Nicht. Bewegen«, flüstert Chloe.

Und natürlich hören wir kurz darauf ein überraschtes »*Cooper?*«.

»Beth!«, ruft mein Dad.

Ich halte die Augen geschlossen, als würde es mir statt ihm passieren. Oder zumindest irgendeiner Millie-Version von mir. Aber im Gegensatz zu meinem Dad könnte ich wahrscheinlich sogar auf Indina Menzel, wenn sie in Fleisch und Blut vor mir stünde, zugehen und sie fragen, was abgeht, ohne auch nur mit der Wimper zu zucken.

»Wow. Zweimal in einer Woche!«, sagt Beth.

Chloe, die Hände immer noch um unsere Handgelenke gelegt, zieht uns langsam von der Tür weg. Ihre Stimmen sind so gedämpft, dass wir nicht verstehen, was sie sagen, aber nicht so gedämpft, dass wir nicht hören, dass sie sich freuen, sich zu sehen.

»Wenn mein Dad da draußen in eine Million Stücke zerspringt wie Saurons Auge, dann bist du schuld«, raune ich Chloe zu.

Sie drückt mein Handgelenk noch fester. »Willst du, dass wir Stiefschwestern werden, oder nicht?«

Mir entweicht ein Lachen, denn das erscheint mir in Anbetracht der Umstände doch sehr optimistisch. Nicht nur, dass mein Dad noch nie ein Date hatte, seit ich auf der Welt bin, sondern auch, dass er davor versucht hat, Frauen mit Mixtapes und nachdenklichen Texten auf LiveJournal für sich zu gewinnen. Es würde an ein Wunder grenzen, wenn jetzt etwas passieren würde.

Aber es wäre schön, *wenn* etwas passieren würde. Ich mache mir eine gedankliche Notiz, meinen Dad unauffällig wissen zu lassen, dass es für mich okay wäre, nur um das Ganze ein wenig ins Rollen zu bringen. Bevor ich jedoch weiter darüber nachdenken kann, klopft es an der Tür. Also müssen wir wohl oder übel aufmachen.

»Los, ParticularlyGoodFinders«, sagt Beth und deutet

mit dem Daumen in den Flur. »Wenn du diesen Cache heute finden willst, sollten wir besser los, bevor dich dein Dad abholt.«

Schweigen legt sich über den Raum. Teddy starrt Chloe mit offenem Mund an, Chloe funkelt ihre Mom böse an, und ich versuche, mir das Kichern zu verkneifen, das so dringend rauswill. Ich habe schon ganz vergessen, wie schön es ist, einem Drama beizuwohnen, das rein gar nichts mit mir zu tun hat.

»*Mom*«, zischt Chloe.

»Was denn?« Endlich kapiert sie, dass sich ihre Tochter schämt, und verdreht genervt die Augen. »Ach, komm schon. Millie und Teddy wissen doch, dass du auf GeoTeens bist, oder nicht?«

Doch Teddy hat bereits die App auf seinem Smartphone geöffnet und einen alten Chat aufgerufen. »Chloe, bist du …«

Sie reißt ihm das Smartphone aus der Hand. »Nein. Ja.« Dann wirft sie es aufs Sofa. »Mist.«

»Chloe, was ist nur los mit dir?«, fragt Beth ein wenig panisch.

Vorsichtig mache ich Beth und meinem Dad, die immer noch total perplex im Flur stehen, die Tür vor der Nase zu. »Nur eine Sekunde, ja?«, sage ich mit einem Zwinkern. Die Augen meines Dads schreien förmlich. Ich tue so, als würde ich es nicht sehen, und schließe die Tür.

»Chloe, ich bin FindingTheodory. Ich bin der, mit dem du … geschrieben hast«, sagt Teddy. Er versucht, nicht so traurig zu klingen, wie er die ganze Zeit deswegen gewesen ist, was vielleicht effektiver wäre, wenn er nicht diesen Hundeblick hätte.

»Ich weiß. Ich weiß«, erwidert Chloe klagend und vergräbt das Gesicht in den Händen.

Wahrscheinlich sollte ich besser das Gleiche machen, denn ich muss mich so anstrengen, mich nicht in dieses Gespräch einzumischen, dass ich fast platze.

»Warum hast du aufgehört, mir zu schreiben?«, fragt Teddy, nimmt sein Handy vom Sofa und starrt auf das Display. Ich weiß genau, dass er die letzten Nachrichten an ParticularlyGoodFinders in- und auswendig kennt, also gibt es dafür gar keinen Grund. »Habe ich irgendwas Falsches gesagt? Hast du … Ich meine, ich dachte, wir wären wirklich …«

»Ich muss jetzt gehen«, quietscht Chloe und greift nach ihrer Handtasche.

»Nope.« Schnell packe ich sie am Handgelenk, wie sie es eben bei mir gemacht hat. »Du kannst meinen Dad nicht in die Introvertiertenhölle schubsen, wenn du die Hitze nicht selbst aushalten kannst. Alle Introvertierten in diesem Gebäude werden jetzt leiden.«

Dann kommt sie mit dem Hundeblick. Kurz sehe ich meine Zukunft vor mir – mit zwei unglückseligen, liebenswürdigen Trotteln statt nur mit einem. Sie können sich glücklich schätzen, dass ich weiß, wie ich mit ihnen umzugehen habe.

»Raus mit der Sprache«, fordere ich.

Chloes Augen wandern hinüber zu Teddy. »Die Wahrheit ist … die Wahrheit ist, dass ich echt in den Jungen von der App verknallt war. FindingTheodory, meine ich. Und auf der App warst du … Du schienst mich auch zu mögen und …«

»Das habe ich auch! Das tue ich! Ich …«

»Dann habe ich *dich* kennengelernt«, fährt Chloe fort. »Und dann war ich in *dich* verknallt. Und ich habe mich total schlecht gefühlt, denn wie hätte ich weiter mit FindingTheodory schreiben und mich vielleicht mit ihm treffen sollen, wenn ich doch plötzlich in einen anderen Jungen namens Teddy verliebt war?«

Teddy wird so rot, dass es verboten sein sollte. Er wusste genau, dass Chloe in ihn verknallt ist, aber ich schätze, das hat es gebraucht, damit er es endlich glaubt.

»Und dann habe ich herausgefunden, dass *du* FindingTheodory bist, doch da war es schon zu spät. Da hatte ich ihn schon eine Weile ignoriert, und ich dachte ... vielleicht wäre es einfach egal, wenn ich nichts sagen würde. Aber dann ist mir klar geworden, dass es *nicht* egal ist, denn früher oder später wären wir uns beim Geocachen über den Weg gelaufen. Und so ist die ganze Sache total merkwürdig geworden. Es tut mir wirklich, *wirklich* leid«, beendet sie gehetzt ihren Monolog, als hätte sie tagelang versucht, die Worte mit einem Deckel zu verschließen, und jetzt platzen sie einfach aus ihr heraus.

Aber ich halte den Mund. Teilweise wegen der uralten Theaterregel, die besagt: »Wenn du nichts auszuplaudern hast, dann sag überhaupt nichts.« Und ganz ehrlich: Nichts, was ich auszuplaudern hätte, wäre so interessant und merkwürdig wie das hier.

Es dauert kurz, bis Teddy die Info verarbeitet hat. »Warte mal«, sagt er, und der Schmerz weicht aus seinem Gesicht. »Du hast dir Gedanken gemacht, in mich verknallt zu sein, weil du ... in *mich* verknallt bist?«

Jetzt ist Chloe wieder schüchtern. »Ja.«

»Oh«, sagt Teddy ebenso verlegen. »Wow.«

Wenn die beiden einfach nur erröten und den ganzen Tag auf den Teppich starren wollen, habe ich jetzt die offizielle Erlaubnis einzugreifen. Also räuspere ich mich lautstark. »Okay. Nun. Ich bin froh, dass wir das jetzt alles geklärt haben. Teddy, irgendwelche Gedanken?«

Teddy geht auf Chloe zu. Das ist die Stelle in einer romantischen Komödie, an der der große, liebenswürdige Trottel irgendetwas sagt, das alle ins Schwärmen bringt, aber was stattdessen passiert, ist wesentlich unterhaltsamer. »Willst du vielleicht … mal mit mir geocachen gehen?«

Chloe holt zum ersten Mal seit gefühlt zwei Minuten Luft. »Ja.«

Ich lasse Chloe los, aber nur, damit ich Teddy den Ellbogen in die Rippen stoßen kann. »Ich meine, ähm … auf romantische Weise«, fügt er hinzu.

Einen Moment lang steht Chloe so festgefroren da, dass ich mich schon frage, ob ich einen Föhn holen muss, um sie aufzutauen. Dann verwandelt sich das zögerliche Lächeln auf ihrem Gesicht in ein breites Grinsen. »Ja«, wiederholt sie.

Nachdem sich die beiden ein paar Sekunden lang angehimmelt haben, klatsche ich in die Hände. »Nun, in diesem Fall ist meine Arbeit an dieser Stelle erledigt.« Dann wende ich mich wieder Teddy zu. »Aber bitte versprich mir, dass du ihr nicht einfach die Koordinaten für Panera gibst und es als Date bezeichnest.«

Teddy runzelt die Stirn. »Aber die Makkaroni mit Käse …«

»Wir lassen uns schon noch was einfallen«, sage ich und mache eine ausladende Handbewegung. »In der Zwischenzeit gehe ich Cooper Price retten, bevor er noch im Erdboden versinkt.«

Doch als ich die Tür erreiche, wird deutlich, dass er meine Hilfe gar nicht braucht. Beide lachen laut über irgendetwas – Beth mit einem schallenden, kehligen Lachen, das ich noch nie von ihr gehört habe, und mein Dad mit seinem leisen, pfeifenden Lachen, das er eigentlich nur an den Tag legt, wenn in *The Office* irgendwas gewaltig schiefläuft. Dann folgen ein paar Worte, die mich – genau wie Chloe – über beide Ohren grinsen lassen. Mein Dad hört auf zu lachen und sagt: »Ja. Ja, das wäre schön. Dienstagabend habe ich noch nichts vor.«

Kapitel 21

Nachdem wir eine Stunde lang Sandwiches mit Schinken und Käse gegessen haben und ich meinen Dad ausgiebig damit aufgezogen habe, dass sein »lockerer Kaffee« mit Beth »kein Date ist, Millie« – mit Betonung auf »Ich weiß nicht mal, was ›shippen‹ überhaupt bedeutet« –, habe ich mein Make-up aufgefrischt, die Schultern gestrafft und mich wieder auf den Weg zu Check Plus Talent gemacht. Ich stelle mir vor, wie Oliver, Steph und Georgie wie mein persönliches Feuerungskommando aufgereiht im Wartezimmer stehen, doch als ich das Büro betrete, ist es ganz still. Nur Steph ist da, wie vorhin hinter ihrer Theke, und verspeist den Rest ihres Salats.

»Hey, Schätzchen«, sagt sie mitfühlend. »Alles okay?«

Ich nicke reflexartig, aber komischerweise geht es mir tatsächlich gut. Dann ploppt irgendetwas auf Stephs Computermonitor auf und lenkt sie genug ab, dass ich einen letzten Blick in mein Leben erhasche, wie es hätte sein können, wenn ich richtiggelegen hätte. Wenn sie wirklich meine Mutter gewesen wäre. Wenn ich hergekommen wäre, um meine Beziehung zu ihr zu retten, statt mich bei Georgie zu entschuldigen.

Aber eigentlich gibt es nichts mehr, was man retten müsste. Steph sieht mich mit ihren strahlenden Augen an, die mich so sehr an meine eigenen erinnert haben, und es wird deutlich, dass sie mich noch genauso mag wie heute

Morgen. Das wird nicht einfach verschwinden. Und wie es aussieht, werden Beth und Farrah auch nicht einfach verschwinden.

In den letzten zwei Wochen hat sich vielleicht alles verändert, aber es ist schön zu wissen, dass sich *das* wahrscheinlich nicht ändern wird.

»Also …«, setze ich vorsichtig an und sinke in einen der Sessel, ein Auge auf Georgies Bürotür gerichtet. »Auf einer Skala von eins bis ›Sie wird mich mit ihrem Blick in Brand setzen‹ … Wie ist Georgie drauf?«

Steph lacht. »Sie ist vorhin gegangen, um irgendwas zu erledigen. Bisher ist sie nicht zurückgekommen.«

Wenigstens eine kleine Schonfrist. Jetzt habe ich immerhin noch ein paar Minuten mit Steph, bevor ich rausgeschmissen werde. »Bin ich denn komplett gefeuert?«

Steph legt ihre Gabel beiseite und sieht mir direkt in die Augen. »Ich glaube nicht.«

»Du … weißt, was passiert ist, oder?«

»Ja.« Steph wirft einen Blick in den Flur. Als sie sicher ist, dass niemand kommt, lehnt sie sich zwinkernd nach vorn. »Und ich weiß aus sicherer Quelle, dass sie sich überlegt hat, wie sie das Praktikum zwischen dir und Oliver aufteilen kann.«

Fast lasse ich meine Tasche fallen. »Warte mal, im Ernst?«

»Sie findet, du hast ›Zunder‹. Das spricht zumindest für dich.«

Inzwischen habe ich das Praktikum komplett abgeschrieben. In den letzten Tagen habe ich so viele Dinge zerstört, dass es mir vorkam wie ein Kollateralschaden, deshalb bin ich auch überrascht, dass ich jetzt so erleichtert bin. Oliver will das Praktikum unbedingt, und er hat bereits bewiesen, dass er brillieren wird. Mir ist klar geworden, dass er das Praktikum bekommen würde, schon bevor die Testphase zu Ende war. Aber ich hätte die Routine vermisst. Die kleinen Einblicke in eine Welt, von der ich noch kein richtiger Teil bin. Olivers Lächeln, das ich in der Schule nie zu sehen gekriegt habe.

Aber nach allem, was passiert ist, muss ich mir echt eine verdammt gute Entschuldigung einfallen lassen, um nicht länger auf Georgies schwarzer Liste zu stehen.

»Hast du dich schon mal mit ihr gestritten?«, frage ich.

Steph winkt ab. »Zig Mal. Aber man muss auch dazusagen, dass sie meine Cousine ist.«

»Oh«, sage ich. »Das wusste ich nicht.«

»Oh ja. Was denkst du, warum ich mir für die Vorsprechen immer freinehmen darf?« Sie schiebt den Salat von sich und sieht mich mit einem Glimmen in den Augen an. »Und da wir gerade davon sprechen … Ich habe heute noch einen Anruf bekommen. Ich bin immer noch im Rennen für das Projekt.«

Ich springe von meinem Sessel auf. »Die Fernsehshow?«

Sie nickt mit geschürzten Lippen, kann sich jedoch das Lächeln nicht ganz verkneifen. »Ja. Der Produzent ist heute Nachmittag mit einem Castingagenten in der Stadt. Sie wollen sich mit mir in einem Studio in Uptown treffen. Die ganze Sache ist echt verrückt.«

Ich schlage mit der flachen Hand auf den Tisch. »Steph!«

»Wir werden sehen«, sagt sie, als wäre meine Begeisterung ansteckend, und sie versucht, sie nicht zu erwischen. »Vielleicht wird es auch nichts.«

»Vielleicht wird es aber auch *alles*«, kontere ich.

Lachend schüttelt sie den Kopf. »Nun, danke jedenfalls, dass du so darauf bestanden hast. Ich habe echt einen Tritt in den Allerwertesten gebraucht.«

Zufrieden setze ich mich wieder in meinen Sessel. »Jederzeit.«

In dem Moment kommt Oliver mit der Aufgabenliste in der Hand herein, damit Steph sie abhakt. Als er mich entdeckt, bleibt er abrupt stehen, aber nur ganz kurz. Danach ist ein knappes Nicken alles, was ich bekomme, während er Steph die Liste gibt.

Steph unterschreibt. »Du kannst jetzt Mittagspause machen«, sagt sie und blickt neugierig zwischen uns hin und her.

»Cool« erwidert er.

Vorsichtig stehe ich auf und mache einen Schritt auf ihn zu. »Hast du was dagegen, wenn ich mitkomme?«

Er antwortet nicht. Deutet einfach mit dem Kopf auf den Aufzug, um mir zu sagen, dass ich ihm folgen soll.

»Und ... wie sieht's aus bei dir?«, fragt Oliver, als wir das Erdgeschoss erreichen. Offensichtlich ist er immer noch auf der Hut, selbst als er mir die Tür aufhält und wieder den Kopf schief legt, um mich wissen zu lassen, dass er sich bei der Bodega ein Sandwich holen will.

Ich folge ihm. Ich weiß nicht, wann ich beschlossen habe, ihm einfach die Wahrheit zu sagen, aber anscheinend habe ich es einfach irgendwann entschieden. Ich umklammere den Tragegurt meiner Handtasche und wappne mich innerlich. »Das klingt jetzt lächerlich.«

Zuerst geht er einfach weiter. Aber nachdem ich zu ihm aufgeschlossen und einen Blick in sein Gesicht, das ein wenig weicher geworden ist, erhascht habe, weiß ich, dass er mir zuhört.

»Du bist Millie Price«, sagt er. »Wie lächerlich kann es schon sein?«

»Oh Junge«, sage ich, während wir die Bodega betreten. »Du wirst es noch bereuen, gefragt zu haben.«

Oliver seufzt genervt, kann jedoch seine Belustigung nicht ganz verbergen. »Suchen wir uns einen Platz.«

Den »Platz« finden wir schließlich auf dem Washington Square, wo wir uns auf eine Bank setzen. Oliver packt sein Sandwich aus, und ich öffne meine Wasserflasche. Ich warte noch kurz, bevor ich die Beine übereinanderschlage, mich räuspere und mit beiden Füßen ins tiefe Wasser springe.

»Erstens hattest du recht.«

Das weckt seine Aufmerksamkeit. Jedoch wirkt er eher verwundert statt selbstgefällig. Er richtet sich auf und sieht mich mit verengten Augen an, als hätte ein fremdes Wesen von meinem Körper Besitz ergriffen.

Und man muss dazu sagen, dass ich nur selten falschliege.

Ich lächle reumütig. »Ich hätte das Praktikum nicht annehmen sollen«, fahre ich fort. »Aber ich will, dass du weißt, dass ich es nicht nur gemacht habe, um meinem Dad eins auszuwischen. Es war …« Ich beiße mir auf die Innenseite meiner Wange und versuche herauszufinden, wo ich anfangen soll. In welcher Reihenfolge ich es erzählen soll. »Nun, jedenfalls hatte es rein gar nichts mit dir zu tun. Und es tut mir leid, dass ich es so habe klingen lassen.«

»Ich habe nie gesagt, dass du das Praktikum nicht hättest annehmen sollen«, entgegnet Oliver. Ich hebe eine Augenbraue, und er starrt herunter auf sein halbes Sandwich. »Du bist … nun, du kannst dich gut behaupten.«

Ich habe ungefähr zehn Antworten parat, aber ich schätze, jetzt ist dafür nicht der richtige Zeitpunkt. »Nun … davon mal abgesehen. Eigentlich war ich am ersten Tag nur dort, weil ich meine Mom gesucht habe.«

Ich warte darauf, dass er verdutzt dreinblickt, was gerechtfertigt wäre, aber Oliver mustert mich nur und scheint meinen doofen Plan bereits zu verstehen, bevor ich ihn überhaupt erklärt habe. Aber nach drei Jahren mit mir braucht es wohl mehr, um ihn aus der Fassung zu bringen.

»Ist sie … eine von Georgies Klientinnen oder so?«, fragt er leise, als könnte uns jemand belauschen.

Ich spiele an meinen Haaren herum, fasse sie zu einem Pferdeschwanz zusammen und lasse wieder los. »Nein. Ich, ähm … ich hatte drei Frauen in der engeren Auswahl.«

Alarmiert hebt Oliver die Augenbrauen, das Sandwich hält wenige Zentimeter vor seinem Mund inne. »Nein.«

Wieder lasse ich meine Haare fallen und verziehe das Gesicht. »Doch.«

Er legt das Sandwich ab. »Hast du die Methode etwa angewendet, um eine Rolle zu ergattern?«

Ich greife nach der Plastikgabel, die er nicht benutzt, und richte sie auf ihn. »Dann machen wir also doch *Mamma Mia!*«

»Darüber sind wir *längst* hinaus, Millie«, erwidert er und blickt immer noch ungläubig drein.

»Lass dir nie von jemandem einreden, ich wäre nicht in Bestform«, sage ich in dem Versuch, ein wenig die Stimmung zu lockern. Doch es funktioniert nicht. Ich lege die Gabel weg, und eine Weile starren wir sie beide an, bevor Oliver das Wort ergreift.

»Und … was ist passiert?«, fragt er leise.

»Na ja«, antworte ich ehrlich, »es ist nicht Steph.«

»Steph? Du dachtest, *Steph* wäre deine Mom?«

Kurz lehnt er sich zurück, als würde er versuchen, die Puzzleteile zusammenzusetzen. Vielleicht stellt er sich Steph mit meinem Gesicht vor, wie ich es diesen Sommer tausendmal mit allen drei Frauen gemacht habe. Im Nachhinein ist mir das richtig peinlich.

»Ja«, murmle ich.

»Ich meine … meine Güte.« Verärgert schlägt er sich die Hand vor die Stirn. Ich wappne mich für eine Oliver-der-Bühnenmeister-Ansprache, doch stattdessen sagt er: »Ich hatte ja keine Ahnung. Ich wünschte, du hättest was gesagt … Ich meine, kein Wunder, dass du so aufgebracht warst, als sie uns beim Streiten erwischt hat.«

»Nun ja. Ja«, erwidere ich, ein wenig unsicher, weil er sich so schnell an diesen einen Vorfall erinnert hat. Als würde er seither auf seinen Schultern lasten.

»Und all die Male, die du zu früh zur Arbeit gekommen bist … Du hast gar nicht versucht, mich auszustechen. Du hast versucht, mit Steph zu reden?«

Ich verziehe das Gesicht. »So in der Art.«

»Millie, ich … ich schätze, es ergibt irgendwie Sinn, dass du es mir nicht erzählt hast.« Er schüttelt den Kopf.

»Ich wünschte nur …« Mitten im Satz hält er inne. Als er mir wieder in die Augen sieht, ist da etwas Vorsichtiges in seinem Blick. Sogar etwas Entschuldigendes. Ich bin so darin verloren, darin, dass er zu verstehen scheint, wie viel mir die Sache bedeutet, auch wenn ich versuche, es abzutun, dass es kurz dauert, bis ich wieder zurück in die Realität komme.

»Hey, Moment mal. Du solltest trotzdem sauer auf mich sein«, erinnere ich ihn. »Ich habe dir die Hölle heißgemacht. Wegen eines Praktikums, von dem ich nicht mal wusste, dass es überhaupt existiert, bevor ich es bekommen habe.«

Doch Oliver beißt nicht an. Stattdessen sieht er mir immer noch in die Augen. »Und? Hast du sie gefunden?«

Er hält meinem Blick stand. Jetzt wird mir klar, warum es mich schon immer so nervös gemacht hat, wenn Oliver mich ansieht. Er sieht mich nicht einfach nur an. Nicht meine wechselnden Outfits, nicht meine schillernden Auftritte, nicht die kleinen Dinge, die ich sage oder tue, um den großen aus dem Weg zu gehen. Er hat schon immer tiefer geblickt, ob ich es wollte oder nicht.

»Nein«, erwidere ich.

Oliver öffnet den Mund, als wollte er etwas Tröstendes sagen und wüsste aber nicht was. Doch das allein ist schon tröstend genug.

»Es ist schon okay«, sage ich. »Es hatte auch etwas Gutes. Wir hatten jede Menge Spaß, nicht wahr?«

Er legt seine Hand auf meine. Überraschenderweise habe ich mich inzwischen an das Gefühl seiner Hand gewöhnt, aber es kribbelt trotzdem in meinem Bauch.

»Ja, aber … geht's dir denn gut?«

Vielleicht werde ich nie jemanden finden, der die Millie-Launen erklären kann. Vielleicht werde ich für vieles niemals eine Erklärung haben, egal, ob es etwas mit meiner Mom zu tun hat oder nicht. Aber wenigstens habe ich Menschen, die für mich da sein werden. Und gerade bin ich einfach nur froh, dass Oliver einer von ihnen ist.

»Jetzt gerade? Ja. Aber danke.«

»Wofür?«

»Dass es dich interessiert, nehme ich an.« Bevor er etwas erwidern kann, füge ich hinzu: »Und dafür, dass du mich nicht schon längst ermordet hast.«

Ich lächle, damit er weiß, dass alles gut ist. Und damit meine ich *wirklich* gut. Nicht die Theaterversion von gut, bei der man so tut, als wäre alles in Ordnung, und dann bricht man in Tränen aus, sobald jemand *Dear Evan Hansens* »You Will Be Found« anstimmt.

Er erwidert das Lächeln. Dann blinzelt er. Anscheinend erinnert er sich an irgendetwas. »Was das angeht. Ich ... ich hatte noch nicht mein Einzelgespräch mit Georgie und habe mich gefragt, ob ich dir eine Frage stellen könnte.«

Ich rücke ein Stück näher an ihn heran. »Hättest du nicht direkt nach mir drankommen sollen?«

Oliver lehnt sich ebenfalls näher zu mir, das Essen ist längst vergessen. »Ja, aber sie musste danach telefonieren. Und dann musste sie weg. Also hat sie es auf heute Nachmittag verschoben.«

Das ist untypisch für Georgie. Aber ich glaube, es steht mir nicht zu, zu sagen, was typisch für sie ist und was nicht.

»Jedenfalls ... wenn es für dich in Ordnung ist ... Ich

habe mir überlegt, sie zu fragen, ob wir uns das Praktikum teilen könnten.«

Kurz drehe ich den Kopf zur Seite, um mein Lächeln zu verbergen. Nicht nur, weil Steph mir schon gesagt hat, dass das Georgies Plan ist. Sondern, weil Oliver es auch will. Weil wir trotz allem – trotz Jahre der gegenseitigen Quälereien, trotz der Wochen im Wettstreit, trotz der letzten Tage und dass ich nicht richtig weiß, was wir füreinander sind – lieber zusammen als getrennt sind.

»Bist du sicher?«

»Ja.« Wieder erscheint auf seinem Gesicht das neue Oliver-Lächeln. »Es ist, wie du schon sagtest. Wir sind ein gutes Team.«

Ich erwidere sein Lächeln und spüre, dass ich anscheinend auch eines habe, das nur für ihn bestimmt ist. »Das sind wir.«

Ein Autofahrer drückt wie verrückt auf die Hupe. Ich lasse den Blick über den Park schweifen und weiß, dass wir langsam lossollten. Ich will Oliver gerade fragen, was für heute noch auf seiner Aufgabenliste steht, doch er kommt mir zuvor.

»Millie … Wer auch immer deine Mom ist. Ich wette, sie ist der Hammer.«

Er drückt meine Hand, und ich muss wieder an gestern Abend denken, wie seine Hand auf meiner Hüfte lag. Wie er nicht nur wollte, dass ich seine Worte höre, sondern auch fühle. Noch vor einer Woche hätte ich mir nicht vorstellen können, dass wir uns länger als fünf Minuten unterhalten. Und jetzt scheint es, als hätten wir bereits unsere eigene Sprache. Jetzt ist es das Natürlichste auf der Welt, seine Hand ebenfalls zu drücken.

»Das hoffe ich«, erwidere ich.

Oliver erwidert nichts, grinst nur und zieht mich von der Bank hoch.

»Komm«, sagt er. »Es gibt da eine Talentmanagerin, mit der wir verhandeln müssen.«

Wir kommen gerade rechtzeitig zurück, um zu beobachten, wie Steph den Telefonhörer auflegt, die Stirn in Falten gelegt. Sie greift nach Olivers Aufgabenliste und studiert sie so intensiv, dass sie uns erst bemerkt, als wir direkt vor ihrer Theke stehen.

»Oh! Hi«, sagt sie und legt eine Hand aufs Herz. »Okay. Okay …«

Die *Okays* sind eindeutig an sie selbst gerichtet und nicht an uns, denn sie scheint bereits vergessen zu haben, dass wir überhaupt hier sind.

»Alles in Ordnung?«, fragt Oliver.

Doch Steph ist bereits aufgesprungen, Olivers Liste immer noch in der Hand, und in Georgies Büro verschwunden.

»Das war Georgie«, sagt sie atemlos, als würde sie versuchen, nicht in Panik auszubrechen. »Sie ist krank. Sie … kommt heute nicht mehr ins Büro.«

»Aber heute ist die *Greek Life*-Premiere«, erwidert Oliver und steht zögernd vor Georgies Bürotür.

»Und dein Vorsprechen«, sage ich und presche direkt nach ihr ins Büro. »Du kommst noch zu spät.«

»Ja, aber ich kann jetzt unmöglich gehen«, klagt sie und fährt sich durchs Haar.

Ich lege die Finger um ihr Handgelenk. »Deine *Locken*«, erinnere ich sie wie die zukünftige Bühnen-Mama, die ich wahrscheinlich mal sein werde.

»Stimmt.« Sie kneift die Augen zu. »Aber ist jetzt eh egal. Oliver, kannst du bleiben, bis die Show losgeht?«

»Ja, natürlich …«

»Und du hast mich«, erinnere ich sie stur.

Erst jetzt hält sie inne, legt die Papiere, die sie aus einer von Georgies Schubladen gezogen hat, auf den Schreibtisch und wendet sich mir zu, die Lippen zu einer schmalen Linie zusammengepresst. »Millie, Schätzchen … Es tut mir leid. Sie hat auch gesagt, dass Oliver das Praktikum bekommt.«

Endlich betritt auch Oliver das Büro. »Aber …«

»Ist schon in Ordnung«, sage ich schnell und gebe der Info nicht mal die Chance, verarbeitet zu werden. »Er hat es verdient. Aber heute bin ich noch hier, oder nicht?«

»Ich … ich weiß es nicht. Vielleicht?«, fragt Steph und blättert wieder durch die Unterlagen.

»Was kann ich tun?«

Sie schüttelt den Kopf. »Millie …«

»Du gehst zu diesem Vorsprechen. Sag uns, was wir machen sollen. Wir kümmern uns darum.«

Steph hält erneut inne und starrt geradeaus, ganz offensichtlich hin- und hergerissen.

Ich starre sie an, bis sie gar nicht anders kann, als mich anzusehen und zu erkennen, wie entschlossen ich bin. Es ist die Art von rauer Liebe, die von Tochter zu Mutter wahrscheinlich nicht angebracht wäre, aber vollkommen angebracht für das, was wir sind – zwei Schauspielerinnen, die das überschwängliche, lächerliche Herz der jeweils anderen kennen.

»Nur, wenn du dir ganz sicher bist.«

»Sind wir«, sagen Oliver und ich gleichzeitig. Ich muss

ihn nicht mal ansehen, um genau zu wissen, dass wir, was auch immer sie uns aufträgt, synchron funktionieren werden.

»Nun, Oliver hat seine Liste«, sagt Steph und zieht ein Notizbuch aus dem Stapel. »Und sie wird noch viel länger, wenn es euch nichts ausmacht.«

»Bin schon dabei«, sagt Oliver.

»Aber macht es dir etwas aus, das zu Georgie zu bringen?«, fragt Steph an mich gewandt. »Ihr Apartment ist nicht so weit von hier weg. Ich schicke dir die Adresse.«

Es ist Georgies Outfit für die Premiere. Ich habe es erst gestern von der Reinigung abgeholt, aber es kommt mir vor, als wäre es schon ein Jahr her.

Ich breite die Arme aus, damit sie es mir gibt. »Schon erledigt.«

»Du bist ein Engel«, sagt sie.

»Ein Engel mit einer Uhr. Du musst jetzt nach Uptown.«

»Danke euch beiden. Ich schreibe euch.«

Ich folge ihr und gebe Oliver einen Schubs, damit er uns ebenfalls folgt. Doch er steht wie angewurzelt in Georgies Bürotür und blickt bestürzt drein.

»Millie, ich schwöre, dass ich das nicht wusste. Ich werde trotzdem mit ihr sprechen. Ich werde …«

»Nein, wirst du nicht«, erwidere ich bestimmt und lege die Hand auf seinen Arm. »Was ich eben gesagt habe, war ernst gemeint.«

»Aber …« Er lässt den Blick durchs Wartezimmer schweifen, als würde er nach einem Ausweg suchen, um das Geschehene wiedergutzumachen. »Ohne dich wird es nicht mal halb so viel Spaß machen.«

Steph ist bereits draußen im Flur und außer Sichtweite. Kurz sehe ich nach, um wirklich sicherzugehen. Dann stelle ich mich auf die Zehenspitzen und gebe ihm einen Kuss auf die Wange.

»Bis heute Abend, Oliver.«

Dann mache ich auf dem Absatz kehrt, um in Cooper-Price-Manier die Flucht zu ergreifen, bevor der Adrenalinspiegel sinkt und wir voll und ganz begreifen, was ich gerade getan habe. Doch Olivers Stimme hält mich auf.

»Und danach auch?«, fragt er.

Ich bleibe stehen und drehe mich wieder zu ihm um. Die Nachmittagssonne fällt durch das Fenster, taucht sein Gesicht in warme Farben und scheint ihm in die Augen. Ich sauge seinen Anblick in mir auf und tue etwas, worin ich normalerweise nicht sonderlich gut bin: Ich lasse mir Zeit.

»Danach auch«, erwidere ich leise.

Er lächelt sein Millie-Lächeln, und ich lächle mein Oliver-Lächeln. Wir haben uns im Laufe der letzten Jahre viele Dinge an den Kopf geworfen. Mehr, als ich zählen kann. Aber es braucht nur zwei Worte, um ihm ein Versprechen zu geben.

Kapitel 22

»Herein.«

Ich senke die Hand und frage mich, ob ich vor der richtigen Wohnung stehe. Aber die Nummer an der Tür ist die von Stephs Nachricht, also muss die kratzige, heisere Stimme auf der anderen Seite Georgies sein.

Ich schließe die Augen und atme tief durch. Es ist nicht so, als hätte ich Angst vor ihr. Aber es wird auf jeden Fall komisch, wie man es auch dreht und wendet.

Ich trete ein und tue das, was New Yorker am besten können: Ich lasse den Blick sofort über jeden sichtbaren Quadratzentimeter des Apartments schweifen, schätze die Größe und die Miete und begutachte die Einrichtung.

Ich sehe ein helles Gelb mit goldenen Akzenten. Ich sehe eine helle Küche mit einem aufgeschlagenen Backbuch mit dem Rezept für Mint-Chocolate-Brownies. Ich sehe gerahmte minimalistische Zeichnungen, die ich als Versionen von Broadway-Plakaten erkenne. Aber Georgie sehe ich nicht.

Ich stecke den Kopf weiter ins Apartment. »Soll ich … es einfach in den Flur hängen oder …«

»Scheiße. Ich dachte, du wärst Steph.«

»Nein, nur …«

Als Georgie auf dem Sofa den Kopf dreht, um mich anzusehen, sieht sie aus wie ein Geist. Sie hat so viel geweint, dass ihr ganzes Make-up weg ist, ihre Lockenpracht hat sie mit einem Scrunchie zusammengefasst, und sie trägt ein übergroßes NYU-Shirt und Leggings. Sie wirkt erstaunlich jung – zumindest jünger, als ich sie bisher geschätzt habe hinter ihrer Rüstung aus farbenfrohen Blazern und großen Juwelen.

Sie dreht sich weg und schiebt irgendwas unter den Couchtisch, aber nicht schnell genug: Es ist mein Notizbuch. Das Buch, in das ich die letzten Tage reingeschrieben habe.

Das Buch, dass ich wohl heute Morgen in ihrem Büro vergessen haben muss.

Ich mache einen Schritt auf sie zu und bleibe in dem offenen Raum stehen, der die Küche vom Wohnzimmer trennt. Es fühlt sich an, als würde ich einen Traum betreten. Oder den eines anderen. Georgie sieht mich nicht mal an.

»Wie lange weißt du es schon?«, fragt sie.

»Wie lange weiß ich was?«

»Dass ich deine … dass ich deine …«

Mom, sagt mein Gehirn, als es keine von uns beiden tut. Ich mache einen Schritt rückwärts und stolpere über den Teppich.

»Ich habe in der Personalverwaltung angerufen, damit sie deinen Gehaltsscheck kürzen. Sie sagten mir, dein Nachname sei Price«, sagt Georgie und wirft einen Blick auf das Notizbuch. »Ich wollte es eigentlich nicht lesen, aber es ist runtergefallen und aufgeklappt, und ich habe es aufgehoben … Du hast geschrieben, du hättest deine Mom gefunden.« Sie scheint mit ihrem ganzen Körper zu schlucken, als würde es sie alle Mühe kosten, sich zusammenzureißen. »Wie lange weißt du schon, dass ich es bin?«

Es tun sich so viele potenzielle Minenfelder auf, aber ich kann nicht anders, als sie zu betreten. Das Gespräch geht einfach weiter, bevor ich es aufhalten kann.

»Ich … ich dachte, es wäre Steph.«

»Steph?«, fragt sie, und ihre Stimme klingt hohl.

Ich stehe immer noch zwischen Küche und Wohnzimmer, mit ihren Klamotten überm Arm und meinem Herzen in meiner Hose. Ich kann nicht aufhören, sie anzustarren. Es ist, als wollte ich sie zwingen, mich anzusehen, und gleichzeitig will ich es nicht. Ich will alles und nichts, und so, wie sie zittrig ausatmet, merke ich, dass es ihr genauso geht.

Aber wir sind in diesem Moment gefangen. Unabsichtlich, aber unumkehrbar. Es ist zwar keine Show, aber es muss trotzdem weitergehen.

»Ich meine, ich weiß jetzt, dass sie es nicht ist, aber … das ist es, was ich dort gemacht habe. Mein Dad. Er hat über jemanden namens Fedotowsky geschrieben. Und ich dachte …«

Es spielt keine Rolle, was ich dachte, denn das, was ich weiß, ist direkt vor mir. Ich sehe es seit Wochen und blicke dennoch daran vorbei. Kleine Dinge, die nun ein großes Ganzes ergeben. Georgies Intensität. Ihr Wetteifer. Ihre Ehrlichkeit. Ihre Liebe zum Musical und wie sie ihren Lebensweg bestimmt hat. Ihr Haar, das denselben erdbeerblonden Ton hat wie meins, bevor ich es gefärbt habe.

Und wenn selbst das nicht genügt, um es zu besiegeln, ist alles andere genau hier. Es ist die Art, wie sie mich jetzt ansieht. Dass ich das Gefühl kenne, ohne es jemals empfunden zu haben – so fühlt es sich an, wenn man von der eigenen Mutter angesehen wird.

»Ich bin Fedotowsky.« Ihre Stimme ist kaum mehr als ein Flüstern. »Ich habe meinen Namen geändert, als ich meine Firma gegründet habe. Check ist der Mädchenname meiner Mutter.«

Ich will sie fragen, ob ich mich setzen darf, aber wir haben den Punkt, an dem man solche Fragen stellt, schon längst überschritten. Wir sind schon beim Geben und Nehmen. Ich weiß nur nicht genau, wer was macht.

Sie beobachtet mich aus dem Augenwinkel, so regungslos, dass sie keinen einzigen Muskel bewegt, als ich mich auf das andere Ende des Sofas setze und ihre Klamotten auf den Couchtisch lege.

»Ich weiß … ich weiß, dass du meinem Dad gesagt hast, dass er nicht über dich sprechen soll«, sage ich. »Und das hat er auch nicht. Ich wollte nur klarstellen, dass … das hier meine Schuld ist.«

Georgie entweicht ein ersticktes Lachen. »Es ist ganz *eindeutig* meine Schuld«, erwidert sie, als würde es sie beleidigen, dass ich eventuell versuchen könnte, die Schuld von ihr zu nehmen.

Ich starre herunter auf meinen Schoß. Ich weiß nicht, ob sie damit meint, dass wir uns jetzt endlich kennenlernen oder mich überhaupt bekommen zu haben. Das scheint ihr nun auch bewusst zu werden, denn sie richtet sich auf und sieht mich an.

Doch dann vergeht ein Moment. Und noch einer. Sie sagt nichts. Starrt mich einfach nur an, als müsste sie für jede Sommersprosse, jedes Haar, jede Gliedmaße Rechenschaft ablegen.

»Meine Güte«, sagt sie schließlich und atmet schwer aus. »Sieh dich nur an. Wie konnte ich das nicht wissen?«

»Kanntest du … nicht mal meinen Namen?«

»Natürlich kenne ich deinen Namen. Du heißt Camille«, erwidert sie, ohne zu zögern. »Camille Rose Price. Der Name meiner Mutter und der von Coopers Großmutter. Du hast in vier Tagen Geburtstag. Du liebst Minzeis mit Schokostückchen und die Pinguine im Central Park Zoo.«

Sie nennt die Fakten, als würde sie sie bewachen. Als hätte sie sie all die Jahre so fest an ihre Brust gedrückt, dass sie nun Angst hat, sie laut auszusprechen. Und ich sitze jetzt da, doch ich denke nicht an Georgie. Nicht mal an mich selbst. Ich denke an meinen Dad, der in der Hochphase meiner Pinguin-Obsession jedes Wochenende mit mir in den Zoo gegangen ist. Ich denke an Heather, die mir bestimmt schon mehr Mint-Chip-Milchshakes gemacht hat, als selbst Ben und Jerry zählen können.

Ich denke an meinen Dad, wie er eifrig vor dem Computer sitzt und ihr all das schreibt, während ich im Nebenzimmer schlafe. Jemandem meine Lebensgeschichte erzählt, der ihm die Verantwortung dafür überlassen hat.

»Ich habe seit Jahren kein Foto mehr von dir gesehen«, sagt Georgie und starrt auf mein Notizbuch, das unter dem Couchtisch hervorragt. »Nicht seit diesem Video.«

Ich schließe die Augen. »Bitte sag mir, dass dir mein Dad nicht diesen dummen ›Astonishing‹-Clip geschickt hat.«

Ich wappne mich, wie ich mich die letzten fünf Jahre gewappnet habe, jeder Muskel meines Körpers den Aufprall erwartend. Doch Georgie schüttelt den Kopf und starrt immer noch auf das Notizbuch, als hätte sie mich gar nicht richtig gehört.

»Es war ein Video von dir an einer U-Bahn-Station.

Du warst erst fünf Jahre alt. Ein Straßenmusiker hat ›Don't Rain on My Parade‹ gesungen, und du hast beschlossen, daraus ein Duett zu machen.«

Ich warte darauf, dass mich Erleichterung überkommt, damit ich endlich aufatmen kann. Das war doch mein schlimmster Albtraum, oder nicht? Dass sie das Video sehen und dieser schreckliche Moment das Einzige sein würde, was sie über mich weiß? Das ist meine Idealvorstellung, das, was ich am meisten wollte: ein eigenständiger Mensch zu sein, wenn ich sie treffe. Vollständig ausgeprägt in einer Weise, wie ich es damals noch nicht war. Befreit von dieser einen Sache, die mich so lange verfolgt hat.

Doch stattdessen verspüre ich eher Enttäuschung. Die Sache, an die ich mich so lange gebunden habe. Die Sache, die mich so lange definiert hat in all den Momenten, in denen *sie* nicht da war, um sich selbst zu definieren – sie hat das Video nie gesehen. Sie scheint nicht einmal zu wissen, wovon ich überhaupt rede. Ihr Blick ist so abwesend, als würde sie in einer bestimmten Erinnerung schwelgen, dass es sich kurz so anfühlt, als wäre ich mit ihr dort. In einer Welt, in der das Video nie passiert ist. In einer Welt, in der auch all die Dinge nicht passiert sind, die ich getan habe, um mich davon zu lösen.

Dann scheint sie noch weiter zurückzureisen. An einen Ort, an den ich ihr nicht folgen kann. Es ist das erste Mal, dass ich jemanden lächeln sehe und den Blick abwenden will. Es liegt so viel Traurigkeit darin, dass es sich anfühlt wie etwas vollkommen anderes.

»Ich wusste, dass ich dich niemals wiedersehen kann«, sagt sie.

Die Worte treffen mich so sehr, dass ich nicht mal weiß, ob es wehtut. Ich weiß nur, dass irgendetwas passiert ist, und irgendwann werde ich wieder richtig Luft holen müssen. Oder von diesem Sofa aufstehen. Oder diese Wohnung verlassen. Erst dann werde ich das Ausmaß des Schadens erkennen.

»Warum?«

»Oh. Oh«, sagt sie, als sie den Schmerz in meiner Stimme hört. Dann blickt sie auf und sieht ihn in meinen Augen. »So habe ich das nicht gemeint.« Sie holt zittrig Luft und sagt halb zu mir, halb zu sich selbst: »Ich fasse es immer noch nicht, dass ich jetzt mit dir spreche. Dass ich die ganze Zeit mit dir gesprochen habe. Und ich … trete einfach ins Fettnäpfchen.«

Ich bringe so etwas wie ein Lächeln zustande. »Eine vererbte Eigenschaft?«

Ihr entweicht ein gehauchtes Lachen. Ich frage mich, ob sich dieser Morgen für sie so anfühlt wie für mich. Als wäre er vor einer Million Jahren geschehen. Als wäre er Menschen geschehen, die schon lange nicht mehr existieren.

»Aber als es nur Fotos waren, nur Sachen, die mir Cooper hin und wieder geschickt hat … Ich weiß nicht. Für mich warst du immer noch *unser* Kind. Der Mensch, der zwischen uns existierte.« Sie starrt auf das Glas ihres Couchtisches. »Doch dann habe ich dieses Video gesehen und … mir wurde bewusst, dass du dein ganz eigener Mensch bist. Ein lebhafter, talentierter, mutiger kleiner Mensch. Und dass ich so viel verpasse. Sachen, von denen mir Cooper niemals würde erzählen können. Sachen, für die man anwesend sein muss, um sie zu wissen. Und das … hat mir das Herz gebrochen. Es war leichter, einfach den Kontakt komplett abzubrechen. Ihn zu bitten aufzuhören.« Sie schluckt schwer. »Zumindest dachte ich, es wäre einfacher.«

Wir holen beide Luft. Beide in dieser unverwechselbaren, gleichen Art. Als würden wir versuchen, das Ausmaß von etwas zu erkennen, das einfach zu groß ist. Ich weiß nicht, wer von uns an dieser Stelle das Wort ergreifen sollte. Wer die Zügel in der Hand hat. Oder ob keine von uns sie in der Hand hat.

»Es tut mir leid«, sage ich schließlich. »Dass … ich einfach so in dein Leben geplatzt bin. Ich hatte nach dir gesucht, aber ich habe damit aufgehört.«

Georgie schüttelt den Kopf. »Ich glaube, wir wussten beide, dass es irgendwann passieren würde. Selbst als ich Cooper gesagt habe … Mir war klar, dass meine Tochter niemals Ruhe geben würde.«

Es bringt mich zwar nicht zum Lächeln, aber es macht mich glücklich. Die Vorstellung, dass einen jemand kennt, ohne einen zu kennen. Dass es gewisse Dinge gibt, die einfach so sein sollen. Und dass ich weiß, dass die gesamte Reise, die uns hierhergeführt hat, eines von diesen Dingen ist, ohne bereits alle Antworten zu haben.

»Darf ich dich fragen, was passiert ist? Das habe ich mich schon immer gefragt, aber mein Dad scheint es nicht einmal selbst zu wissen.«

Georgie verändert ihre Sitzposition, als bräuchte sie festen Halt. Als würde sie versuchen, einen Anfang für ein Gespräch zu finden, das sie eigentlich nie führen wollte. Es ist eine Woche voller Erwachsener, die ihre Worte vorsichtig und mit Bedacht wählen, aber wenigstens ist Georgie jetzt aufrichtig. Noch bevor sie den Mund öffnet, weiß ich, dass sie mir die Wahrheit sagen wird, auch wenn ich sie vielleicht nicht hören will.

»Als ich herausgefunden hatte, dass ich mit dir schwanger war, wusste ich nicht genau, wer der Vater ist. Es war entweder mein Ex, von dem ich nicht loskam, oder Cooper.« Sie schürzt die Lippen. »Ich wollte dich nicht. Aber ich habe dich geliebt. Bevor ich wusste, von wem du bist oder was du bist …« Sie schüttelt leicht den Kopf. »Vielleicht klingt das … dumm, aber damals hatte ich nicht viel Gutes in meinem Leben. Ich hatte nicht viel Gutes getan. Aber dann gab es plötzlich dich, und es war als … wärst du etwas Gutes.«

Das gehört zu den Dingen, von denen ich nicht weiß, ob ich sie je verstehen werde, und sie scheint es zu wissen, selbst während sie versucht, es mir zu erklären. Ich verwahre es irgendwo in meinem Inneren und weiß, dass ich später weiter darüber nachdenken werde. Doch meine wichtigste Frage ist eine, die ich gar nicht stellen muss. Sie kann sie in meinen Augen sehen. Wahrscheinlich beantwortet sie sie seit Jahren einer Fantasieversion von mir.

»Ich konnte dich nicht großziehen«, sagt sie. »Ich war nicht … Ich habe meine Mutter nie kennengelernt. Sie ist bei meiner Geburt gestorben. Und mein Vater war …« Sie macht eine vage Handbewegung, als wolle sie die Sache nicht weiter ausführen. Doch mir entgeht nicht ihr leichtes Schaudern. »Ein Arschloch. In meiner Kindheit war so ziemlich das einzig Gute der Junge, der auf der anderen Seite des Flurs lebte.«

Es dämmert mir bereits, bevor sie es ausspricht. Als

würde sich das Puzzle endlich zusammensetzen. »Du meinst meinen Dad?«

Sie nickt.

»Ich wollte dich zur Adoption freigeben. Ich habe nicht mal jemandem erzählt, dass ich schwanger war. Aber ich habe dich gesehen und wusste sofort, dass du seine Tochter bist. Und ich wusste, dass er sich besser um dich kümmern kann als ich. Ich wusste, dass er … dir ein gutes Leben geben würde.« Sie sieht mich an, und diesmal hat sie ihren Schutzwall so weit heruntergelassen, dass ich alles sehen kann. Sogar den Teil von ihr, der nichts mit mir zu tun hat. Den Teil, der schon immer voll und ganz sie gewesen ist und es immer sein wird. »Er ist … er war mein bester Freund. Der beste Mensch, den ich je kannte. Nach deiner Geburt war ich ein Wrack, aber ich kann mich eigentlich nur noch daran erinnern, wie froh ich war, dass du seins warst.«

Mir kommen die Tränen. Aber eher ihretwegen statt meinetwegen. Ich muss gar nicht erst fragen, um zu wissen, dass sie immer noch die besten Freunde wären, wenn ich nicht gewesen wäre. Vielleicht würde sie dann immer noch auf der anderen Seite des Flurs leben statt Teddy und seine Eltern. Es ist zu viel, um alles sofort zu verarbeiten.

Georgie reißt mich mit einer unerwarteten Frage aus meinen Gedanken. »Ist er immer noch so ein Nerd?«

Sie fragt es leise, als wüsste sie nicht, ob sie es darf oder nicht.

»Der nerdigste Nerd«, versichere ich ihr.

Ihre Mundwinkel biegen sich nach oben. »Versucht er immer noch, Speisekarten ins Elbische zu übersetzen?«

Ich lache trotz der aufsteigenden Tränen. »Noch

schlimmer. Er übersetzt sogar die Zettel in den Glückskeksen.«

Georgie lacht nun ebenfalls, nass und aufrichtig, und für einen kurzen Moment sehe ich es – wer sie für ihn gewesen sein muss und er für sie. So geht es mir mit Teddy. Wenn man jemanden so gut kennt, dass er kein eigenständiger Mensch ist, sondern vielmehr eine Erweiterung von einem selbst. All meine Kämpfe, all meine Siege – ich teile sie alle mit ihm. Wir kämpfen immer Seite an Seite, unterstützen einander, balancieren einander aus.

Es fällt mir nicht schwer, sie mir vorzustellen. Georgie mit ihrer direkten Art, mit der sie meinen Dad aus seinen kleinen Welten gelockt hat, in denen er sich so gern versteckt. Und mein Dad mit seiner ruhigen Art, mit der er die Welt, aus der sie fliehen wollte, erträglicher gemacht hat. Das Leben kann manchmal eine ziemlich angsteinflößende Achterbahnfahrt sein, sowohl im Kopf als auch außerhalb, aber es hilft, jemanden in seinem Team zu haben.

Das haben sie vielleicht verloren, aber irgendwie fühlt es sich an wie Bestimmung. Als hätte das Universum meinen Dad und Georgie zusammengeführt. Und Teddy und mich, um den leeren Raum zu füllen, den sie hinterlassen haben.

»Ich denke jeden einzelnen Tag an dich, weißt du? An euch beide.«

Ich weiß nicht, ob ich das hören musste, aber es tut trotzdem gut. Ich habe bereits meine festen Anker. Ich weiß bereits, wohin ich gehöre. Aber zum ersten Mal fühlt es sich nicht mehr so an, als würde ich versuchen, mir einen Platz zu schaffen, sondern vielmehr, als würde ich für einen anderen Menschen Platz schaffen. Für Georgie, wenn sie will.

»Du wirst mich jetzt nicht hassen, weil ich mich für Oliver entschieden habe, oder?«

Grinsend denke ich an ihn und wie er gerade wie ein kopfloses Huhn durch die Stadt rennt. »Natürlich nicht«, erwidere ich und richte mich auf. »Er ist ganz wild darauf, deine Befehle auszuführen.«

»Das stimmt.« Zwinkernd sieht sie mich an und lächelt vorsichtig. »Aber es hat verdammt viel Spaß gemacht, dich um mich zu haben.«

Ich will sie jetzt nicht drängen, indem ich ihr sage, dass sie mich auch weiterhin um sich haben könnte. Dass das hier kein Abschied sein muss. Aber es ist offensichtlich, dass es für jetzt einer ist, vielleicht sogar für immer. Ich habe Angst, diesen Moment zu verlassen, und gleichzeitig habe ich Angst, in ihm zu verweilen. Aber wenn ich jetzt anfange, noch mehr Fragen zu stellen, kann ich wahrscheinlich nicht mehr aufhören.

Ich stehe vom Sofa auf und hebe meine Handtasche vom Fußboden auf.

Sie erhebt sich ebenfalls. »Und Millie … falls es dich interessiert. Was ich über dieses Programm gesagt habe, meine ich auch so. Es wäre reine Zeit- und Talentverschwendung.«

Ich beiße mir auf die Unterlippe und bleibe neben dem Sofa stehen. Sie beobachtet mich intensiv, als ich ihr in die Augen sehe, doch diesmal liegt in ihnen keine Kampfeslust. Nur Gewissheit.

»Du wirst irgendwann brillieren, Millie.« Sie sagt es, als hätte sie die Macht, meinen Traum allein durch ihre Worte Wirklichkeit werden zu lassen. »Und vielleicht habe ich nicht das Recht, das als deine Mutter zu sagen. Aber ich sage es als die beste Talentmanagerin der Stadt.«

Ich lächle. »Danke. Wirklich. Das … meine ich ernst.«

Sie nickt. Wir stehen da wie zwei Leute, die sich auf einer Brücke begegnen. Kurz bleiben wir noch zwischen zwei Welten stehen, die sich vielleicht nie wieder überschneiden werden. Vielleicht werde ich sie schon morgen wiedersehen. Vielleicht werde ich sie nie wiedersehen. Alles erscheint mir möglich und gleichzeitig vollkommen unmöglich, und der Moment vergeht zu schnell, um überhaupt zu realisieren, wie ich mich fühle.

Georgie fasst ein wenig davon in Worte. »Ich habe das Gefühl, dass es noch mehr gibt, was ich dir sagen sollte«, sagt sie. »Dinge, von denen ich will, dass du sie verstehst.«

Ich ziehe mein Notizbuch unter dem Couchtisch hervor. »Schreib es auf«, erwidere ich.

Sie nimmt das Buch entgegen und schenkt mir ein flüchtiges Lächeln. »Wenn du es Cooper erzählst, könntest du dann …«

Ich lasse die Hand lange genug auf dem Notizbuch liegen, dass sie weiß, dass ich es gut meine und nicht boshaft. »Ich weiß nicht, ob ich es ihm erzählen werde«, sage ich leise. »Aber Georgie … du weißt, wo du uns findest, falls du es je willst.«

Wieder füllen sich ihre Augen mit Tränen, aber diesmal liegt in ihnen auch Freude. Sie nickt und legt das Notizbuch in ihren Schoß. Dann beobachtet sie, wie ich gehe, und winkt mir noch einmal zu. Siebzehn Jahre, zwei gleiche grüne Augenpaare und ein gewisses Verständnis legen sich zwischen uns, auch wenn wir noch nicht wissen, was es ist.

Selbst als ich gehe, weiß ich noch nicht genau, was ich empfinden soll, aber vielleicht muss ich auch das nicht wissen. Vielleicht geht es weniger darum, was wir wissen müssen, sondern vielmehr darum, was wir verstehen müssen. Und das tue ich. Ich trete ins Freie und spüre die Sonne auf meinem Gesicht, spüre, wie meine Füße auf dem Asphalt ihren Rhythmus finden und mich nach Hause tragen.

Kapitel 23

Als ich zu Hause ankomme, weiß ich immer noch nicht, wie ich mich fühle oder was ich jetzt tun soll. Also sage ich nichts von Georgie. Stattdessen umarme ich meinen Dad und schreibe Oliver, um ihn zu fragen, welche Aufgaben ich ihm noch abnehmen kann. Er antwortet: *Alles gut. Treffen wir uns heute Abend im Theater?*

Mein Dad arbeitet, und Heather besorgt Sachen für den Club, also verbringe ich den Nachmittag in meinem Zimmer und schreibe in ein altes Notizbuch. Ich will mich wenigstens daran erinnern können. Aber im Moment bin ich noch zu sehr damit beschäftigt, alles zu verarbeiten, um mir darüber bewusst zu werden, welche kleinen Dingen sich dadurch jetzt verändern werden – und dass sich die großen, wichtigen überhaupt nicht ändern.

Als es Zeit wird aufzubrechen, wühle ich nicht stundenlang in meinem Kleiderschrank. Ich schlüpfe einfach wieder in Heathers Boots, ziehe ein Kleid mit Rüschen an und trage roten Lippenstift auf. Mein Blick fällt in den Spiegel, und zum ersten Mal sehe ich dort kein bestimmtes Motto. Keine Rolle, die ich versuche zu spielen. Ich bin einfach nur Millie. Als hätten mich die letzten Wochen genug aufgerüttelt und Risse in der Oberfläche der alten Millie-Versionen verursacht, dass nun mein wahres Ich zum Vorschein kommen kann.

Vor dem Theater angekommen, liegt dort ein kurzer

roter Teppich aus. Ich bin schlau genug, nicht darüberzulaufen. Nicht dass mich jemand aufhalten könnte (schließlich sind meine Locken wie immer makellos), aber ich will meinen ersten Auftritt auf dem roten Teppich als Star haben und nicht als Zaungast. Also bleibe ich stehen und bewundere alles für eine Weile. Die nervöse Energie, das Stimmengewirr, die glamourösen Outfits und die Leidenschaft in aller Augen. Es ist, als würde ich einen Hauch *eines Tages* erhaschen, der noch viel süßer sein wird, wenn meine Zeit reif ist.

»Hey, du.«

Ich drehe mich um und sehe Oliver im selben Outfit, das er vor zwei Wochen zum Vorstellungsgespräch getragen hat, adrett und attraktiv mit seinen dunklen Jeans und dem gestylten Haar. Nur, dass ich ihn diesmal nicht widerwillig anhimmle. Diesmal betrachte ich ihn ausgiebiger, bis wir uns schließlich in die Augen sehen und es zwischen uns sofort zu knistern beginnt.

Er fängt sich zuerst. »Es ist noch nicht zu spät, Ben Platt zu fotobomben.«

»Das hätte er wohl gern«, erwidere ich und werfe meine Locken über die Schultern. Aber eigentlich ist es nur ein Vorwand, um ihm näherzukommen, und sein kleines Grinsen verrät, dass er es weiß.

»Nun, jemand sollte den Moment festhalten. Das ist schließlich deine Broadway-Premiere.«

Er streckt die Hand aus, damit ich ihm mein Smartphone reiche, doch ich schüttle den Kopf, packe ihn am Ellbogen und ziehe ihn zu mir. »Wir machen eins zusammen.«

Oliver protestiert zwar nicht, wird aber knallrot, während er versucht, sein Gleichgewicht wiederzufinden. »In Ordnung«, sagt er. »Stell aber sicher, dass du meine Schokoladenseite erwischst.«

Dann legt er den Arm fest um meine Taille und zieht mich zu sich. Jetzt bin ich diejenige, die errötet. Und ich kann es nicht verstecken, denn unsere Gesichter sind bereits auf dem Display zu sehen – Oliver mit seinem stillen, verschwörerischen Lächeln und ich mit meinem breiten, ungenierten, die Köpfe so geneigt, dass sich meine Wange gegen sein Kinn drückt.

Als wir einander loslassen, lächeln wir noch immer, als hätten wir uns einen Insider erzählt, den kein anderer lustig findet. Als würden wir dem Rest der Welt einen Streich spielen, obwohl der besagte Rest der Welt um uns herumwuselt und sich überhaupt nicht dafür interessiert.

»Hey, sieh mal einer an«, sage ich und öffne das Foto. »Wir sind heiß.«

Und damit habe ich nicht unrecht. Genauso wenig wie die Dame in der U-Bahn, die uns für ein Paar hielt. Wir geben tatsächlich ein süßes Pärchen ab. Ich werfe Oliver einen Blick zu und erkenne anhand des Funkelns in seinen Augen, dass er auch daran denkt. »Zu schade, dass du mich mit all den Marvel-Schauspielern betrogen hast.«

»Schauspieler sind total überbewertet.«

»Ich weiß nicht«, sagt er und sieht mir direkt in die Augen. »Manche wachsen einem ganz schön ans Herz.«

Mein Herz flattert, als wäre ich eine von den rehäugigen Schönheiten auf der Liste mit meinen Traumrollen. Nur, dass ich es diesmal nicht spiele, sondern wirklich erlebe. Als würde ich endlich verstehen, was hinter all den kitschigen Power-Balladen steckt und woher die Musik dafür kommt: nicht von kreativen Ausbrüchen oder großen dramatischen Gefühlen, sondern von den Momenten dazwischen. Die, die sich einfach dazwischenmogeln. Die Momente, in denen man jemanden ansieht und das Herz etwas versteht, bevor es der Rest des Körpers tut.

Dann verebbt Olivers Lächeln, und er senkt die Stimme. »Hey. Das ... mit dem Praktikum ist doch in Ordnung für dich, oder?«

»Mehr als in Ordnung«, versichere ich ihm. »Ich hätte gar nicht erst hingehen sollen.«

Er zuckt mit den Schultern. »Du hattest aber ein Händchen dafür. Ich würde sagen, wenn das mit dem Broadway nicht klappt ...«

Grinsend verschränke ich die Arme vor der Brust.

»Aber natürlich wissen wir beide, dass es klappen wird«, fährt er fort und erwidert das Grinsen.

Ich strecke die Hand aus und zwicke ihn in den Arm. »Ich würde dir bei meinem Debüt ja einen Platz reservieren, aber bis dahin bist du bestimmt mit The Four Suns in Europa auf Tournee.«

Er berührt die Stelle an seinem Arm, wo eben noch meine Hand war. »Ja, na ja. Hoffen wir mal das Beste.«

»Sie haben sich noch nicht entschieden?«, frage ich.

Er wirft einen Blick auf sein Smartphone, als könnte er dadurch seine Brüder sehen. »Sie geben mir noch bis Ende des Sommers, bevor wir als Familie eine Entscheidung treffen. Hoffentlich hat bis dahin Georgies Energie ein wenig auf mich abgefärbt und ich kann dann für mich werben.«

Es ist immer noch überraschend, Oliver so unsicher zu

erleben. Aber zum Glück wird es zwischen uns nie an Selbstbewusstsein mangeln.

»Hey, du hast jetzt schon mehr als genug Oliver-Energie«, erinnere ich ihn. »Sie wird dir nur beibringen, wie du sie nutzen kannst.«

Eine Menschentraube bewegt sich in Richtung Eingang und ruft anderen zu, dass sie ihr folgen sollen. Oliver deutet auf die Tür, und wir treten zusammen ein. Als er einem der Saaldiener sein Ticket zeigt, lässt dieser uns sofort herein, ohne meins zu kontrollieren.

Ich drehe den Hals, um ihm einen Blick zuzuwerfen. »Okay, ich weiß ja, dass wir gut aussehen, aber *so* gut nun auch wieder nicht«, flüstere ich Oliver zu. »Was denkt er, wer wir sind?«

»Oh, ich war vorhin schon drinnen«, sagt Oliver, zieht zwei Programmhefte aus der hinteren Hosentasche, reicht mir eines davon und führt uns den Gang zum ersten Rang hinab. »Ich habe uns andere Plätze besorgt.«

»Wie hast du das denn geschafft?«, frage ich ungläubig und fasse nicht, wie nahe wir der Bühne sind.

»Na ja, ähm. Wenn jemand fragt, heiße ich Georgie. Und du Steph. Zumindest für heute Abend.«

»Oliver!« Spielerisch schlage ich mit dem Programmheft nach ihm. »Hast du etwa eine Regel gebrochen?«

»Aus gutem Grund.«

»Dass ich das mal erleben darf.«

Dann bleibt Oliver stehen und gibt mir mit einer Handbewegung zu verstehen, dass ich zuerst in die Reihe rutschen soll. »Das ist deiner«, sagt er und deutet auf einen der Stühle. Ich war noch nie wütender, nur zwei Augen zu haben, denn sie wissen gar nicht, wo sie zuerst hinschauen sollen. Auf der einen Seite ist die riesige strahlende Bühne mit ihrem dicken smaragdgrünen Vorhang, der gerade weit genug geöffnet ist, dass man eine Projektion von Barons Hinterkopf sehen kann. Ich bin mir zu neunundachtzig Prozent sicher, dass ich auf der einen Seite gerade Darren Criss gesehen habe und auf der anderen einige des Originalcasts von *Hamilton*.

Als ich mich schließlich setze, realisiere ich es.

»Heilige Scheiße, Oliver«, flüstere ich und greife nach seinem Arm. »Wir sitzen in der dritten Reihe. Wir sitzen so nahe, dass uns Baron von der Bühne aus anspucken könnte.«

»Wenn wir Glück haben«, erwidert er trocken.

Gerade ist Jennifer Damiano in Cowboy-Stiefeln an uns vorbeigegangen. Es könnte sein, dass ich diesen Abend nicht überleben werde. »Damit du's weißt: Das ist nicht nur ein *guter* Grund, die Regeln zu brechen, sondern ein *großartiger*.«

»Nun«, sagt Oliver, seine Stimme ganz nah an meinem Ohr, während er es sich auf seinem Platz bequem macht, »den wahren Grund kennst du noch gar nicht.«

In dem Moment quetscht sich eine gestresste Mittzwanzigerin mit ihrem Smartphone in der Hand durch die Sitzreihe und entschuldigt sich ständig. Der Gurt ihrer Handtasche bleibt immer wieder an irgendwelchen Füßen hängen, und ihr Pony fällt ihr ins Gesicht. Ihre Blickrichtung verrät mir, dass sie sich gleich neben mich setzen wird, also ziehe ich die Knie an, damit sie an uns vorbeikommt.

Sie fällt förmlich in ihren Sitz, aber mit einer Lässigkeit, die mir verrät, dass sie das häufiger macht.

»Hi. Sorry«, sagt sie, ohne den Blick von ihrem Display zu nehmen. »Ich verspreche, dass ich nicht die ganze Zeit am Handy … Hey, Moment mal, kenne ich dich nicht von irgendwoher?«

Ich beiße die Zähne zusammen und warte darauf, dass sich das nur allzu vertraute Little-Jo-Gefühl in meinem Magen ausbreitet – tut es aber nicht. Ich verspüre nicht einmal den Drang, melodramatisch zu seufzen. Vielleicht hat Demütigung doch ein Verfallsdatum. Könnte es nach all den Jahren sein, dass meines endlich gekommen ist?

Dann schnippt sie mit den Fingern. »Du bist die Praktikantin, die letzte Woche den Soundcheck für Saundra gemacht hat!«

Plot-Twist. »Du warst da?«

»Körperlich, ja. Geistig habe ich wahrscheinlich geschlafen«, erwidert sie und blickt in rascher Folge zwischen mir und ihrem Handydisplay hin und her. Doch dann sieht sie mir direkt in die Augen, und in ihren liegt so viel Energie, dass man damit einen Scheinwerfer mit Strom versorgen könnte. »Bis du angefangen hast zu singen. Wer zum Teufel bist du?«

»Millie Price.«

Wow, es fühlt sich gut an, erkannt und tatsächlich nach meinem Namen gefragt zu werden. Normalerweise nennen mich die Leute einfach »Little Jo« und das war's. Es sei denn, sie tätscheln mir den Kopf, als wäre ich ein aufgedrehter Welpe.

»Ich bin Samantha, Gloria Dearhearts Assistentin«, sagt sie. »Du bist unglaublich.«

Dank Patti LuPone habe ich mir auf YouTube genügend Videos mit Atemtechniken angesehen, sonst würde ich jetzt komplett vergessen, wie es funktioniert. »Ich bin … Wow. Danke.«

»Du bist noch in der Highschool, richtig?«, fragt Samantha, die mühelos jemandem schreibt und sich gleichzeitig mit mir unterhält.

Das hängt davon ab, ob ich auf das Precollege gehe oder nicht, doch Oliver stößt mich leicht an. »Ja«, erwidere ich, bevor ich noch länger darüber nachdenken kann.

»Hast du dich für Glorias Workshop beworben?«

»Sie gibt einen Workshop?«

»Sie hält es ziemlich unter Verschluss, weil sie die Leute für gewöhnlich bei Highschool-Produktionen scoutet, aber du wärst super dafür geeignet«, bemerkt sie gelassen, als hätte sie eben nicht etwas gesagt, das meine ganze Welt verändern könnte. »Im Herbst geht's los.«

Wahrscheinlich sollte ich nach mehr Details fragen, aber die Worte *Gloria Dearheart* und *Workshop* sind alles, was ich brauche. Sie könnte uns zwingen, mit verbundenen Augen einen Drahtseilakt über die Brooklyn Bridge zu performen, und ich würde trotzdem alle aus dem Weg stoßen, um Teil davon zu sein.

Bevor ich etwas erwidern kann, schnellt Samantha wie eine Rakete aus ihrem Sitz hoch.

»Mist. Ich muss mich schnell um etwas kümmern. Gib mir einfach in der Pause deine Nummer, ja? Dann schicke ich dir die Details und die E-Mail-Adresse für die Bewerbung.«

Dann ist sie weg, wie eine äußerst gestresste, kompetente Erscheinung, die Träume in Erfüllungen gehen lassen kann. Jetzt sind es nur noch ich, der Rhythmus meines lächerlichen Herzens und das *sehr* selbstgefällige Lächeln des Jungen neben mir, das ich schon spüre, bevor ich ihn überhaupt ansehe.

Als ich es tue, lehne ich mich so nah an ihn, dass wir Schulter an Schulter sitzen, Ellbogen an Ellbogen, und es erscheint mir so natürlich, dass es mir nicht mal in den Sinn kommt zu zögern. »Wie um alles in der Welt hast du das geschafft?«

»Ein guter Manager verrät niemals seine Geheimnisse«, erwidert er mit einem Funkeln in den Augen. »Aber das war gar nicht so schwer. Sie war diejenige, die mich am ersten Tag des Praktikums reingelassen hat, um Gloria den Vertrag zu geben. Ich habe sie in der Carnegie Hall wiedererkannt. Sie hat wirklich alles stehen und liegen lassen, um dir zuzuhören.«

Ich weiß, dass er erwartet, dass ich jetzt damit angebe – und das werde ich mit Sicherheit noch tun, bevor der Abend zu Ende geht. Aber im Moment sehe ich nur den Jungen, den ich schon so lange kenne und der mich trotzdem jeden Tag aufs Neue überrascht.

»Ich fasse nicht, dass du das getan hast«, sage ich leise.

Oliver zuckt mit den Schultern und wirkt auf niedliche Weise verunsichert. »Ja, na ja. Ein Kaffee ist kein besonders tolles Geburtstagsgeschenk. Ich dachte, ich lege noch eins obendrauf.«

»Und ich dachte die ganze Zeit, du würdest meine Karriere vereiteln«, sinniere ich.

Eigentlich war es frech gemeint, doch Oliver lacht und sagt: »Millie … natürlich habe ich das. Ich musste. Für das Punktesystem.«

Ich blinzle ein paarmal, doch ich verstehe nicht. »Wie bitte? Welches Punktesystem?«

Oliver legt eine Hand auf mein Knie. Es ist als Friedensgeste gemeint, doch es fühlt sich nach mehr an, denn mein Bein beginnt zu kribbeln.

»Mrs Cooke castet nach einem Punktesystem, damit es fair bleibt. Je größer die Rolle, desto mehr ›Punkte‹ verbraucht man«, erklärt er. »In der elften Klasse habe ich erfahren, dass wir die Rechte für *Mamma Mia* bekommen werden. Und ich wollte sichergehen, dass du in die engere Auswahl für Donna kommst, also … ja. Deshalb habe ich ihr letztes Jahr ausgeredet, dir eine Hauptrolle zu geben.« Seine Stimme ist wesentlich leiser, als er hinzufügt: »Ich hätte nie gedacht, dass du vorher weg sein würdest … na ja.«

Ich öffne den Mund, um etwas zu erwidern – vielleicht bezüglich des Precolleges oder des Abschlussjahres oder wie ich mich mit allem fühle –, doch dann werden die Lichter gedimmt, und die Leute kehren zurück in ihre Sitzreihen.

»Nun, eines ist jedenfalls sicher«, sage ich. »Du hast dir definitiv den richtigen Beruf ausgesucht.«

Ich warte auf den so typischen spitzen Kommentar, doch stattdessen laufen seine Ohren rot an. »Danke.«

Wieder lehne ich mich ganz nah zu ihm. »Hey, vielleicht schließt sich sogar eines Tages der Kreis«, sage ich und sehe in seinen Augen die gleiche Begeisterung, die ich auch empfinde. »Ich als Broadway-Star und du der profilierte Manager, der mich und die ganze nächste Elphaba-Generation unter Kontrolle hält.«

Oliver entweicht ein Lachen. »Als könnte das je funktionieren.«

Alle eilen zurück zu ihren Sitzplätzen, daher entgeht

ihm der Schmerz, der über mein Gesicht huscht. Das Universum hat in den letzten vierundzwanzig Stunden sein Bestes getan, um mich zu demütigen – die schier unglaubliche Anzahl an Dingen, bei denen ich falschlag, beeindruckt selbst mich –, doch das hier hat seine ganz eigene Wucht. Nicht nur, weil ich es nicht habe kommen sehen, sondern, weil ich es hätte ahnen sollen.

Langsam gehen die Lichter aus, und Samantha lenkt alle mit einer weiteren Runde an Entschuldigungen ab, während sie erneut über uns drüberklettert. Als sie sich an mir vorbeiquetscht, achte ich diesmal darauf, Olivers Schulter nicht zu berühren, also lege ich den Arm nicht auf die Lehne zwischen uns.

Es war nur der Bruchteil eines Sommers. Das reicht bei Weitem nicht aus, um den Schaden von drei ganzen Jahren zu beheben. Wir können von Glück reden, uns inzwischen wenigstens als Freunde bezeichnen zu können. Es wäre lächerlich, auf mehr zu hoffen. Egoistisch sogar. Noch eine Grenzüberschreitung, die ich mir diesen Sommer geleistet habe.

Doch über diese Grenze werde ich diesmal nicht stolpern. Bisher habe ich nichts gesagt oder getan, was ich nicht zurücknehmen könnte. Nur ein dummer Kuss auf die Wange. Das bedeutet gar nichts. Nur ein flüchtiges Gefühl. Ein Ausrutscher.

Ich vergrabe die Finger im Rockteil meines Kleids und rede mir das immer weiter ein, während sich der Vorhang hebt, die Musik aus dem Orchestergraben anschwillt und der Applaus losbricht. So nah bin ich einer Broadway-Bühne noch nie gewesen. Mir kommen die Tränen, denn ich bin einfach von allem überwältigt – diesem traumhaften Abend, den verwirrenden Gefühlen für Oliver und dem Schock, die Wahrheit über Georgie zu erfahren.

Dann ergreift Oliver meine Hand und drückt sie kurz. Für einen Moment beruhigt sich das Chaos in meinem Kopf ein wenig. Als hätte er etwas davon in sich aufgenommen. Als wären wir vielleicht nie das komplette Gegenteil voneinander gewesen, sondern zwei Hälften eines Ganzen, das wir bisher nicht gesehen haben, weil wir nie genügend Abstand dazu hatten.

Ich drücke ebenfalls seine Hand. Ich kann mich wirklich glücklich schätzen. Mein Dad hat Beth gefunden, Heather hat Farrah gefunden, Teddy hat Chloe gefunden. Oliver ist mein Kumpel – und das ist mehr, als ich je für möglich gehalten hätte. Mehr als genug.

Kurz halte ich noch seine Hand, bevor ich sie loslasse – ein letzter Blick in etwas, das vielleicht hätte sein können. Dann ist der Vorhang oben, und die Show beginnt.

Kapitel 24

Die Show ist spektakulär. Baron ist mitreißend, und ich spüre die Energie von jeder einzelnen Person auf der Bühne. Wir sind so nah, dass ich jedem Einzelnen ins Gesicht blicken kann. Ich sehe die pure, kaum zu bändigende Freude in ihren Augen, kann mir ganz genau vorstellen, was sie geben mussten, um jetzt auf dieser Bühne zu stehen, und was ihnen dieser Moment bedeutet. Es breitet sich in meiner Brust aus, als würde ich dieselbe Hoffnung einatmen, dieselbe Energie. Denselben Traum, den ich niemals aufgeben werde, ganz egal, wie viele Versionen meines alten Ichs ich hinter mir lasse.

In der Pause gebe ich Samantha meine Nummer und teile mir mit Oliver ein geschmolzenes Twix, das ich in meiner Handtasche gefunden habe. Wir stoßen mit unseren Riegeln an. Nach der Show taumeln wir verzaubert und benebelt ins Freie. Den ganzen Weg nach draußen habe ich dieses seltsame wackelige Gefühl in den Beinen, das man auch hat, wenn man vom Crosstrainer steigt. Als würde ich schweben, meine Augen vernebelt von der Zukunft. Visionen, wie ich auf der anderen Seite der Bühne stehe, weinend meine Schauspielkollegen umarme, mir den Glitzer aus dem Gesicht wische und meine falschen Wimpern abziehe.

Als wir hinaus auf die Straße treten, bläst uns ein warmer, süßer Sommerwind ins Gesicht und befördert mich zurück in die Realität. Mit einem Mal ist der Schmerz wieder da, als wäre er nie weg gewesen. Plötzlich kann ich Oliver nicht mehr ansehen. Ich muss weg von ihm – und zwar schnell. Ich brauche ein paar Tage, um mir was auch immer das ist aus dem Kopf zu schlagen, bevor es uns noch beide erschlägt.

»Willst du nicht am Bühneneingang auf den Cast warten?«, fragt Oliver.

Ich schüttle den Kopf. »Ich bin müde. Ich glaube, ich gehe jetzt nach Hause. Aber wenn du noch bleiben willst …«

»Nein, nein. Ich komme mit.«

Ich nicke, und wir quetschen uns durch die Menschenmenge und machen uns auf den Weg zur U-Bahn. Kurz schließe ich die Augen und wünsche mir, ich könnte ihn einfach verschwinden lassen. Ich bin tatsächlich müde. Es ist eine Müdigkeit, die ich wahrscheinlich nicht mehr abschütteln kann. Am liebsten würde ich mir jetzt die Kopfhörer aufsetzen und in der Menschenmasse untergehen.

»Du bist so still«, bemerkt Oliver.

»Die Show … es war einfach unglaublich.«

»Ja, nicht wahr?«, fragt Oliver. »Der Plot-Twist im zweiten Akt mit Athena war total verrückt.«

Es fühlt sich an, als wäre mein Herz so voll und verwirrt, dass es droht überzulaufen und sich in mir zu ergießen. Es ist einfach alles. Das Precollege und der Workshop, der Herzschmerz. Es ist die Unsicherheit des Lebens, das ich vielleicht hinter mir lasse, und dem, das ich vielleicht behalten werde. Ich habe keine Ahnung, was ich machen soll. Ich weiß nur, dass ich dringend mit Heather sprechen muss.

Mein Hals ist wie zugeschnürt, als ich daran denke, wie wir gestern Abend auseinandergegangen sind. Ich blicke herab auf ihre Stiefel und wünschte, sie könnten mich einfach zu ihr tragen. Ich will, dass sie mich umarmt und mir sagt, dass alles gut wird.

»Millie … was ist los?«

»Sorry, was hast du gesagt?«

Oliver hat seine Geschwindigkeit verringert, und mir wird bewusst, dass er sich meiner angepasst hat.

Ich bin einfach blindlings durch die Gegend gelaufen und ihm in Richtung U-Bahn gefolgt.

»Es ist nichts«, erwidere ich. »Ich bin einfach nur dumm.«

Was für eine Untertreibung. Vor ein paar Tagen noch habe ich Chloe gesagt, dass ich noch nie verliebt war – und das war die Wahrheit. Oder zumindest dachte ich es. Dieses Gefühl, was auch immer es ist oder nicht ist, hat sich so schnell angeschlichen, dass ich ihm noch keinen Namen geben konnte.

Nun, jetzt habe ich einen – es ist Enttäuschung. Ich habe das Verliebtsein einfach übersprungen und bin direkt zum Herzschmerz übergegangen. Und das Schlimmste ist, dass ich nicht einmal weiß, ob es mir überhaupt zusteht, mich so zu fühlen. In den letzten Jahren hatte ich mehr als genug Möglichkeiten, mich in Oliver zu verlieben. Mehr als genug Möglichkeiten, ihm dieses kleine Lächeln zu entlocken, über unsere Familien zu sprechen, einander Mut zuzusprechen. Vielleicht ist das nur eine weitere Lektion, die ich auf die harte Tour lernen muss. Ein Schmerz, den ich mir fürs nächste Mal merken soll, damit mir derselbe Fehler nicht noch einmal mit einem anderen passiert.

Doch dann bleibt Oliver auf der Straße stehen, packt mich am Handgelenk und zieht mich sanft auf den Bürgersteig. Er mustert mein Gesicht. Seines ist erhellt von den Straßenlaternen, den Leuchtschildern auf den Taxis und dem Schein der Bodega hinter uns. Ein Sekundenbruchteil genügt, dass mein ganzer Körper diese Vorstellung ablehnt. Ich will keinen anderen. Ich will das *hier*.

»Nein. Ich glaube, *ich* bin dumm, denn mir muss hier irgendwas entgangen sein.«

Ich schlucke schwer.

»Es ist nur …« Ich schüttle den Kopf. »Als du vorhin meintest, du würdest niemals mein Manager sein wollen. Ich dachte nur …«

Wir sind ein gutes Team. Das haben wir erst vor wenigen Stunden gesagt. Und vielleicht sollte ich gerade gar nichts sagen. Sollte nicht die Freundschaft aufs Spiel setzen, die auf wundersame Weise zwischen uns entstanden ist, wenn man bedenkt, was alles passiert ist. Aber ich kann nicht anders. Das kann ich nie.

»Nun, natürlich könnte ich nicht dein Manager sein«, erwidert Oliver verdutzt. »Ich dachte, das wäre offensichtlich.«

»Und warum nicht?«

Er besitzt die Frechheit zu lachen. Es ist kein gemeines Lachen, aber ein leises Kichern. Als wüsste er etwas, das ich nicht weiß.

»Glaubst du denn, wir würden nicht miteinander klarkommen?«

»Nein, das nicht.«

»Dass ich nicht deinen Rat befolgen würde?«

Immer noch lächelnd schüttelt Oliver den Kopf.

»Was *dann?*«, frage ich stur und bohre die Absätze in den Asphalt.

Einen Moment lang steht er einfach nur da, den Rücken den Menschen auf dem Bürgersteig zugewandt, ich mit dem Rücken zur Wand. Irgendwie verändert sich die Atmosphäre, und mir dämmert es, dass hier nicht Oliver etwas entgeht, sondern mir. Etwas, das sich in dem Lächeln zeigt, das er nur auf den Lippen hat, wenn wir allein sind. Etwas Lachendes in seinen Augen. Etwas, dessen Form ich erfühlen kann, obwohl ich es noch nicht sehe.

Ich senke den Blick und hole tief Luft, bevor ich noch etwas Dümmeres sage oder tue als ohnehin schon.

»Millie«, sagt er schließlich, macht einen Schritt auf mich zu und wartet, bis ich ihn wieder ansehe. Dann legt er die Hand an meine Wange und hebt meinen Kopf. »Du willst den Grund wissen?«

Das Wort bleibt mir im Halse stecken. In diesem Moment gibt es nur uns beide. Eigentlich sollte er sich unsicher anfühlen, aber er ist alles andere als das. »Ja.«

Er lehnt sich zu mir, und ich lehne mich zu ihm. Unsere Köpfe berühren sich, und wir sind uns so nah, dass ich seine Augen nicht mehr sehen kann. Doch ich spüre alles andere – die Wärme seiner Haut, die seines Atems, der Druck seiner anderen Hand, die irgendwie in meinem Nacken gelandet ist. Wir halten beide ganz still, wie wir es jetzt schon öfter getan haben, wenn einer die Grenzen ausreizt und der andere nicht sofort reagiert.

Aber das hier – das ist keines von unseren Spielen. Es ist das Ende eines Spiels. Es ist egal, wer den ersten und wer den letzten Zug macht – es ist eines, das wir beide gewinnen können.

»Deshalb«, flüstert er.

Dann küsst er mich.

Mein ganzes Leben lang habe ich gelernt, präsent zu sein. Fest mit beiden Füßen auf der Bühne zu stehen. Meinen Text und den der anderen in- und auswendig zu lernen, um jeden Fehler zu vermeiden. Die Führung zu übernehmen. Und das Wichtigste: die Kontrolle über mich selbst zu haben.

Doch als ich Oliver küsse, dauert es nur zwei Sekunden, um meine gesamte Selbstbeherrschung in Luft aufzulösen. In diesem Moment stehe ich überhaupt nicht mehr fest auf dem Boden. In diesem Moment gibt es keine Erwartungen mehr, nichts, worüber ich die Kontrolle haben muss. Wir sind perfekt synchron. Es ist gedankenverloren und schwerelos und schwindelerregend. Ich habe keine Ahnung, wie man das macht, und tue es trotzdem. Ich brauche kein Drehbuch, keinen Grund. Nur Olivers Lippen auf meinen, meine Arme um seine Schultern geschlungen, seine Hand in meinem Haar.

Als wir uns voneinander lösen, kommt die Welt stufenweise zurück, doch das Gefühl bleibt. Er hat die Stirn immer noch an meine gelegt, und wir spüren die Nachwirkungen von etwas, das unerwartet und gleichzeitig längst überfällig war.

»Nur, damit du's weißt«, sage ich atemlos. »Wir können zusammen sein und trotzdem zusammenarbeiten. Es gibt jede Menge Theaterpaare …«

Oliver verdreht die Augen und unterbricht mich mit einem weiteren Kuss. Und dann noch einem. Und noch einem – bis einer von uns anfängt zu lachen und der andere mit einstimmt. Plötzlich wird uns bewusst, dass wir mitten im Theaterviertel eine ganz schöne Show hinlegen.

Bevor ich mich fragen kann, was das ist oder was es bedeutet oder wie es weitergeht, beantwortet Oliver all meine Fragen, indem er meine Hand ergreift. Diesmal ist er derjenige, der unsere Finger ineinander verschränkt. Als er meine Hand drückt, weiß ich, was es bedeutet, ohne fragen zu müssen.

Kurz bleibe ich stehen, um noch einmal sein Gesicht zu betrachten und ihn direkt unterhalb seines Kiefers zu küssen. Als wir weitergehen, zieht er mich zu sich, unsere Schultern stoßen bei jedem Schritt aneinander. Glücklich taumeln wir durch die Straßen.

»Wahrscheinlich ist es noch ein bisschen zu früh, um uns als Power-Paar zu bezeichnen, was?«, frage ich fröhlich. »Schließlich sind wir noch nicht in der Branche.«

Oliver lächelt nur und führt uns durch Menschengrüppchen. Diesmal überlasse ich ihm gern die Führung. Wenn er uns lenkt, kann ich das neue Lächeln bewundern. Das Lächeln, das nur mir gehört.

»Millie, du bist kein Mensch«, sagt er. »Du bist eine Achterbahn. Und ich bin angeschnallt. Ich habe keine Ahnung, wo du uns hinführst, aber ich bin bereit.«

Kapitel 25

Als ich nach Hause komme, benebelt vom vielen Küssen und vom Händchenhalten und der Art, wie mir Oliver vor dem Haus eine Strähne hinters Ohr gestrichen und gesagt hat, dass er mich morgen anruft, duftet das ganze Apartment nach Heathers Pastasoße. Ich denke schon, mein liebeskrankes Gehirn würde mir einen Streich spielen – bis ich um die Ecke biege und Heather am Herd entdecke, die der Soße gerade ein wenig Salz hinzufügt.

Es gibt so vieles, was ich ihr gern sagen würde. *Es tut mir leid. Ich habe meine Mom gefunden. Ich habe keine Ahnung, was ich im nächstem Jahr machen soll, aber ich muss mich schnell entscheiden.*

Was stattdessen herauskommt, ist: »Solltest du nicht unten im Club sein?«

»Carly kümmert sich heute Abend darum. Coop ist gerade losgezogen, um Nudeln zu kaufen.«

Heute ist nicht Sonntag, für gewöhnlich unser Pasta-Tag. Ich versuche gerade herauszufinden, ob das ein gutes oder ein schlechtes Zeichen ist, als sie sich zu mir umdreht und so laut loslacht, dass sie aus Versehen Soße auf den Kühlschrank spritzt. Panisch blinzle ich sie an.

»Na, hattest du einen schönen Abend?«, fragt sie.

Ich berühre meine Wange. »Warum?«

»Ähm.« Sie greift nach ihrem Handy und öffnet die Frontkamera. Mein Lippenstift ist nicht so matt und

»kussecht« – die Bezeichnung der Kosmetikfirma, nicht meine –, wie es die Werbung versprochen hat. Ich sehe aus wie eine der Prostituierten in *Les Mis.*

»Oh mein *Gott.*«

Sie lacht immer noch, während ich hochspringe, um den Lippenstift wegzuwischen, bevor mein Dad nach Hause kommt und einen Schreck fürs Leben kriegt. Selbst als ich zurück ins Zimmer komme, grinst sie noch.

»Und … wer ist der Glückliche?«

Wenn Oliver der Kuchen ist, dann ist Heather davon zu erzählen die Glasur. Das, was es besiegelt. Es versüßt. Mir das Gefühl gibt, dass es wirklich passiert und nicht nur ein glücklicher Teil von mir ist, der irgendwo im Weltall herumschwebt.

»Oliver.«

Ich habe es voll und ganz verdient, damit aufgezogen zu werden, nachdem ich mich drei Jahre lang ununterbrochen über ihn beschwert habe, aber Heather ist mir – wie immer – weit voraus.

»Aha!«, sagt sie. »Ich hatte schon so ein Gefühl, als er Teddy geholfen hat, dich zur Party zu lotsen. Und wie du ihn angesehen hast …«

»Habe ich gar nicht«, protestiere ich, kann mir jedoch das Grinsen nicht verkneifen.

»Und er hat dich auch ganz verliebt angehimmelt«, neckt sie mich.

Obwohl ich inzwischen weiß, dass Oliver mich mag – er hat es gesagt, und die Küsse alle paar Blocks haben es bestätigt –, fangen meine Wangen an zu glühen.

»Da wir gerade davon sprechen … Ich bin gestern Abend gar nicht dazu gekommen, dir die hier zu geben.«

Sie schaltet den Herd aus und begutachtet kurz die blubbernde Soße, bevor sie unter die Küchentheke greift und einen Karton hervorzaubert. »Und na ja … ich weiß, dass du eigentlich erst am Montag Geburtstag hast, aber ich dachte, du würdest sie vielleicht schon für deinen Unterricht am Wochenende haben wollen.«

Ich nehme die Schachtel entgegen, packe sie vorsichtig aus und erkenne das LaDuca-Logo schon, bevor ich die Schuhe gesehen habe. Ich nehme den Deckel ab, und da sind sie: brandneue beige Pumps mit sechs Zentimeter hohem Blockabsatz, T-Riemen und harter Sohle. Genau die, von denen ich seit Jahren schwärme. Es sind die Schuhe, die jeden wissen lassen, dass man nicht nur dabei, sondern voll und ganz drin ist.

Heather schiebt das Seidenpapier beiseite, damit ich sie mir besser ansehen kann, denn ich bin vor lauter Begeisterung wie versteinert.

»Farrah hat mir geholfen, sie auszusuchen«, sagt sie ein wenig vorsichtig. »Sie meinte, dass die Sohle für Tänzerinnen, die im Singen und im Schauspiel stärker sind, am besten ist.«

Sie sind wunderschön. Wie eine Art Talisman, ein Stück von einer Zukunft, die ich noch nicht sehen kann. Diese Schuhe werden so lange halten, dass sie nicht nur eine College-Bühne, sondern vielleicht sogar eine Broadway-Bühne zu sehen bekommen. Vorsichtig fahre ich mit den Fingerspitzen über das Leder und spüre die Energie von allem, was noch kommt: die Auditions, die ich meistern werde, und die, die ich vermasseln werde; die Rollen, die ich spielen werde, und die, die ich nicht bekommen werde; mein Lebensweg, der alle möglichen Wendungen nehmen wird, auch wenn ich nicht weiß, ob ich dafür bereit bin.

»Es wird eine Weile dauern, bis du sie eingelaufen hast. Ich dachte, du hättest noch dein Abschlussjahr, um sie dann fürs College so weit zu haben«, sagt Heather. »Aber ich schätze, jetzt hast du sie eben *fürs* College.«

»Danke, Heather«, sage ich. Diese Schuhe kosten über zweihundert Dollar, daher weiß ich, dass sie sie nicht eben mal so gekauft hat. Aber es ist nicht nur das. Es ist der Glaube, den sie in mich hat. Den sie schon hatte, bevor ich auch nur ein Fünkchen Talent besessen habe.

Sie nimmt sie aus dem Karton und stellt sie auf die Küchentheke. »Probier sie mal an. Tanz ein bisschen herum.«

Das würde ich gern, aber es gibt da noch etwas, das ich noch dringender tun will. Als ich aufblicke und Heather in die Augen sehe, erkenne ich, dass sie es auch spürt – die unbeendete Diskussion im Treppenhaus gestern Abend. Die Entschuldigung, die zwar bereits bei ihr angekommen ist, aber noch nicht ausgesprochen wurde. Und was ich am allermeisten bereue, sogar noch mehr, als meinen Dad hintergangen zu haben: dass ich Heather dabei verletzt habe.

»Ich wollte … mit dir über die ganze … Mutter-Sache sprechen.«

Heather nickt. Das Apartment ist so leise ohne meinen Dad, obwohl er von uns dreien der Stillste ist. Als gäbe es zu viel leeren Raum, den ich mit meiner Erklärung füllen muss, und gleichzeitig nicht genug.

»Es … es tut mir leid«, sage ich. »Dass ich euch nicht gesagt habe, was ich mache und …«

Ich weiß nicht mal, wie ich es ausdrücken soll, denn es

gibt so viel zu sagen. Doch Heather lächelt nur und zwickt mich in die Wange.

»Ich weiß. Und mir tut es auch leid«, erwidert sie. »Hauptsächlich, wie ich reagiert habe. Was du gemacht hast, war vielleicht nicht unbedingt … ideal. Aber ich weiß nicht, wie es ist, so eine Frage zu haben. Ich musste mich nie fragen, wer meine Mutter ist.«

Die Wahrheit ist, dass ich mir diese Frage bisher auch nicht wirklich gestellt habe. Wenn das Precollege nicht gewesen wäre, wüsste ich nicht, ob ich je nach ihr gesucht hätte.

Aber ich verwerfe den Gedanken umgehend. Es ist, wie Georgie gesagt hat. Es war auf gewisse Art unausweichlich. Nur eine Frage der Zeit. Mit allem anderen in meinem Leben kann ich mir unsicher sein, aber niemals mit der Liebe, die mir geschenkt wird.

»Wir haben damit angefangen, und plötzlich hat es einfach eine Eigendynamik entwickelt«, versuche ich, mich zu erklären. »Zuerst haben wir Beth gefunden, dann Farrah, dann …«

»Ich weiß. Dein Dad hat es mir erzählt.«

Das ist nur wenig überraschend, wenn man bedenkt, dass ich in meinem ganzen Leben noch nie etwas zum einen gesagt habe, das nicht sofort an den anderen weitergegeben wurde.

»Und ich schätze, ich kann mich nicht beschweren, schließlich habe ich jetzt eine Freundin.«

Zögerlich sieht sie mich an, als könnte ich etwas dagegen haben. Aber ich grinse nur. »Freundin, was?«

»Ja.« Sie tut, als würde sie sich mit einer schmutzigen Schüssel auf der Küchentheke beschäftigen, aber mir entgehen nicht ihre rosigen Wangen. »Und ja, sie hat gesehen, wie ich versucht habe zu tanzen, und steht trotzdem auf mich.«

»Der Fluch der Cooper-Frauen. In jeder Hinsicht makellos, aber zwei linke Füße.« Bevor sie fragen kann, füge ich hinzu: »Ich bin froh, dass die Sache auch ihr Gutes hatte.«

Heather streckt mir die Zunge heraus. »Und vielleicht ergibt sich noch mehr, wenn diese Beth deinen Dad weiter so anbaggert.« Dann senkt sie stirnrunzelnd den Blick auf die Schüssel in ihrer Hand, und plötzlich legt sich eine andere Form der Stille über den Raum. »Aber ich weiß immer noch nicht, *wie* du diese Frauen gefunden hast.«

»Teddy hat mir geholfen. Aber angefangen hat es mit Dads LiveJournal-Seite«, erwähne ich, weil ich weiß, dass es sie zum Lachen bringt.

»Sein *LiveJournal?*«

»Von, ähm, 2003.« Anscheinend hat sie die E-Mail doch nicht gesehen. Ist vielleicht besser so, denn das Letzte, was sie jetzt gebrauchen kann, ist Jade, die ihr die Sache mit Farrah vermasselt. »Es war … ziemlich melancholisch. Aber wen wundert's …«

»Ach herrje. Nun.« Sie beißt sich auf die Unterlippe, doch das kann das Lachen auch nicht aufhalten. »Vielleicht sollten wir ihm das besser nicht erzählen.«

»Ja, vielleicht nicht.«

Wieder schweigen wir für eine Weile, und jede hängt ihren eigenen Gedanken nach. Mir wird klar, dass die letzten zwei Wochen für sie auch aufregend gewesen sein müssen mit den ganzen Veränderungen. Dad war nicht da, ich bin durchgedreht, und Farrah kam in ihr Leben getanzt. Und Heather stand mittendrin, ob sie wollte oder nicht.

»Hör zu, Millie«, sagt sie und kommt vor mir zurück in die Realität. »Ich weiß, dass es ein schwieriges Thema ist. Aber ich kenne dich. Gut genug, um zu wissen, dass du heimlich an den Auditions fürs Precollege teilgenommen hast, lange bevor sie dich aufgenommen haben.«

Das überrascht mich tatsächlich, obwohl es das eigentlich nicht sollte. Heather durchschaut mich, seit ich das erste Mal gelogen habe, was angeblich mit vier war, als ich behauptete, mein unsichtbarer Freund hätte von unserem *Star Wars*-Marathon zu *Verwünscht* gewechselt, während mein Dad im Bad war.

»Und du hast nie nach deiner Mom gefragt.« Sie lehnt sich gegen die Theke und mustert mich vorsichtig. »Es schien dich nie sonderlich zu interessieren. Und ich glaube nicht, dass das Precollege etwas daran geändert hat. Ich glaube, es war etwas anderes.«

Ich sauge die Lippen ein und beiße darauf. Wenn ich jemals jemandem die Wahrheit sage, dann Heather. Und wenn ich es jemals tue, dann am besten jetzt.

»Ich bin schon immer … dramatisch gewesen.«

»Ausdrucksstark«, sagt Heather.

»Anstrengend«, gestehe ich. »Und ich schätze … manchmal fühle ich mich einfach irgendwie anders. Laut. Die Millie-Launen. Ich habe mich gefragt, ob … ich vielleicht eine Erklärung dafür finden würde, wenn ich meine Mom fände. Denn manchmal habe ich das Gefühl, dass es einfach aus dem Nichts kommt. Ich habe es weder von dir noch von Dad, also dachte ich … Ich weiß nicht.«

Und ich weiß es immer noch nicht. Georgie zu treffen

hat die Sache nicht unbedingt aufgeklärt. Ich habe dadurch einen Weg gefunden, damit umzugehen – Tagebuch schreiben hilft tatsächlich –, aber ich kenne Georgie nicht gut genug, um zu wissen, ob dieser Teil von ihr kommt, oder ob es eben mein ganz eigener Teil ist. Und so, wie wir auseinandergegangen sind, weiß ich nicht, ob ich es jemals erfahren werde.

»Nun, ich glaube, ich weiß es«, sagt Heather.

Ich sehe sie stirnrunzelnd an. »Ach ja?«

»Ja, na ja. Manches liegt einfach daran, dass du eine Teenagerin bist. Das war nicht anders zu erwarten.« Sie sieht, wie ich die Stirn noch tiefer in Falten lege, und fügt hinzu: »Ich weiß, dass du das nicht hören willst, denn es ist nicht sonderlich hilfreich, bevor du nicht alt genug bist, um es selbst zu verstehen, aber es ist nun mal, wie es ist.«

Überhaupt nicht hilfreich, um genau zu sein.

»Und woran liegt es noch?«

Kurz wirkt Heather nachdenklich und blickt auf die Arbeitsecke meines Dads im Wohnzimmer. »Ich glaube, den Rest hast du von Coop.«

Ich schüttle den Kopf. »Cooper Price ist der emotional stabilste Mensch in ganz Amerika.«

»Er ist aber auch der *ängstlichste* Mensch in ganz Amerika«, betont Heather.

»Ja, aber … das ist Dad. Nicht ich. Neben mir wirkt selbst Glinda schüchtern.«

Heather seufzt. »Was deinen Dad angeht, glaube ich, dass er mit seiner Angst umgeht, indem er nie weit von zu Hause fortgeht. Deshalb braucht er immer jemanden, der ihn mal aus seinem Nest lockt. Menschen wie dich und mich.«

Menschen wie Georgie, wird mir bewusst. Damals war sie bestimmt schon genauso dominant wie jetzt. Ich sehe das Bild erstaunlich klar vor mir: eine jugendliche Georgie, die den jugendlichen Cooper aus dem Haus zerrt, wie Heather und ich es schon Tausende Male gemacht haben.

Plötzlich wird mir bewusst, dass diese merkwürdige Traurigkeit, die ich empfinde, gar nicht meinetwegen ist, sondern ihretwegen. Ich habe Georgie nie gebraucht, aber mein Dad muss sie früher mal gebraucht haben. Ich frage mich, ob dieses Gefühl bei ihm je verschwunden ist. Ich glaube, ich könnte die Leere nicht füllen, wenn mich Teddy zurücklassen würde.

»Aber ich glaube, für dich ist die Angst anders. Ich glaube, in dir staut sich alles an, bis du irgendwann explodierst. Cooper frisst alles in sich hinein, und du lässt alles raus.« Sie lächelt mich mitfühlend an. »Aber ich glaube, die Wurzel ist bei beiden dieselbe.«

Das wäre mir allein nie bewusst geworden, aber es ist wichtig, es zu verstehen. Ich blicke zu Heather hoch, meine Sicht vernebelt. Vielleicht bin ich doch kein so großes Mysterium, wie ich immer dachte. Zumindest nicht auf die Weise, die ich verstehen muss. Und niemand hätte es mir deutlicher vor Augen führen können als Heather, die mich schon immer am besten verstanden hat.

Sie legt den Kopf schief und senkt die Stimme. »Ich glaube, deshalb hat dein Dad auch so viel Angst, dich gehen zu lassen«, sagt sie. »Ich glaube, das hat er schon immer gewusst.«

Aber er hatte Freunde. Er hatte Farrah und Beth und Georgie und vielleicht sogar Steph, auch wenn er sich nicht mehr richtig daran erinnert. Und dank seiner angsterfüllten LiveJournals habe ich sie jetzt ebenfalls in meinem Leben.

»Ich glaube, er will einfach nicht, dass dir das auch passiert. Du hattest schon immer diese großen Träume, aber ich glaube, er war immer erleichtert, dass sie dich so nahe an zu Hause gehalten haben. Und der jetzige würde es nicht tun.«

Da ist wieder dieser Schmerz, den ich seit Monaten zu ignorieren versuche. Der Schmerz, der mich nicht nur davon abgehalten hat, es Heather und meinem Dad zu erzählen, sondern auch meinen Freunden. Und je weiter der Sommer voranschreitet, desto tiefer und heftiger wird er. Inzwischen ist er zu laut geworden, um ihn weiter ignorieren zu können.

Meine Stimme ist leise, als ich spreche, aber sicher. »Vielleicht brauche ich ein wenig Zeit, um die Schuhe einzulaufen.«

Diesmal ist es Heather, die glasige Augen bekommt.

»Gut«, sagt sie nach einem Moment. »Du hast nämlich genug Zeit.«

Dann beauftragt sie mich damit, das Baguette aufzuschneiden, das sie heute Morgen besorgt hat, und den Tisch für unser nächtliches Mahl zu decken. Wir unterhalten uns über Oliver und auch über Farrah und necken uns gegenseitig, bis wir beide schrill kichern – ein Kichern, das ich nur von ihr haben kann. Bevor mein Dad zurückkommt, wischt sie noch den restlichen Lippenstift weg, den ich wohl übersehen habe, wuschelt mir durchs Haar und sagt: »Wenn Oliver dir das Herz bricht, werden wir The Four Suns nie wieder buchen. Oder zumindest einen Monat lang oder so. Die sind wirklich gut.«

Lachend beobachte ich, wie sie in ihr Schlafzimmer flitzt, bestimmt, um unsere zusammenpassenden fusseligen Hausschuhe zu holen.

Sie ist nur einen Moment lang weg, doch in diesem Moment rückt etwas anderes in den Vordergrund. Im Laufe der Jahre haben mich immer wieder Freunde gefragt, warum ich mich nie frage, wer meine Mutter ist, und ich wusste nie, was ich sagen sollte. Aber jetzt weiß ich es. Jetzt verstehe ich es. Ich hatte vielleicht nicht Georgie, aber ich hatte immer Heather. Ich hatte immer jemanden, der wusste, was ich hören musste. Jemanden, der genau weiß, was ich fühle, bevor ich es überhaupt selbst weiß. Jemanden, der mich besser kennt als ich mich selbst.

Ich bin vielleicht vieles, aber am allermeisten bin ich *ihr* Kind. Ich bin alles, was sie mir beigebracht hat, alles, was sie für mich geopfert hat. Und sie ist auch mein Ein und Alles – ganz egal, was sie für mich ist. Ich musste ihr nie einen Namen geben, um zu wissen, dass es für immer ist.

»Also«, sagt Heather, die mit den Hausschuhen zurückkommt. »Wenn du fürs Abschlussjahr doch bleibst, was ist dann die nächste Transformation?« Ich blicke herab auf meine Füße, die immer noch in Heathers Stiefeln stecken, nach all den Jahren abgenutzt und heiß geliebt. Im Moment komme ich mir vor wie ein unbeschriebenes Blatt, aber die Boots waren immer mein fester Anker. Etwas, das mich daran erinnert hat, wer ich wirklich bin, auch wenn ich jemand anderes sein wollte.

»Ich glaube, diesmal wird es was richtig Radikales«, erwidere ich. »Ich werde einfach ich selbst sein.«

Heather lächelt wissend. »Das wird mein Lieblingslook.«

Kapitel 26

Nachdem wir unsere Pasta und einen Becher Ben & Jerry's Chocolate Chip Cookie Dough verspeist haben, geht Heather hinunter in den Club und ich in mein Zimmer, um in eine Jogginghose zu schlüpfen, bevor ich bei Teddy vorbeischaue. Ich überlege noch, von welchem Ereignis der letzten acht Stunden ich ihm zuerst erzählen soll, als es leise an meine Tür klopft.

»Komm rein.«

Mein Dad hält eine schmale lilafarbene Schachtel, die ich noch nie gesehen habe, in den Händen. Zuerst denke ich, dass er mir mein Geburtstagsgeschenk auch vorab geben will, doch als er mein Zimmer betritt, hält er sie mir nicht entgegen. Im Gegenteil. Kurz wirkt es sogar so, als würde er sie fester an seine Brust drücken. Als wüsste er nicht, wie er sie loslassen soll.

»Ich habe über unser Gespräch über deine Mom nachgedacht und … na ja.« Er trommelt mit den Fingern auf dem Deckel der Schachtel herum. »Da sind ein paar Sachen drin. Deine Geburtsurkunde. Eine E-Mail-Adresse. Ein Foto von ihr. Genug, um mit ihr in Kontakt zu treten. Oder einfach … etwas über sie zu erfahren. Wenn du willst.«

Statt sie mir zu geben, stellt er sie auf meinen Schreibtisch, als wäre er neutrales Gebiet. Es ist meine Entscheidung, ob ich die Schachtel öffne oder ignoriere. Er lächelt ein wenig, um mir zu sagen, dass beides für ihn in Ordnung ist.

»Danke, Dad.«

Er macht einen Schritt zurück und entfernt sich unbewusst von der Schachtel. »Ich hätte sie dir wahrscheinlich schon früher geben sollen. Du bist alt genug, um diese Entscheidung zu treffen.« Dann wirft er einen letzten Blick auf die Box, bevor er mich ansieht. »Ich bin da, falls du Fragen hast. Lass … mich einfach wissen, falls du zu ihr Kontakt aufnehmen willst, okay?«

Er wendet sich der Tür zu, doch irgendetwas regt sich in mir. Es ist nicht so, als müsste ich es ihm sagen. Oder als wollte ich es. Aber ich hatte diesen Sommer schon genügend Geheimnisse, um zu wissen, dass nichts Gutes dabei herauskommt.

Ich hole tief Luft, doch es dauert ein paar Sekunden, bis die Worte herauskommen. Es ist nicht nur mein Geheimnis, sondern auch Georgies. Aber wenn ich genauer darüber nachdenke, ist es eigentlich gar keins.

»Dad, ich habe sie schon gefunden.«

Zuerst steht er einfach da, ein Fuß in Richtung Tür, der andere zeigt zu mir. Seine Augenbrauen heben sich, und nach einem kurzen Moment sagt er: »Wow. Okay.«

Ich mache ein paar Schritte auf ihn zu und berühre mit den Fingerspitzen die Schachtel auf dem Schreibtisch. »Ich hatte gar nicht vor, sie zu finden«, fahre ich fort. »Es war … Steph, die Frau, von der ich dachte, sie wäre meine Mutter? Georgie ist ihre Cousine. Ich habe die ganze Zeit für sie gearbeitet.«

Mein Dad blinzelt ein paarmal und setzt sich auf die Bettkante. Er hat diesen vernebelten Blick, als würde er sich fragen, ob er träumt. »Ich … Damit habe ich nicht gerechnet.«

»Ich auch nicht.« Ich setze mich zu ihm, und er scheint die Fassung wiederzuerlangen. »Und Georgie übrigens auch nicht.«

Er schüttelt den Kopf, als könnte er nicht begreifen, dass ihr Name aus meinem Mund kommt. Oder dass ihn überhaupt jemand ausspricht. »Wie hast …«

»Das ist eine lange Geschichte«, erwidere ich. »Aber wir haben heute Nachmittag miteinander gesprochen. Und ich glaube … ich glaube, ich verstehe alles jetzt ein bisschen besser. Warum sie getan hat, was sie getan hat.«

Ich rechne fest damit, dass mich mein Dad nach der langen Geschichte fragt, und überlege bereits, wie ich ihm den gesamten Sommer und das Gespräch zwischen Georgie und mir zusammenfassen soll. Doch stattdessen sieht er mir direkt in die Augen, jetzt wieder voll und ganz da, und fragt: »Geht es dir gut?«

»Ja. Sogar besser, als ich dachte«, sage ich. Die Erleichterung steht ihm förmlich ins Gesicht geschrieben. Mir wird erst jetzt bewusst, dass er sich wahrscheinlich seit Jahren auf diesen Moment vorbereitet hat. »Ich glaube, wir … verstehen einander. Wir sind uns sehr ähnlich.«

Sein Lächeln bricht mir genauso das Herz wie Georgies, fast als würde er ihre Nachwirkungen noch spüren. Als wäre er es früher gewohnt gewesen zu fühlen, was sie fühlt. Als könnte er sich erst jetzt wieder daran erinnern.

Seine Stimme ist nicht mehr ganz so fest, als er fragt: »Dann ist sie also …«

Es sind eine Million Fragen auf einmal, und er scheint sich für keine entscheiden zu können. Selbst wenn er es könnte, wüsste ich wahrscheinlich nicht, was ich sagen soll. Ich verstehe Georgie vielleicht, aber ich kenne sie nicht. Nicht so, wie er sie kennt. Aber vielleicht werde ich es eines Tages.

»Ich weiß es nicht«, erwidere ich. »Aber ich weiß, dass sie dich vermisst.«

»Nun«, sagt er, und das Wort ist so schwer, dass es alle folgenden zum Stillstand bringt.

Aber ich weiß, was er fragen wollte, auch wenn er es nicht kann. »Ich habe ihr gesagt, dass sie weiß, wo sie uns findet, falls das für dich in Ordnung ist.«

Er nickt. »Aber wenn sie nicht ... Geht es dir dann trotzdem gut?«

Ich beiße mir auf die Innenseite meiner Wange und denke in einer Weise darüber nach, wie ich es bisher nicht konnte. »Ich mag sie. Ich würde sie gern besser kennenlernen. Also ja, ich wäre enttäuscht.«

Meinem Dad entweicht so etwas wie ein Seufzen, etwas Resigniertes und leicht Trauriges. Er hat das Geheimnis nicht ihretwegen für sich behalten. Und auch nicht seinetwegen, wie mir nun bewusst wird. Genau davor wollte er mich die ganze Zeit beschützen.

Ich lege den Kopf auf seine Schulter. »Aber hauptsächlich wegen dir und Georgie«, sage ich. »Ich habe schon alles, was ich brauche.«

Ich lächle ihn an, und er erwidert es. In diesem Moment fühlen wir es beide – noch keine richtige Antwort zu all den Fragen, aber das Wissen, dass wir sie gerade gar nicht brauchen. Diese Geschichte hat vor siebzehn Jahren begonnen, und sie ist noch lange nicht zu Ende. Aber es ist nicht nur meine Geschichte. Es ist die Geschichte von uns beiden. Und egal, wohin sie uns als Nächstes führt – diesmal sind wir bereit, uns dem gemeinsam zu stellen.

Zehn Monate später

Heather lässt den Blick über den Washington Square schweifen, drückt eines von Farrahs gigantischen Oversize-Sweatshirts gegen ihren Körper, um sich vor der frischen Frühlingsbrise zu schützen, und sieht abwechselnd mich, Teddy und Chloe an. Farrah legt den Arm um sie, um sie warm zu halten.

»Wohin habt ihr Coop und Beth denn geschickt für diese Schatzsuche? Auf den Mond?«, fragt Heather fordernd.

»Nur zum Milkshake Club«, sagt Teddy.

»Und dann zur High Line, dann zum Café, in dem sie ihr erstes Date als Erwachsene hatten, und dann noch zur Bibliothek, in der sie früher zusammen Hausaufgaben gemacht haben«, wirft Chloe ein, die Beth und meinen Dad mit ihrer Tracking-App durch die Stadt verfolgt. Ich muss zugeben, dass es echt grenzwertig war, Beth einen Tracker in die Handtasche zu schmuggeln, als sie sich mit meinem Dad getroffen hat, aber hätten wir ihn meinem Dad gegeben, hätten wir sie innerhalb der ersten zehn Minuten verloren – und dann müssten wir die gesamte »Herr des Rings (den Cooper Beth geben will)«-Mission im Blindflug absolvieren.

»Also jagt ihr sie durch ganz Manhattan.« Heather stöhnt.

»Wir wollten, dass es romantisch wird!«, protestiert

Chloe. Und ich schätze, für Teddy und Chloe ist eine lange Liste an Orten mit äußerst spezifischen Koordinaten tatsächlich romantisch. Die beiden stehen immer noch so krass aufs Geocachen, dass Teddy vor einem Monat ein Dutzend GeoTeens um Hilfe gebeten hat, um eine Schnitzeljagd für Chloe zu organisieren, an deren Ende er sie gefragt hat, ob sie mit ihm zum Schulball gehen will (Heather hat es als »Probelauf« dafür bezeichnet, was wir gerade veranstalten).

»Aber wir brauchten die Extrazeit, um die Rabauken fertig zu kriegen«, sage ich und wuschle Elliot durch das ohnehin schon unordentliche Haar.

Er streckt mir die Zunge heraus und schüttelt sein Haar wieder zurecht. »Wir *sind* fertig. Wir sind Profis, Lady.«

Sein T-Shirt, auf dem »Baby Yoda for President« steht, sagt vielleicht etwas anderes, aber was die Logistik angeht, hat er recht. Nachdem Oliver sein Praktikum letzten Sommer beendet hatte, beschloss das Yang-Familientribunal, ihm ein paar Monate zu geben, um zu sehen, ob er es schafft, Schule und Management unter einen Hut zu bringen. Und seither touren sie durch die ganze Stadt und haben sogar einen ziemlich guten Plattendeal mit einem Indie-Label abgeschlossen. Und zwar mit einem, das nicht versucht, sie in etwas anderes zu verwandeln. Daher darf Elliot weiterhin so merkwürdig sein wie eh und je, David darf weiterhin laut sein, und Hunter darf weitestgehend schweigen und hin und wieder seine brutal ehrlichen, spitzen Kommentare einwerfen.

Und da das alles noch nicht genug ist, wurde Oliver gerade an der Pace angenommen, wo er Bühnenmanagement studieren wird. Außerdem wird er auch weiterhin in Teilzeit für Georgie arbeiten – und danach wird er für alles bereit sein, was The Four Suns brauchen, und noch viel mehr.

»Übrigens danke noch mal, dass ihr das macht«, sage ich zu Olivers Brüdern, die unterm Triumphbogen des Washington Square Park stehen, die Instrumente griffbereit.

»Alles für die wahre Liebe«, erwidert Hunter, der heute nicht hinterm Schlagzeug sitzt, sondern sich lässig eine Bongo-Trommel um den Hals gehängt hat, ganz ohne Ironie.

Elliot zieht die Nase kraus. »Mir wurde gesagt, es gäbe was zu essen.«

Als ich Elliot und Chloe grinsen sehe, weiß ich, dass Oliver auf uns zukommt, noch bevor ich seine Schritte hinter mir höre.

»Hey, *Ollie*«, ruft Chloe frech.

Elliot kichert. Er und Chloe haben sich an der Cornelia angefreundet, was für Oliver leider bedeutet, dass Elliot Chloe ständig Munition liefert, um ihn zu ärgern. Da seine Erzfeindin nun seine Freundin ist, ist es wahrscheinlich am besten so. Irgendjemand muss ihn ja in Schach halten.

»Ach du lieber Gott«, sagt Oliver und bleibt abrupt stehen.

Er blickt zwischen David und mir hin und her, und erst jetzt merken wir, dass wir identische NYU-Sweatshirts tragen. David hat gerade sein erstes Jahr an der Tisch beendet und sich letzte Woche mit Steph getroffen, um mich an meiner zukünftigen Schule herumzuführen – und zwar richtig. Nicht wie die aus einer Broschüre entsprungene,

Eltern-schmeichelnde Tour, die Heather, mein Dad und ich am Tag meines Vorsingens bekommen haben.

Na ja, zumindest das, was Steph an Tour zustande gebracht hat, während sie tausendmal betont hat, wie sehr sie sich für mich freut. Aber schließlich hat sie mir auch geholfen, die Songs für die Audition auszusuchen, und mich während ihrer Pause, die sie hatte, bevor die Pilotfolge ihrer neuen Show *Like Mother* gedreht wurde, ununterbrochen gecoacht.

»Nice«, sagt David und hebt die Hand zu einem High five.

Ich schlage ein, und Oliver verzieht das Gesicht.

»Okay. Neue Regeln«, sagt er und richtet den Zeigefinger auf seinen großen Bruder. »Keine passenden Outfits mit meiner Freundin.«

»Du bist nicht mein Boss«, protestiert David und reckt die NYU-bestickte Brust.

»Ich bin dein Manager. Ich bin so was von dein Boss«, erinnert ihn Oliver.

David öffnet den Mund, um zu widersprechen, doch ich komme ihm zuvor, ziehe Oliver zu mir und gebe ihm zur Begrüßung einen Kuss. Der angespannte Teil in ihm löst sich in einer Weise, wie er es nur tut, wenn er mit mir zusammen ist. Ich spüre, wie sich ein Lächeln auf seinem Gesicht ausbreitet, und als wir uns voneinander lösen, ist es voll und ganz da.

»Was hat dich aufgehalten?«, frage ich.

»Georgie hat mich bei einem Telefonat dabei sein lassen, in dem sie das Gehalt eines Klienten verhandelt hat. Es war *irre*«, sagt er mit leuchtenden Augen, als wäre er immer noch voller Adrenalin. Dann reicht er mir einen

Gefrierbeutel mit Teebeuteln darin. »Und wir haben uns mit Gloria getroffen. Sie meinte, ich solle dir das hier geben.«

»Igitt.«

Sosehr ich Gloria Dearheart auch schätze – dass ich einen Platz in ihrem Workshop bekommen habe und seit einem Jahr mit ihr zusammenarbeite, hat mich besser auf die Industrie vorbereitet als alle siebzehn Jahre zusammen –, besteht sie auf ihre Fähigkeit, ihre eigenen »Mojo«-Tees mixen zu können, die wir an Aufführungstagen trinken sollen. Leider sind sie alle mindestens genauso schlimm wie der berühmt-berüchtigte Halstee, auf den alle Sänger schwören, aber *ihre* Tees wirken wenigstens.

Er ergreift meine Hand und drückt sie. »Du kannst an den übrigen dreihundertvierundsechzig Tagen immer noch deinen Kaffee trinken.«

»Wahrscheinlich hast du recht.« Ich werfe einen Blick hinter ihn. »Wo sind …«

»Georgie und Steph sind auf dem Weg. Sie mussten noch die Blumen für Beth abholen.«

Ein Satz, der vor einem Jahr noch gar keinen Sinn ergeben hätte, aber jetzt ist er Teil des Plans. Noch eine merkwürdige Konsequenz meines Millie Mias ist, dass Steph, Georgie und sogar Farrah nun alle treue Broadway Bugs sind. Und jetzt, da die vier seit ihren College-Tagen wieder vereint sind, haben sie sogar mit Heather noch einen Buchclub gegründet. Aber wenn ihr mich fragt, trinken sie hauptsächlich Rosé und necken meinen Dad, wenn sie sich bei uns treffen. Ein Buch habe ich bisher nicht zu Gesicht bekommen.

»Eigentlich wollten wir früher los, aber Steph hat uns

die ganze Zeit mit Goth Millies neuestem Upload abgelenkt«, sagt Oliver und zückt sein Handy.

Ein wenig stolz bin ich schon. Ich habe Olivers Rat befolgt und nach dem Praktikum angefangen, meine alten Millie-Persönlichkeiten für etwas Gutes zu nutzen. Wir haben einen TikTok-Account kreiert, und im Moment wechsle ich zwischen der Fünfzigerjahre-Hausfrau-Millie (einer ihrer Hits ist eine fröhliche Interpretation von »Totally Fucked« von *Spring Awakening*), Sportskanone-Millie (die neulich mit einem Basketball gedribbelt ist, während sie »Memory« von *Cats* gesungen hat) und Goth-Millie, die die ikonischsten, peppigsten Broadway-Songs in einer Tonlage singt, hin und her.

Ein paar der Videos sind semiviral gegangen, und eines davon landete für einen ganzen Tag im Hauptfeed. Inzwischen hat der Account ungefähr dreißigtausend Follower und ist in der Theaterszene ziemlich bekannt. Dabei hat es geholfen, dass wir etwas hatten, woran die Leute hängen geblieben sind – der Account-Name ist Little Jo.

»Oooh, ist das das Video, in dem sie ›Tomorrow‹ von *Annie* singt?«, fragt Farrah und linst über Olivers Schulter.

Chloes Kopf schnellt nach oben. Auf ihrem Handy rücken die kleinen Punkte, die mein Dad und Beth sind, immer näher an den Park heran. »Das habe ich mir nach der Schule ungefähr zehnmal angesehen.«

»Eher zwanzigmal. Ich werde für alle Zeiten einen Ohrwurm haben«, sagt Teddy, was wahrscheinlich auch der Fall sein wird, denn er schneidet die Videos, bevor sie online gehen. »Georgie und Steph sollten besser Gas geben. Coop kommt immer näher.«

Wie aufs Stichwort springen Georgie und Steph mit Rosen in den Händen aus einem Taxi.

»Wir sind doch nicht zu spät, oder?«, fragt Steph, die es schafft, Georgie zu überholen, obwohl sie fast acht Zentimeter hohe Absätze trägt.

»Gerade rechtzeitig«, erwidert Farrah und nimmt ihr die Blumen ab, damit Steph die Musiknoten an Stäbchen, die sie online bestellt hat, hinzufügen kann.

»Sieh dich nur an in deinem kleinen NYU-Sweatshirt«, flötet Steph und kneift mir in die Wange.

»Finger weg. Morgen Abend ist die Premiere von *Mamma Mia*«, erinnert Georgie sie. Dann lehnt sie sich nach vorn und drückt mich kurz, aber fest. »Ich habe die Kamera mitgebracht.«

»Oh, die schicke, mit der man sich selbst aufnehmen kann?«

»Genau die«, sagt sie und zieht sie aus ihrer Handtasche. »Ich dachte, wenn wir Coop an seinem Verlobungstag schon blamieren, dann wenigstens in HD.«

Ich strahle, denn mir ist bewusst, dass die besagte Kamera, mit der Georgies Klienten ihre Auditions auf Video aufnehmen, morgen Abend mich als Donna und Chloes Bühnendebüt aufnehmen wird, nachdem unsere *Mamma Mia*-Produktion um ein paar Monaten nach hinten verschoben wurde. Mrs Cooke ging im Oktober in Elternzeit, also wurde aus der Herbstproduktion eine Frühlingsproduktion. Chloe und ich haben nahezu das gesamte Schuljahr im ABBA-Land verbracht.

»Ich sehe sie!«, ruft Chloe.

Hunter richtet seine Bongo. »Bereit, Team?«

David fährt sich durchs Haar. »So bereit, wie wir nur sein können.«

Elliot springt auf und ab, seine Version von »Ja«.

Ich entdecke sie auf dem Bürgersteig und beobachte, wie sie auf uns zukommen. Beth lacht über irgendetwas, ihr Haar und ihr weiter Rock wehen im Wind, und mein Dad bewundert sie mit der stillen Zuneigung, die er seit Jahren für sie empfinden muss. Er ist so von ihr verzaubert, dass er völlig vergisst, den Blickkontakt zu uns herzustellen, obwohl er derjenige ist, der den Antrag macht. Erst als er bereits unter dem Triumphbogen steht, fällt es ihm ein, weshalb er genauso schockiert dreinblickt wie Beth.

Die Sache ist folgende: Mein Dad hat einer Schnitzeljagd zugestimmt, die damit hätte enden sollen, dass Chloe und ich ihm den Ring überreichen. Mit so einer Parade hat er jedoch nicht gerechnet. Und auch nicht damit, dass The Four Suns eine herzergreifende Version – sei still, Coopers Anfang-2000er-melancholisches-LiveJournaling-Herz – von Aerosmiths »I Don't Wanna Miss a Thing« singen würden.

Zu unserer Verteidigung muss ich jedoch sagen, dass sie beide Theaterkinder als Töchter haben. Sie hätten es also ahnen müssen.

The Four Suns spielen die ersten Akkorde. Chloe grinst mich an und zieht den Ring aus ihrer hinteren Hosentasche. Beth und mein Dad sehen sich gleichermaßen zufrieden und panisch um – bis Beths Blick auf die Ringschatulle fällt und sie die Hand vor den Mund schlägt. Chloe sprintet auf meinen Dad zu, um sie ihm in die

Hand zu drücken. Er sieht mich über ihren Kopf hinweg mit großen Augen an.

Du schaffst das, formen meine Lippen, und ich stoße die Faust in die Luft, um ihn anzufeuern.

Er nimmt die Schatulle entgegen und bedankt sich bei Chloe. Dann räuspert er sich und ergreift Beths Hand. »Beth, ich …«

»Ja«, sagt Beth, die bereits Freudentränen vergießt.

»Mom!«, schimpft Chloe. »Du sollst sie doch erst singen lassen!«

»Oh«, sagt sie und ist auf niedliche Weise peinlich berührt. »Dann … habe ich mich noch nicht entschieden!«

Mein Dad zieht Beth zu sich, und der Antrag wird fast gänzlich von Aerosmith verschluckt, sodass nur mein Dad und Beth ihn hören können. Sie nickt. Dann nickt sie erneut und sieht zu Chloe und mir herüber, als wollte sie auch von uns ein Ja.

Wir geben ihr beide einen Daumen nach oben, dann wendet sie sich wieder meinem Dad zu. Als er ihr den Ring ansteckt, bricht die kleine Menschenmenge, die sich um uns versammelt hat, in Jubel aus, doch mein Dad und Beth scheinen es gar nicht zu hören. Sie küssen sich sanft und blicken sich schüchtern um. The Four Suns haben ihre Instrumente längst stehen und liegen lassen, um in den Jubel mit einzustimmen. Oliver zieht mich zu sich, drückt mir einen Kuss auf die Schläfe und wirkt genauso zufrieden wie ich, dass die Sache ohne Zwischenfälle über die Bühne gegangen ist.

»Und das ist nur passiert, weil du die aggressive *Mamma Mia*-Methode angewandt hast«, sagt er und lächelt mich an.

»Das und … noch ein paar andere Dinge«, erwidere ich und verschränke unsere Finger ineinander.

»Das stimmt. Und keine Sorge«, sagt er. »Ich habe meine Brüder schon überredet, für die Hochzeit die größten ABBA-Hits zu lernen.«

Trunken vor lauter Glück kommen mein Dad und Beth auf uns zu und drücken Georgie sofort so fest, dass es wehtun muss. Was ich nicht wusste, bevor Georgie letztes Jahr wieder in unser Leben getreten ist, war, dass sie diejenige war, die Beth und meinen Dad damals einander vorgestellt hatte. Sie und Beth waren Mitglieder in derselben Theater-AG, da keine von ihnen das Fach tatsächlich studiert hatte, und Georgie versuchte die beiden ganz subtil zu verkuppeln, seit sie alle achtzehn Jahre alt waren. Dass Beth wieder mit ihrem Highschool-Ex zusammenkam, hatte Georgies Masterplan ein wenig erschwert, aber letzten Endes hat sie bekommen, was sie wollte.

»Das wurde aber auch Zeit«, sagt sie zu ihnen.

Beth gibt ihr einen Kuss auf die Wange. Dann machen Georgie und mein Dad irgendwelche merkwürdigen Handbewegungen, die vielleicht damals in den Neunzigern irgendetwas bedeutet haben, aber heutzutage überhaupt keinen Sinn mehr ergeben. Georgie strahlt über beide Ohren. So lächelt sie in letzter Zeit häufiger, jetzt da sie wieder zu unserem Universum gehört. Dieses Lächeln hätte sie letzten Sommer sofort verraten, wenn ich es gesehen hätte, denn es ist genauso breit und unverfroren wie meins.

Je besser ich sie kennenlerne, desto mehr Momente wie diesen hier scheint es zu geben. Aber vielleicht liegt es nicht daran, dass sie mir vorher nicht aufgefallen wären, sondern eher daran, dass sich Georgie verändert. Sie wird immer lockerer und verwandelt sich zunehmend in ihr altes Selbst, das mein Dad gekannt haben muss. Am Anfang war es ein bisschen holprig, als sie zurück in unser Leben kam. Sie hat meinem Dad Mitte September eine E-Mail geschrieben, ein paar Monate, nachdem ich es ihm erzählt hatte. Danach haben sie sich ein paarmal getroffen, um zu reden, bevor Georgie anfing, einmal pro Woche oder so zum Abendessen vorbeizukommen oder um mit uns im Milkshake Club abzuhängen. Es gibt definitiv hin und wieder schwierige Momente. Wenn sie und mein Dad zum Beispiel über meinen Kopf hinweg Blicke wechseln, die ich nicht verstehe. Oder wenn jemand etwas über mich als Kind sagt und Georgie sich versteift. Aber größtenteils ist es einfach nur schön. Georgie in meinem Leben zu haben fühlt sich ein bisschen so an, wie es gewesen wäre, eine Tante zu haben, wenn meine eigentliche Tante nicht weitestgehend die Mutterrolle übernommen hätte.

Jedenfalls habe ich jetzt mehr Familie, als ich zählen kann. In Beth habe ich eine Stiefmutter gefunden, in Chloe eine Stiefschwester, in Steph eine Cousine, mit der ich auf irgendeine Weise verwandt bin, und ich schätze, Farrah wird auch bald meine Tante (denn neulich hat sie ganz unauffällig meinen Ringfinger beäugt, der dieselbe Größe hat wie Heathers).

»Danke für alles«, sagt mein Dad und sieht uns der Reihe nach an. Noch vor einem Jahr wäre er bei so viel Aufmerksamkeit wahrscheinlich auf der Stelle tot umgefallen, aber seit Georgie und Beth ihn wieder herumkommandieren, ist er sicherer geworden.

»Können sie jetzt den Chalupa-Song spielen?«, fragt Beth, die immer noch weint.

»Sonderwünsche kosten extra«, erwidert Elliot frech und streckt ihr die Hand hin.

Bevor Oliver mit ihm schimpfen kann, zückt Teddy sein Smartphone und startet ABBAs »I Do«, das durch den ganzen Park schallt und noch mehr Fremde zum Jubeln animiert.

Heather pfeift, um uns zusammenzutrommeln. Oliver und ich greifen gleichzeitig nach der Hand des jeweils anderen und fallen in Gleichschritt, als wäre es so einfach wie Atmen.

»Auf zur Milkshake Bar«, ruft Heather. »Millie Mias aufs Haus!«

»Ich hatte gehofft, dass sie das sagen würde«, sagt Oliver.

Das ist wahrscheinlich die köstlichste Konsequenz aus alledem – dass Heather, basierend auf den Ereignissen des letzten Sommers, ein neues Eis kreiert hat. Eine Kugel Minzeis mit Schokostückchen für Georgie und mich, Erdbeere für Heather und Chloe, Vanille für meinen Dad und Beth, Nutella für Farrah, Schokoeis mit Meersalz und Keksen für Oliver und Reese's Puffs für Teddy. Das Ganze ist ein einziges klebriges, fantastisches Chaos, aber ich würde es gar nicht anders wollen.

Danksagung

Es gibt so viele Menschen, denen ich danken muss, aber zuallererst ein riesiges Dankeschön an die Theatergemeinde – von der breiteren Community, die so viele Leben formt und rettet, über die Nischen, die mich großgezogen haben, bis hin zu den Freunden, die ich mein ganzes Leben lang haben werde. Ich habe mit diesem Buch einen Monat, bevor die Pandemie begann, angefangen. Damals konnte ich mir nicht vorstellen, was mit der Welt passieren und welche Auswirkungen sie auf die Theaterwelt haben würde. Verdammt, ich schreibe diese Danksagung Anfang April 2021 und weiß immer noch nicht, was vor uns liegt. Aber eines kann ich mit Gewissheit sagen: dass uns die Liebe zum Theater geholfen hat, in dem ganzen Chaos Gemeinschaft und Hoffnung zu finden. Deshalb werde ich den Schreibprozess immer als Liebesbrief ans Theater empfinden. Dieses Buch zu schreiben war Balsam für meine Seele in einer angsteinflößenden Zeit – und es hat mich daran erinnert, dass die Theater-Community bestehen wird, ganz egal, was man ihr um die Ohren haut, denn sie ist entstanden, um zu lieben und zu überdauern.

Danke an jedes Theater, von dem ich je Teil gewesen bin, vor allem an das AfterWork Theater und alle Beteiligten. Ich war schon immer fest davon überzeugt, dass New York der Ort ist, an den ich gehöre, doch an dem Tag, als ich das Theater zum ersten Mal betreten habe, hat sich die

Stadt endlich nach Zuhause angefühlt. Unsere *Newsies*-Produktion wurde vielleicht aufgrund von COVID abgesagt, aber ich habe wirklich versucht, ein bisschen davon auf diesen Seiten zurückzubringen, eine nerdige Anspielung nach der anderen. Ich kann es kaum erwarten, mir für unseren nächsten Cast lustige Hintergrundgeschichten einfallen zu lassen, sobald es wieder sicher ist, sich gemeinsam in einem Raum die Seele aus dem Leib zu singen.

Danke an jeden einzelnen Menschen bei Wednesday Books. An Alex für deine Unterstützung und dass du ABBA genauso liebst wie ich. Und für die Änderungen, die mich immer wieder dazu bringen, »Jaaaaa« vor mich hinzuflüstern wie ein verrückter Wissenschaftler um acht Uhr morgens. An Mara, die immer hinter mir steht. Und Meghan und Lexi und DJ für die wahnsinnige Arbeit, die es braucht, um ein Buch zu realisieren. Und an Kerri und Mar für das Cover, das Millies Körper, Herz und Seele auf so wundervolle Weise eingefangen hat.

Danke an Janna, die sich all meine verrückten Ideen anhört, auch wenn sie lauten: »Ich werde so viele Musicals wie möglich in ein Buch quetschen und es abfeuern wie eine Glitzerrakete, die zur Sonne fliegt!!!« Die letzten Jahre waren echt wild, und die coolsten Momente habe ich dir zu verdanken.

Ein großes Dankeschön an Kadeen und Suzie und Gaby und Erin und Cristina und all die anderen Wednesday-Autorinnen für die ganzen Nachrichten und Gruppenchats, die unsere Schreibgehirne geistig gesund gehalten haben. An meine Theaterkomplizen JQ und David und Harry Styles, der neuerdings in unserem Gruppenchat verdächtig still geworden ist, obwohl wir ihn allen Playlists hinzufügen. Und an Lily, mit der ich mehr Stunden singend und schreibend verbracht habe, als ich je zählen könnte, und deren Gehirn ich am allermeisten vertraue.

Ein verspätetes, aber umso herzlicheres Dankeschön an den Reese's Book Club, dass sie *You Have a Match* als Winter-Tipp 2021 ausgewählt haben, und alle in der Community, die mich online so nett aufgenommen haben. Von allen »Heiliger Bimbam«-Momenten in meinem Leben war es einer der besten, Teil dieser liebenswürdigen Gruppe zu werden.

Ein kurzes Dankeschön an mein Teenager-Ich dafür, dass ich so melodramatisch war, als ich an all den Musical-Schulen abgelehnt wurde. Und so heilend es auch war, »The Climb« in Endlosschleife auf meinem iPod Shuffle zu hören und weinend auf dem Fußboden zu liegen (mindestens zwanzigmal in jenem Sommer), so hat sich doch herausgestellt, dass es viel mehr Sinn ergibt, diese Emotion zu nutzen, um zu lernen, wie man Romane schreibt, statt mehr als acht Takte zu tanzen, ohne jemandem auf die Füße zu treten. Ich habe trotzdem viele Jahre damit zugebracht, meinen Traum vom Singen zu verwirklichen, aber ich bin dankbar für diese Zeit, denn inzwischen habe ich nicht nur Nerven aus Stahl, sondern auch eine wichtige Lektion gelernt: Manchmal sollte man gewisse Dinge nur der Liebe wegen tun. Und manchmal ist es das größte Privileg, etwas zu finden, das man so sehr liebt.

Danke an meine Mom, dass du die Musik so sehr liebst, dass du die Sing-Samen in unserer Familie ausgestreut hast. Unsere Kindheit ist voller glücklicher musikalischer Erinnerungen. Eine meiner liebsten ist die, wie wir alle »Defying Gravity« in unserem Minivan geträllert und bestimmt etliche Leute an Ampeln erschreckt haben. Danke, dass du meinem zwölfjährigen Ich ungefragt die Soundtracks zu *Sweeney Todd* und *Into the Woods* gekauft hast, als ich meine Liebe für Musicals entdeckt habe und aus irgendeinem Grund direkt zu »Märchen-Blutbad und Mord« übergegangen bin (und danke für die weniger mordlustigen Soundtracks, an denen ich später Gefallen gefunden habe). Danke an meinen Dad, dass er sich bei drei Töchtern so viele Schulaufführungen von *Les Misérables* angesehen (und hiiiiin und wieder dabei auch geschlafen) hat, dass er wahrscheinlich auf die Bühne gehen und Valjean spielen könnte, ohne auch nur einen Blick ins Textbuch zu werfen. Aber der größte Dank gilt meinen Eltern, dass ihr immer an mich geglaubt habt, ganz egal, ob ich ein Star am Broadway sein wollte oder Songwriterin in Nashville oder Autorin in New York (aller guten Dinge sind drei, nicht wahr??). Ihr habt eine Menge Kinder mit riesigen Träumen, aber euer Glaube an sie ist stets unerschütterlich.

Mein letzter Dank gilt Evan, Maddie und Lily, die meine ersten Gesangspartner waren und für immer meine liebsten bleiben werden. Manchmal führt uns das Leben weit weg voneinander, aber es gibt so viele Songs, die uns sofort wieder zusammenführen.